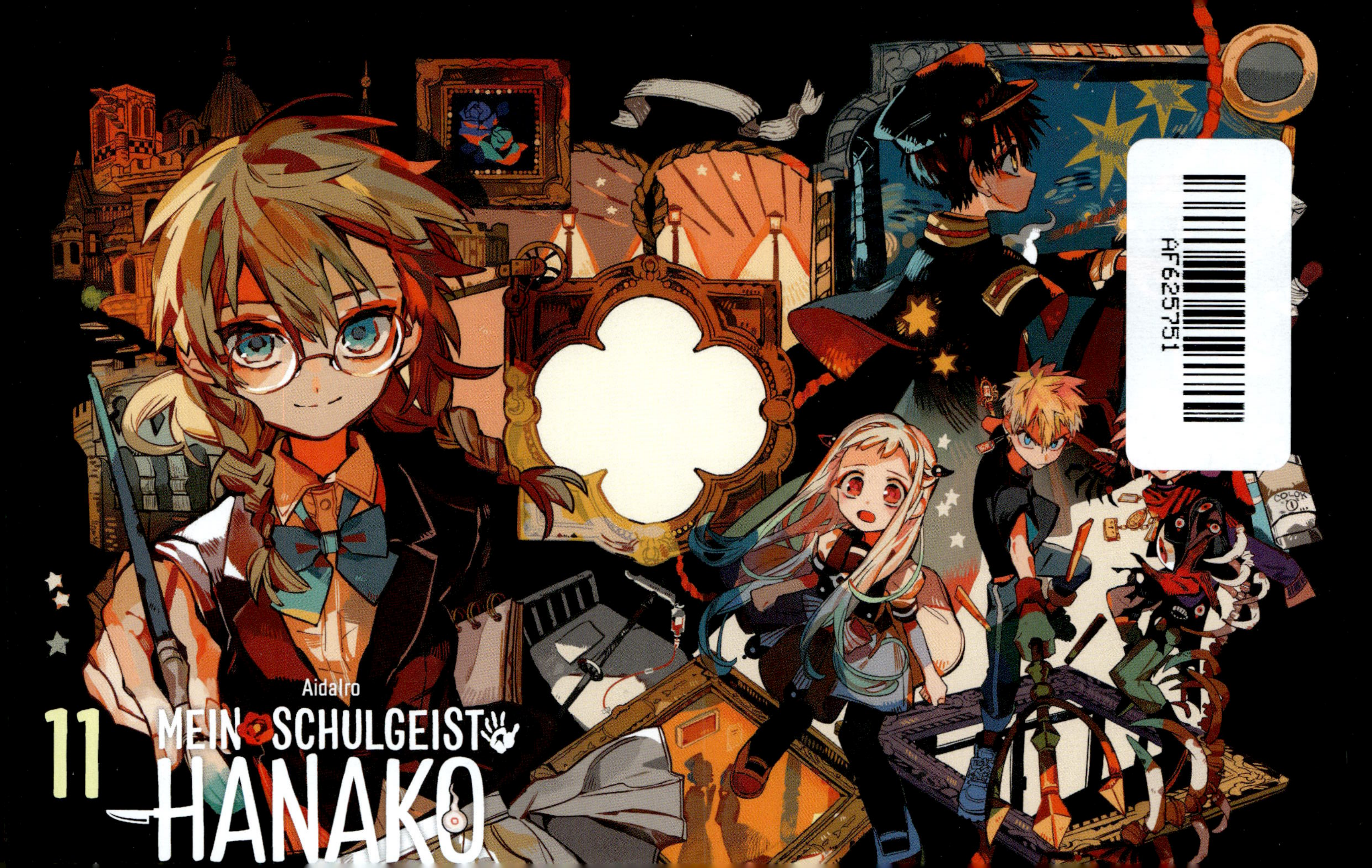
AidaIro
11
MEIN SCHULGEIST
HANAKO
COLOR

Inhalt

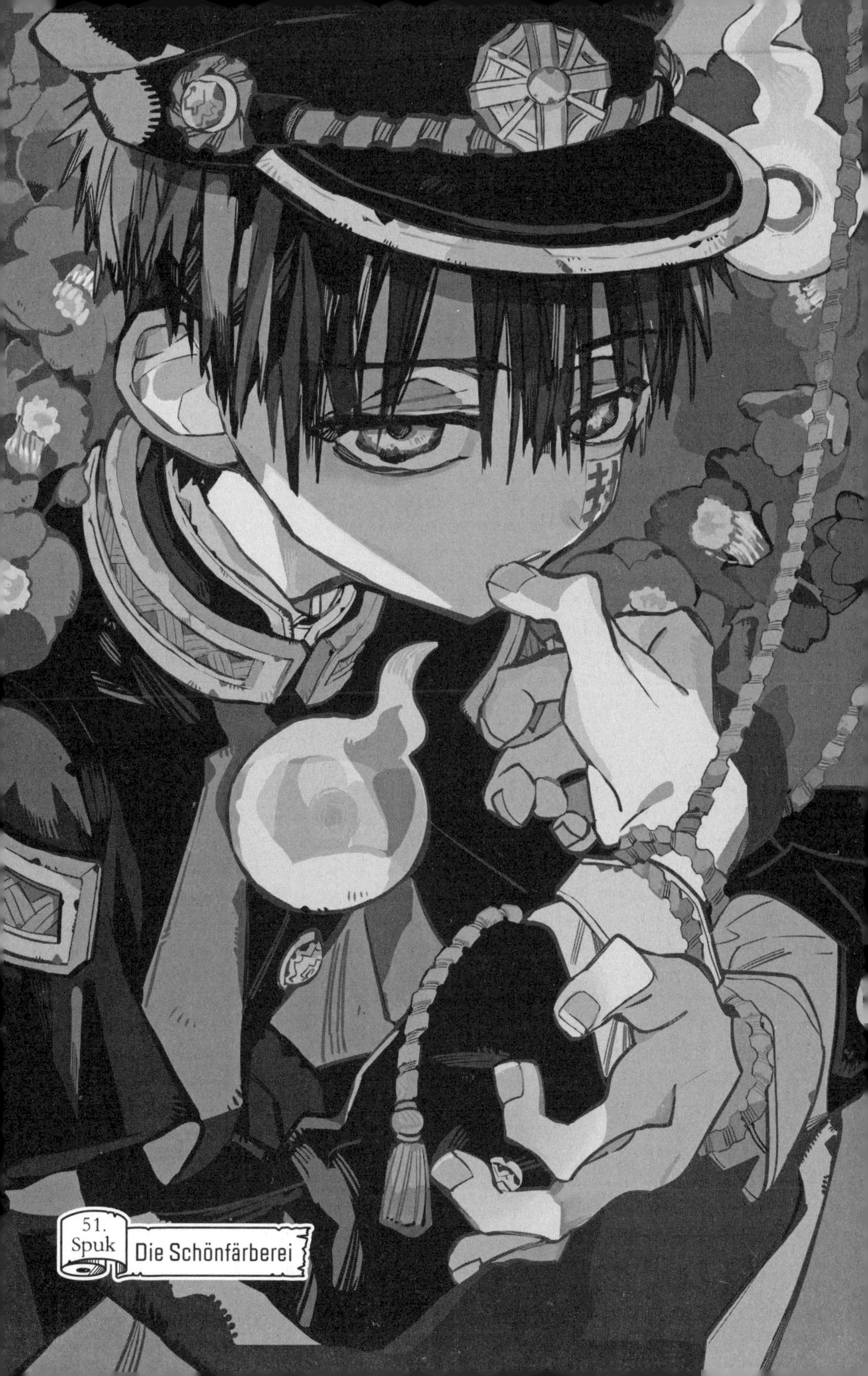
51. Spuk
Die Schönfärberei

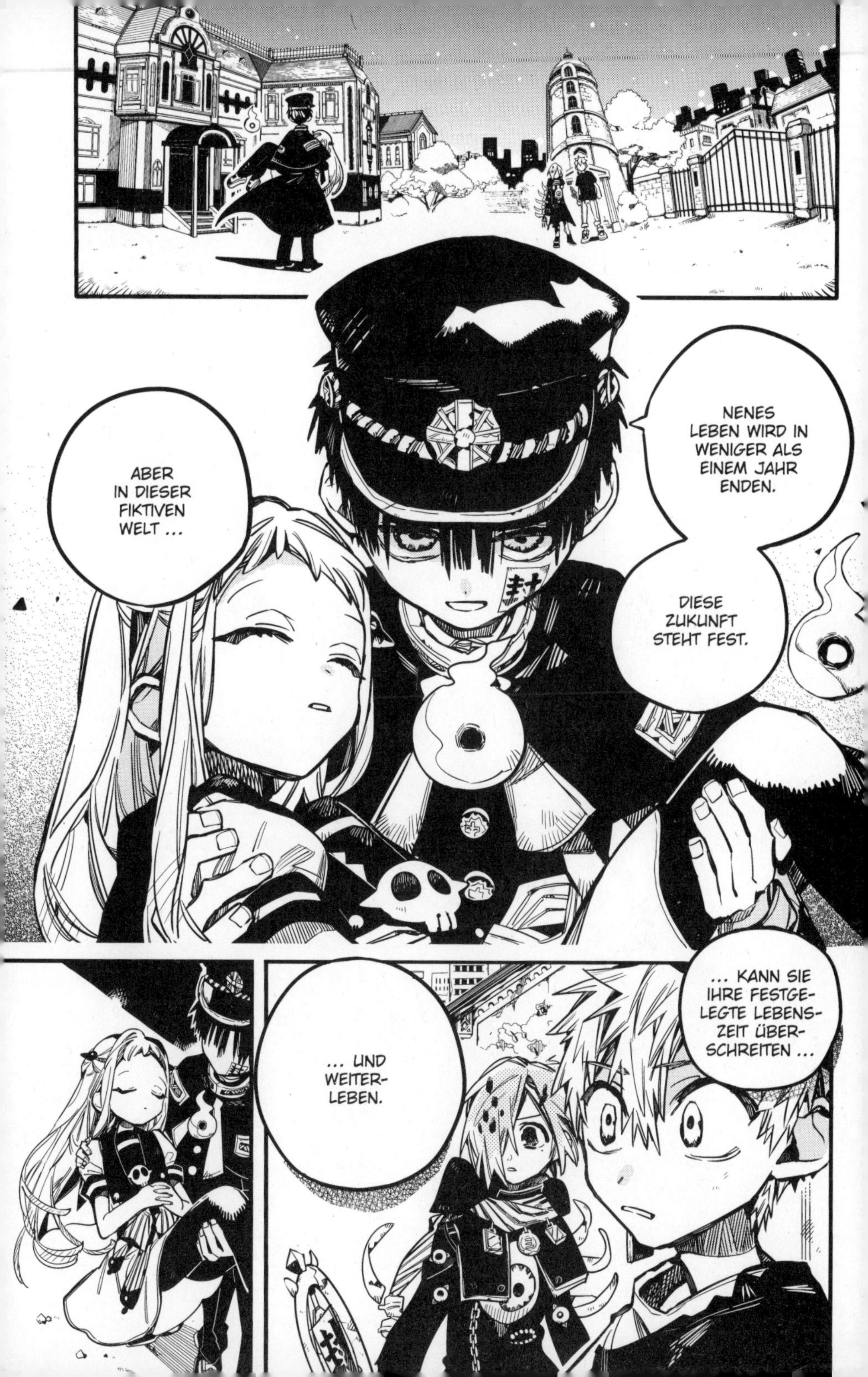
NENES LEBEN WIRD IN WENIGER ALS EINEM JAHR ENDEN.
DIESE ZUKUNFT STEHT FEST.
ABER IN DIESER FIKTIVEN WELT ...
... KANN SIE IHRE FESTGELEGTE LEBENSZEIT ÜBERSCHREITEN ...
... UND WEITERLEBEN.

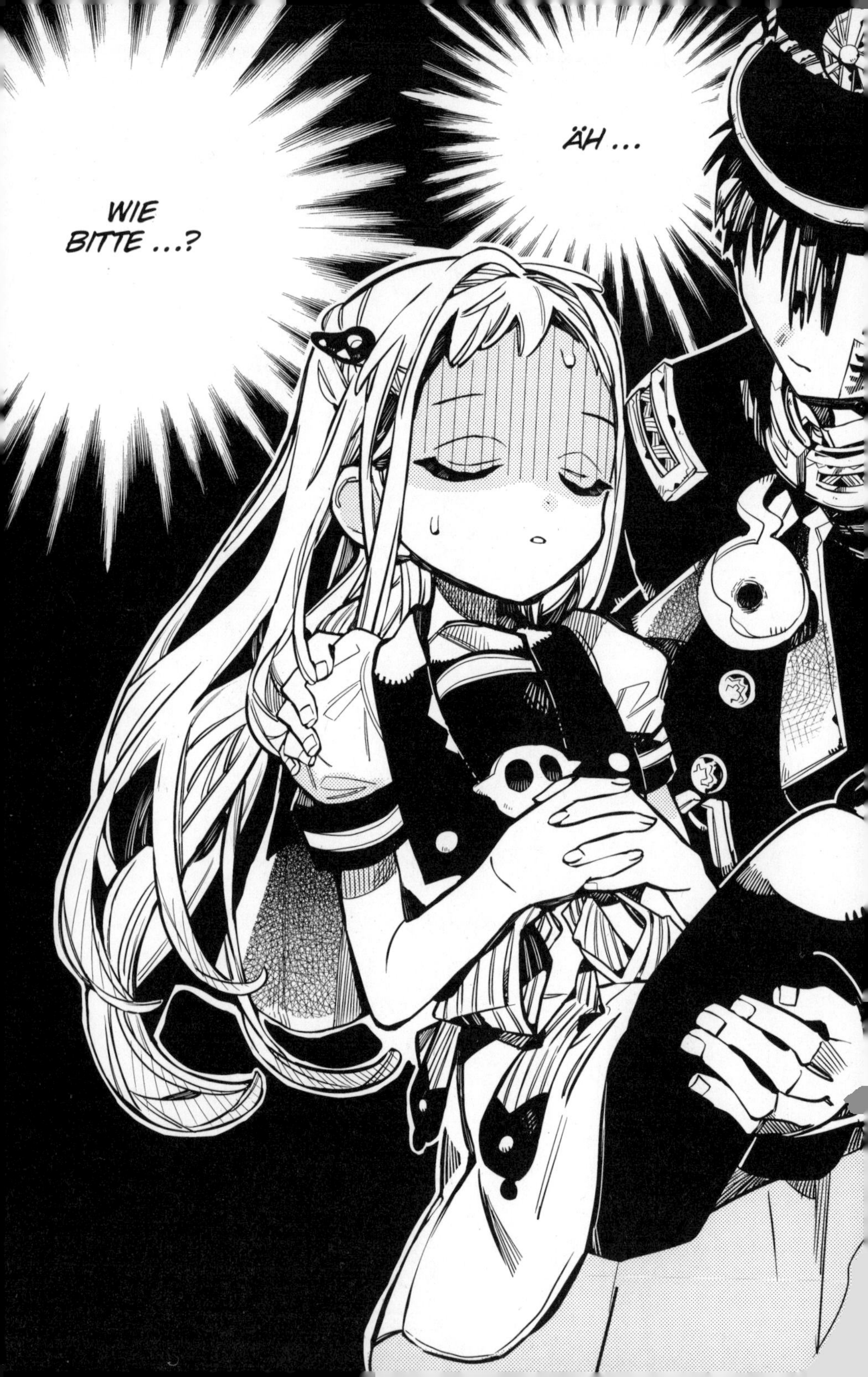
ÄH ...
WIE BITTE ...?

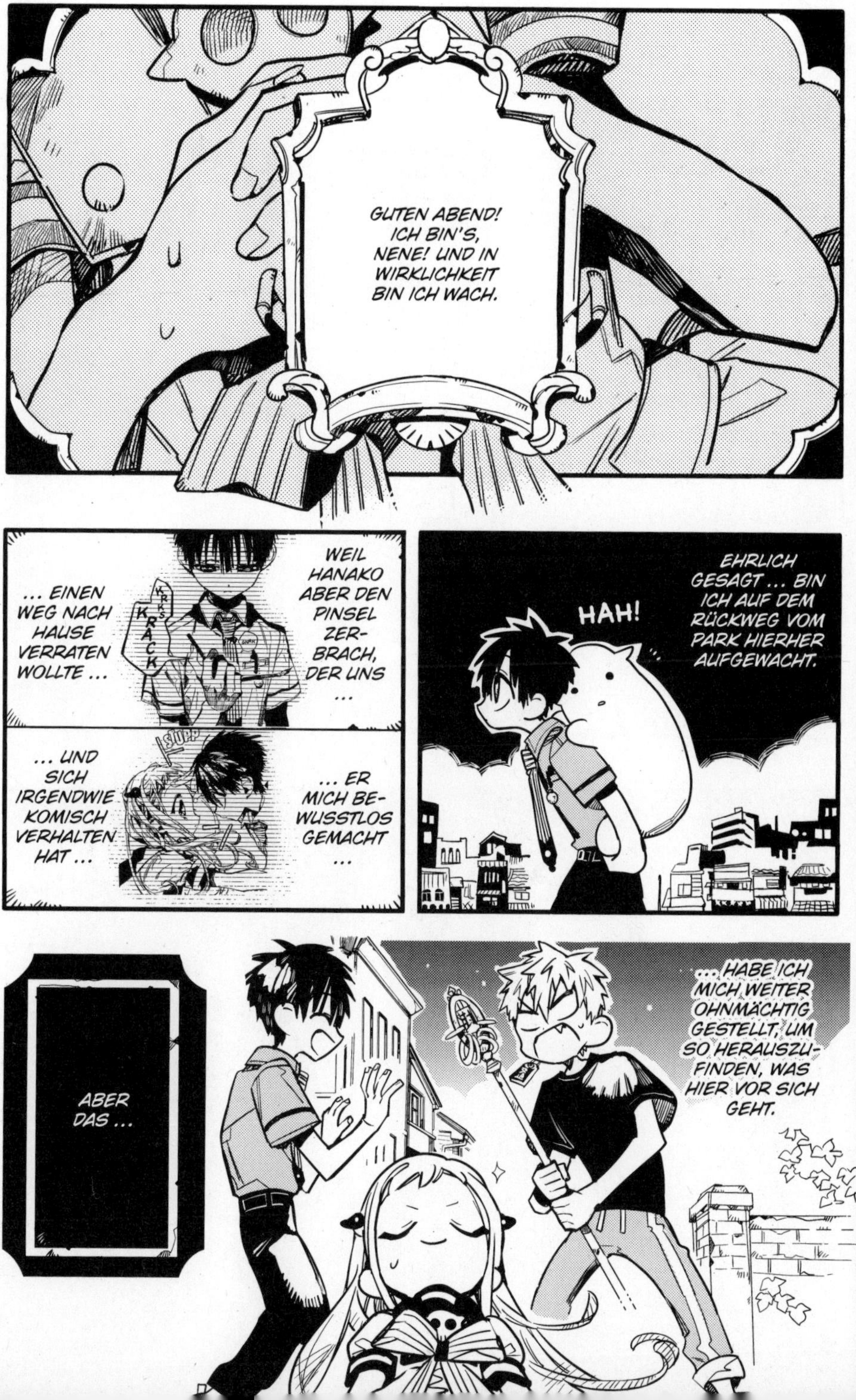
GUTEN ABEND! ICH BIN'S, NENE! UND IN WIRKLICHKEIT BIN ICH WACH.
HAH!
EHRLICH GESAGT ... BIN ICH AUF DEM RÜCKWEG VOM PARK HIERHER AUFGEWACHT.
WEIL HANAKO ABER DEN PINSEL ZER-BRACH, DER UNS ...
KRACK
... EINEN WEG NACH HAUSE VERRATEN WOLLTE ...
... ER MICH BE-WUSSTLOS GEMACHT ...
STOPP
... UND SICH IRGENDWIE KOMISCH VERHALTEN HAT ...
... HABE ICH MICH WEITER OHNMÄCHTIG GESTELLT, UM SO HERAUSZU-FINDEN, WAS HIER VOR SICH GEHT.
ABER DAS ...

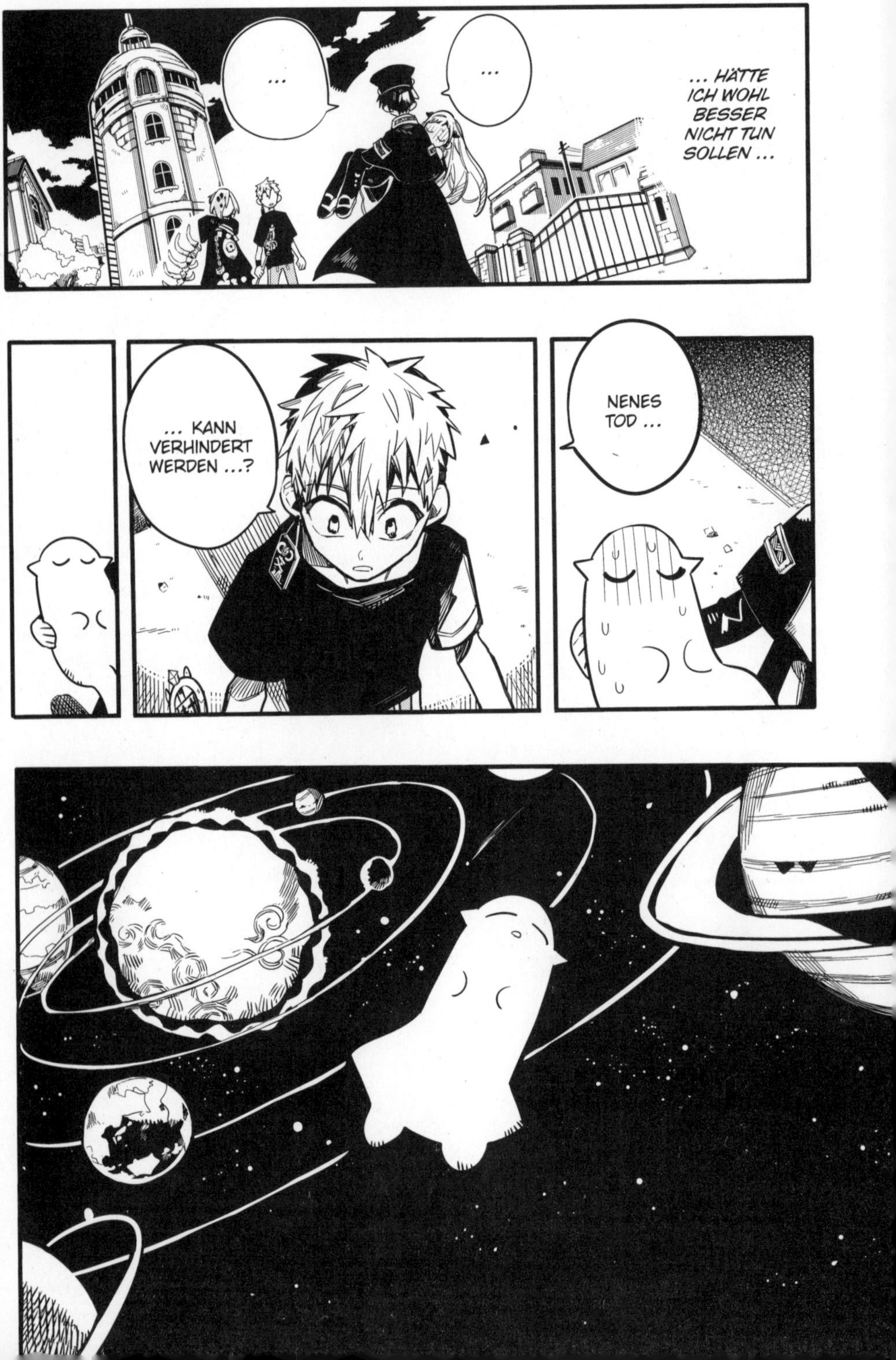
... HÄTTE ICH WOHL BESSER NICHT TUN SOLLEN ...
...
...
NENES TOD ...
... KANN VERHINDERT WERDEN ...?

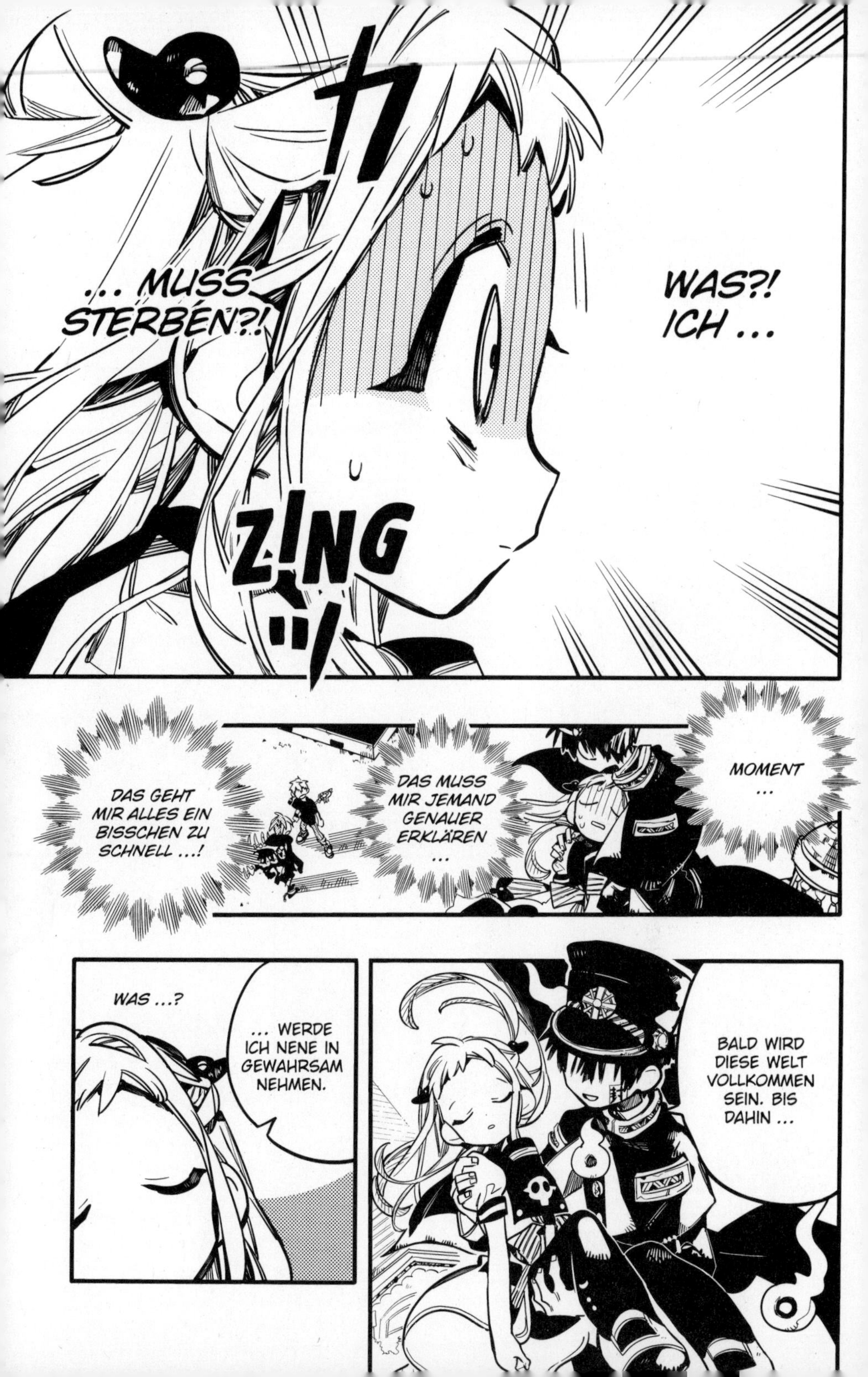
WAS?!
ICH …
… MUSS
STERBEN?!
ZING
MOMENT
…
DAS MUSS
MIR JEMAND
GENAUER
ERKLÄREN
…
DAS GEHT
MIR ALLES EIN
BISSCHEN ZU
SCHNELL …!
BALD WIRD
DIESE WELT
VOLLKOMMEN
SEIN. BIS
DAHIN …
… WERDE
ICH NENE IN
GEWAHRSAM
NEHMEN.
WAS …?

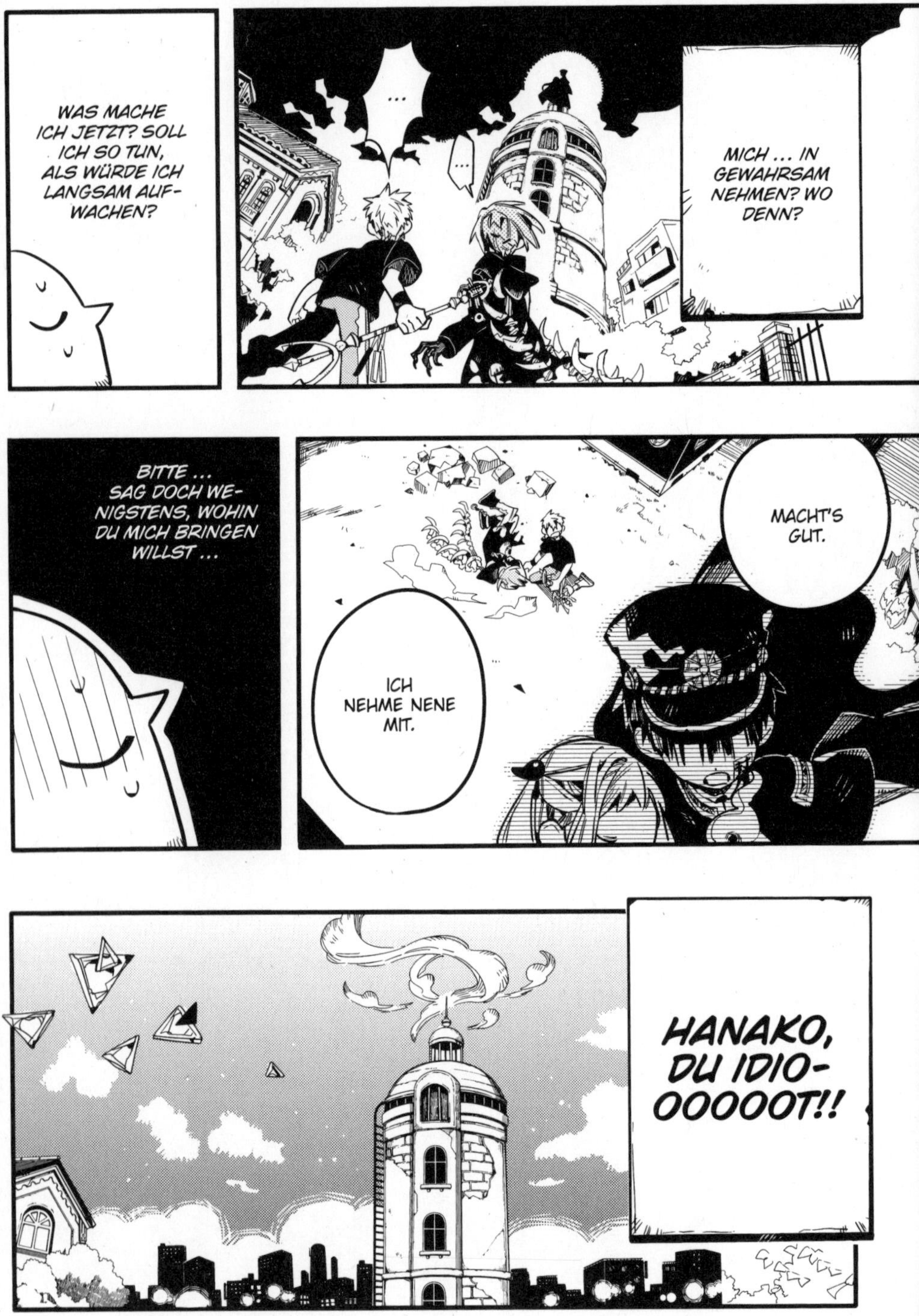
…
…
MICH … IN GEWAHRSAM NEHMEN? WO DENN?
WAS MACHE ICH JETZT? SOLL ICH SO TUN, ALS WÜRDE ICH LANGSAM AUF-WACHEN?
MACHT'S GUT.
ICH NEHME NENE MIT.
BITTE … SAG DOCH WE-NIGSTENS, WOHIN DU MICH BRINGEN WILLST …
HANAKO, DU IDIO-OOOOOT!!

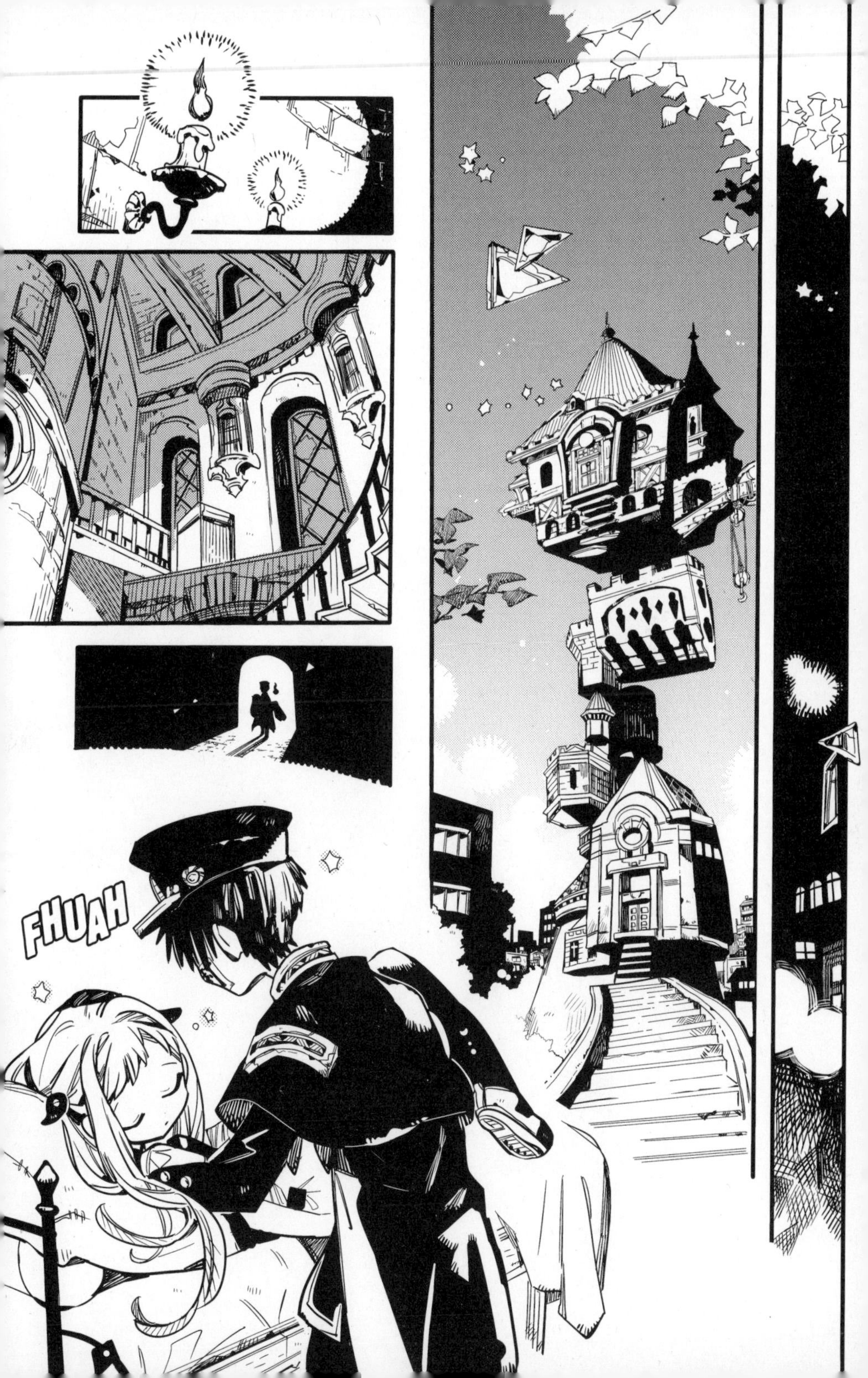
FHUAH

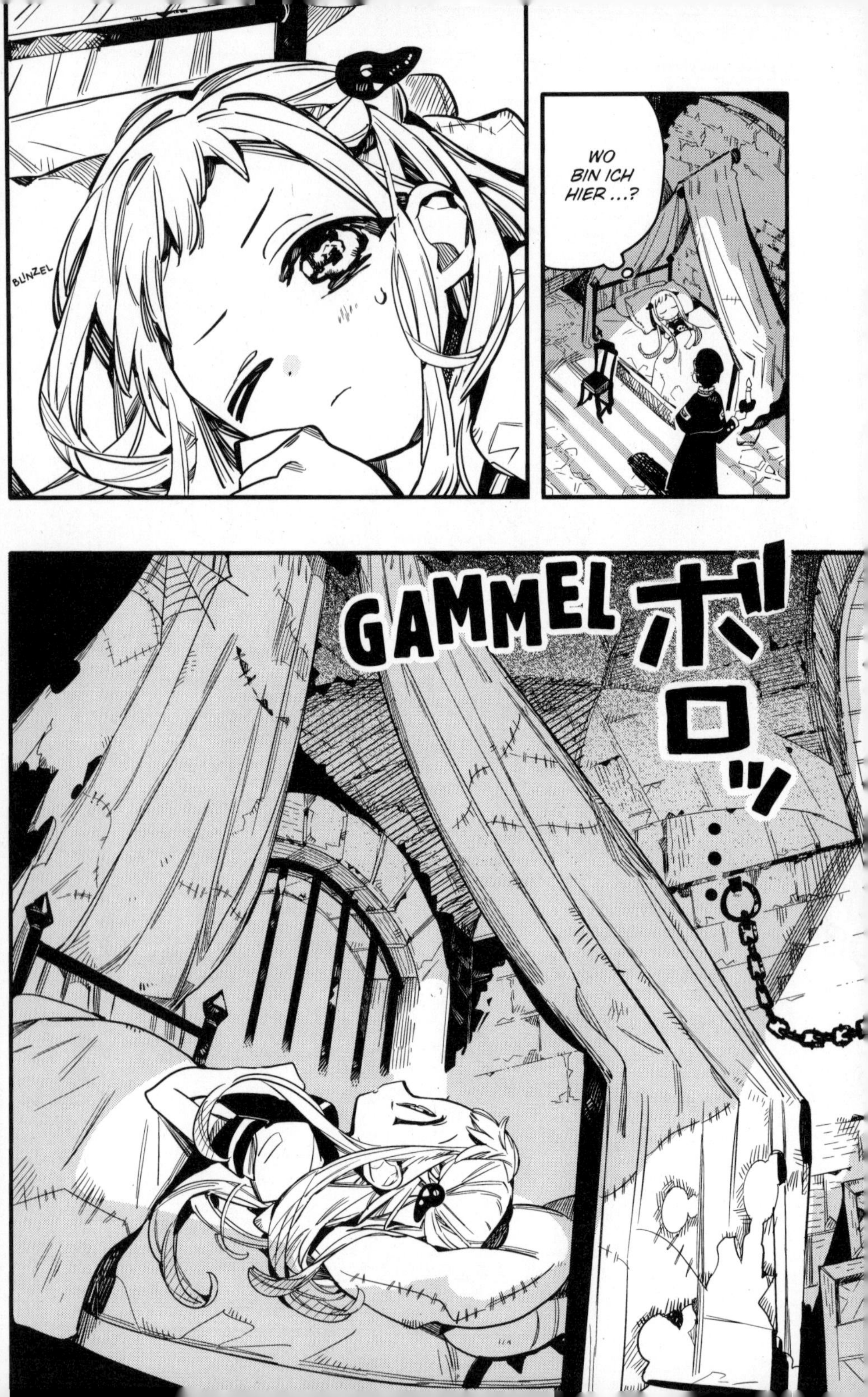
BLINZEL
WO BIN ICH HIER ...?
GAMMEL
ボロッ

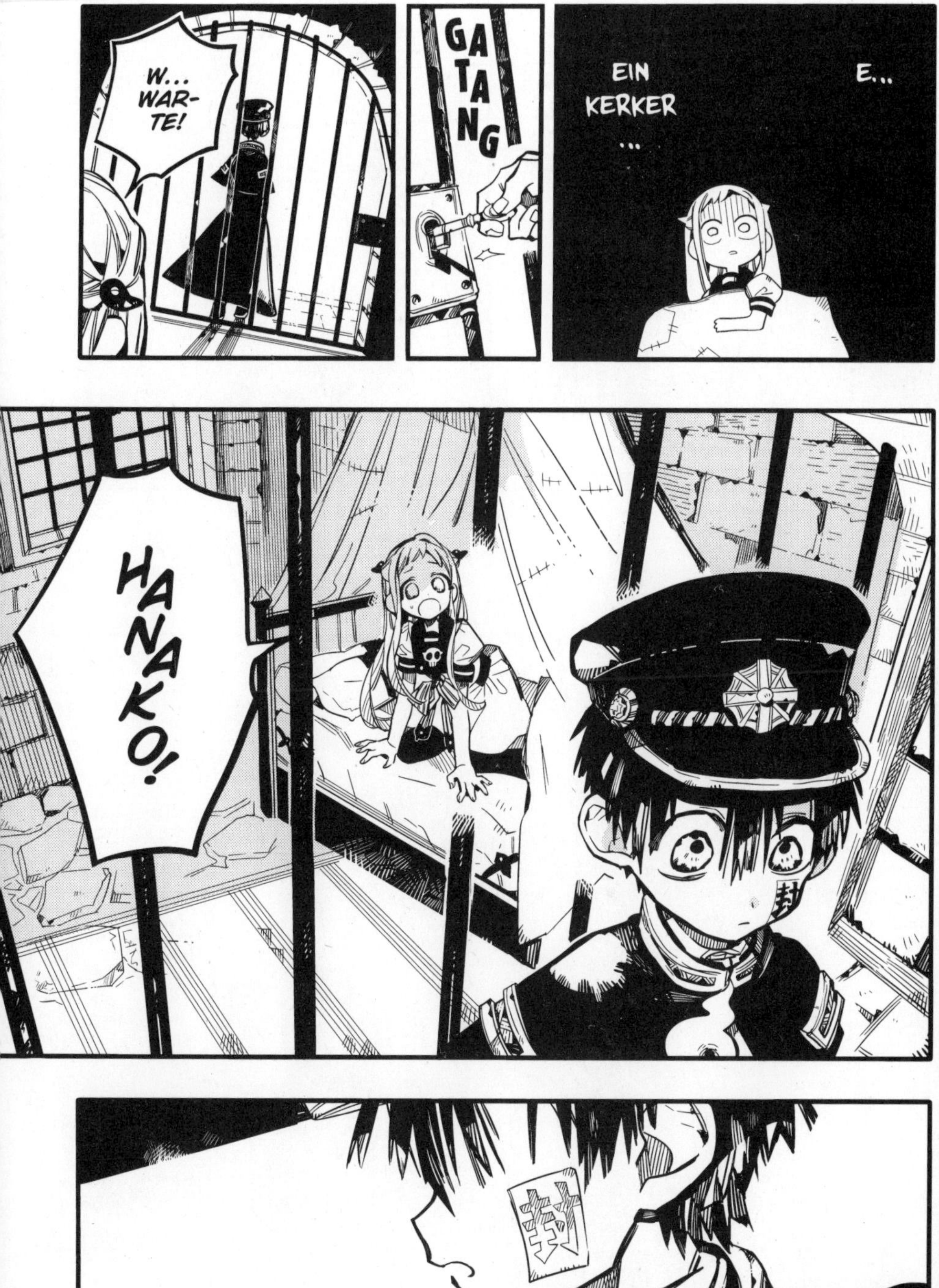

E...
EIN KERKER ...
GATANG
W... WARTE!
HANAKO!

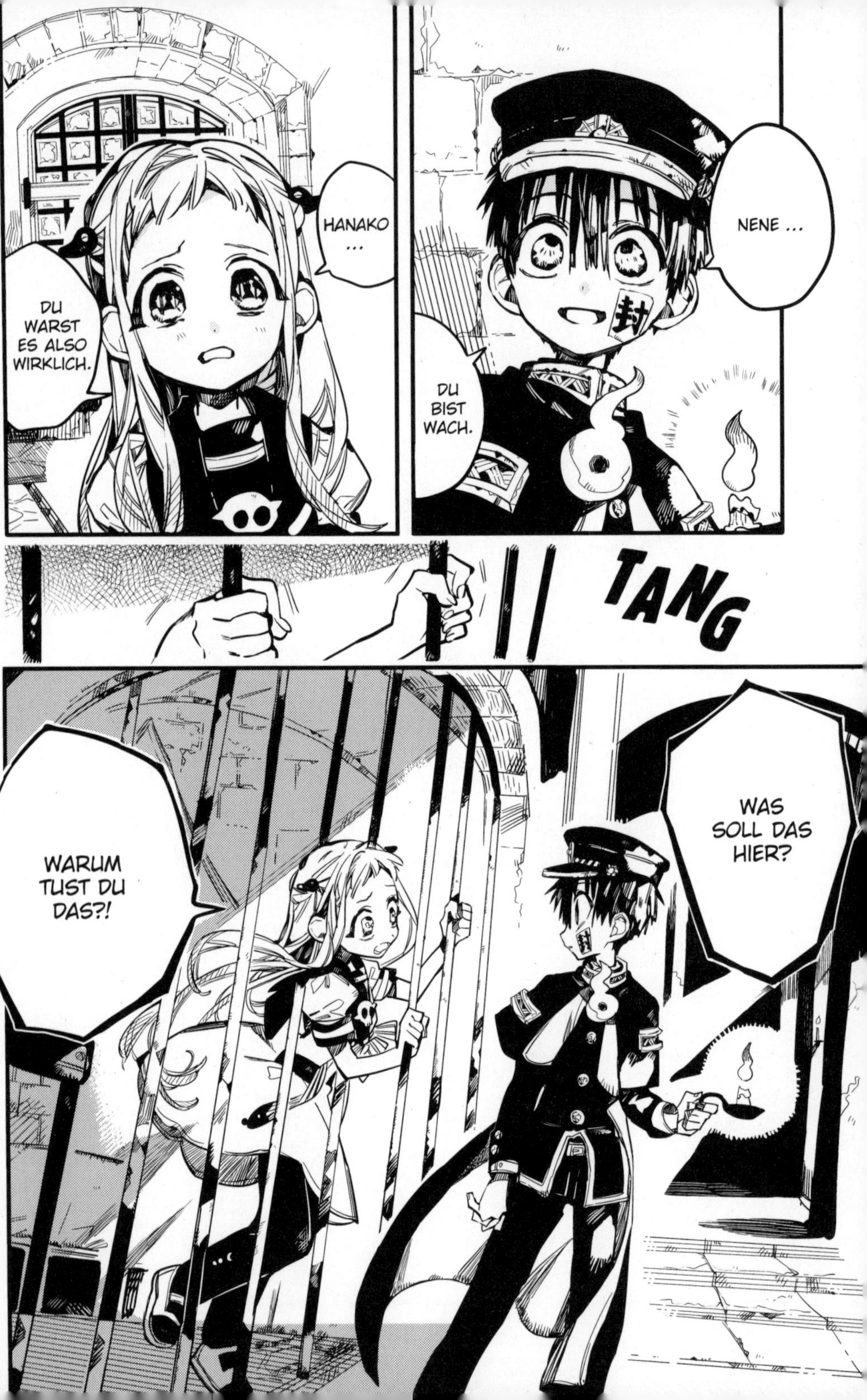
NENE ...
DU BIST WACH.
HANAKO ...
DU WARST ES ALSO WIRKLICH.
TANG
WAS SOLL DAS HIER?
WARUM TUST DU DAS?!

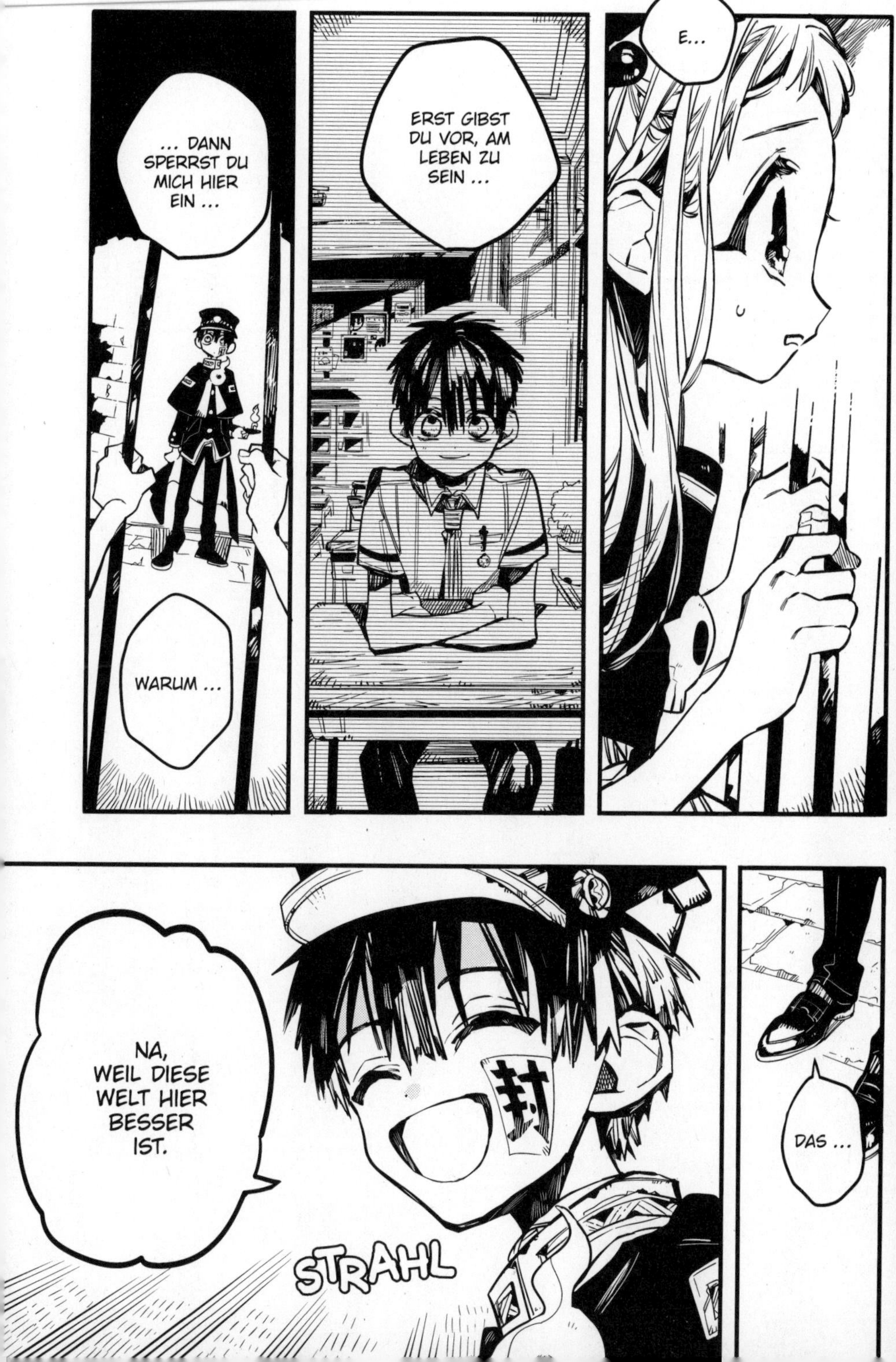
E…
ERST GIBST DU VOR, AM LEBEN ZU SEIN …
… DANN SPERRST DU MICH HIER EIN …
WARUM …
DAS …
NA, WEIL DIESE WELT HIER BESSER IST.
STRAHL

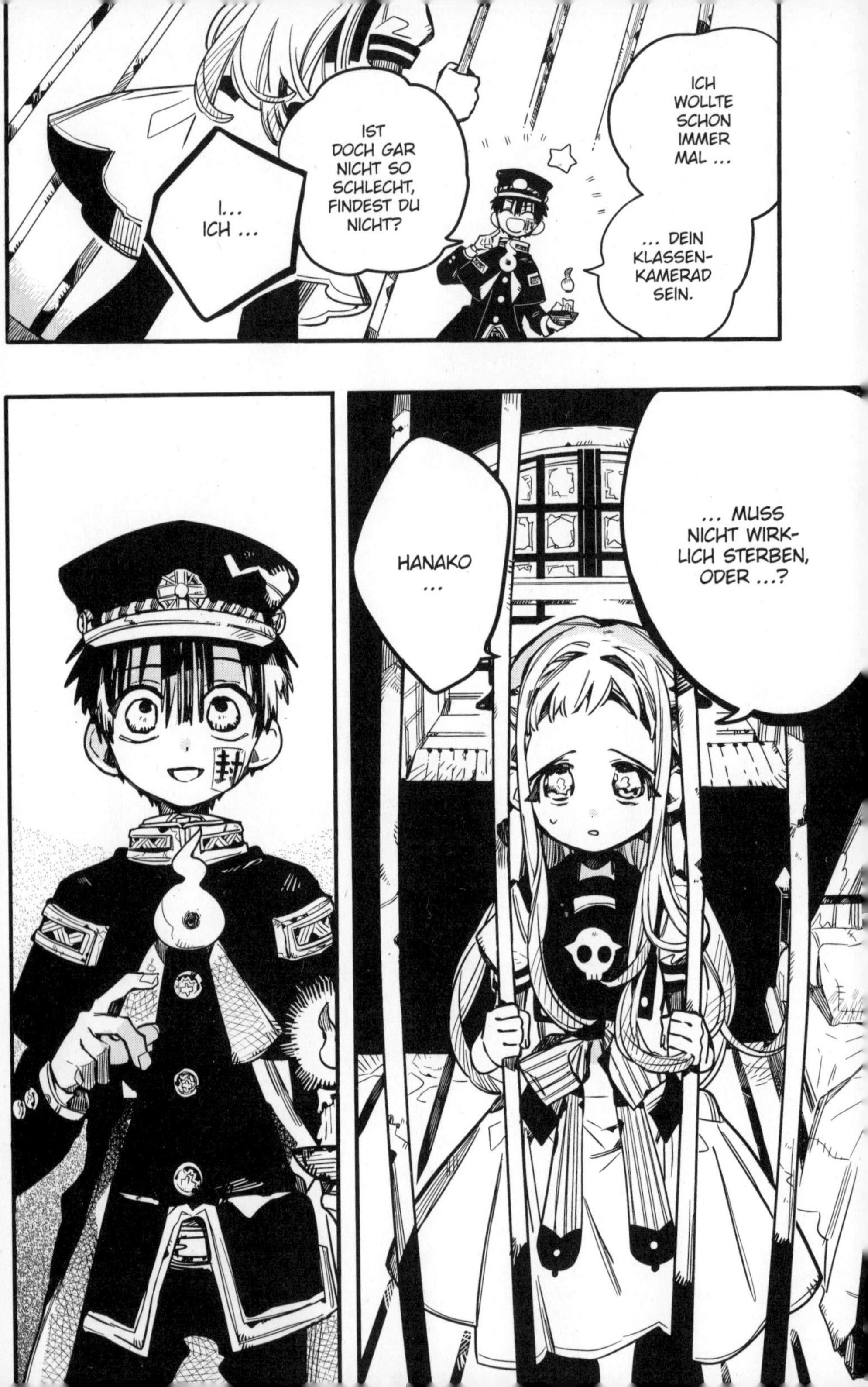

ICH WOLLTE SCHON IMMER MAL …
… DEIN KLASSEN-KAMERAD SEIN.
IST DOCH GAR NICHT SO SCHLECHT, FINDEST DU NICHT?
I… ICH …
… MUSS NICHT WIRK-LICH STERBEN, ODER …?
HANAKO …

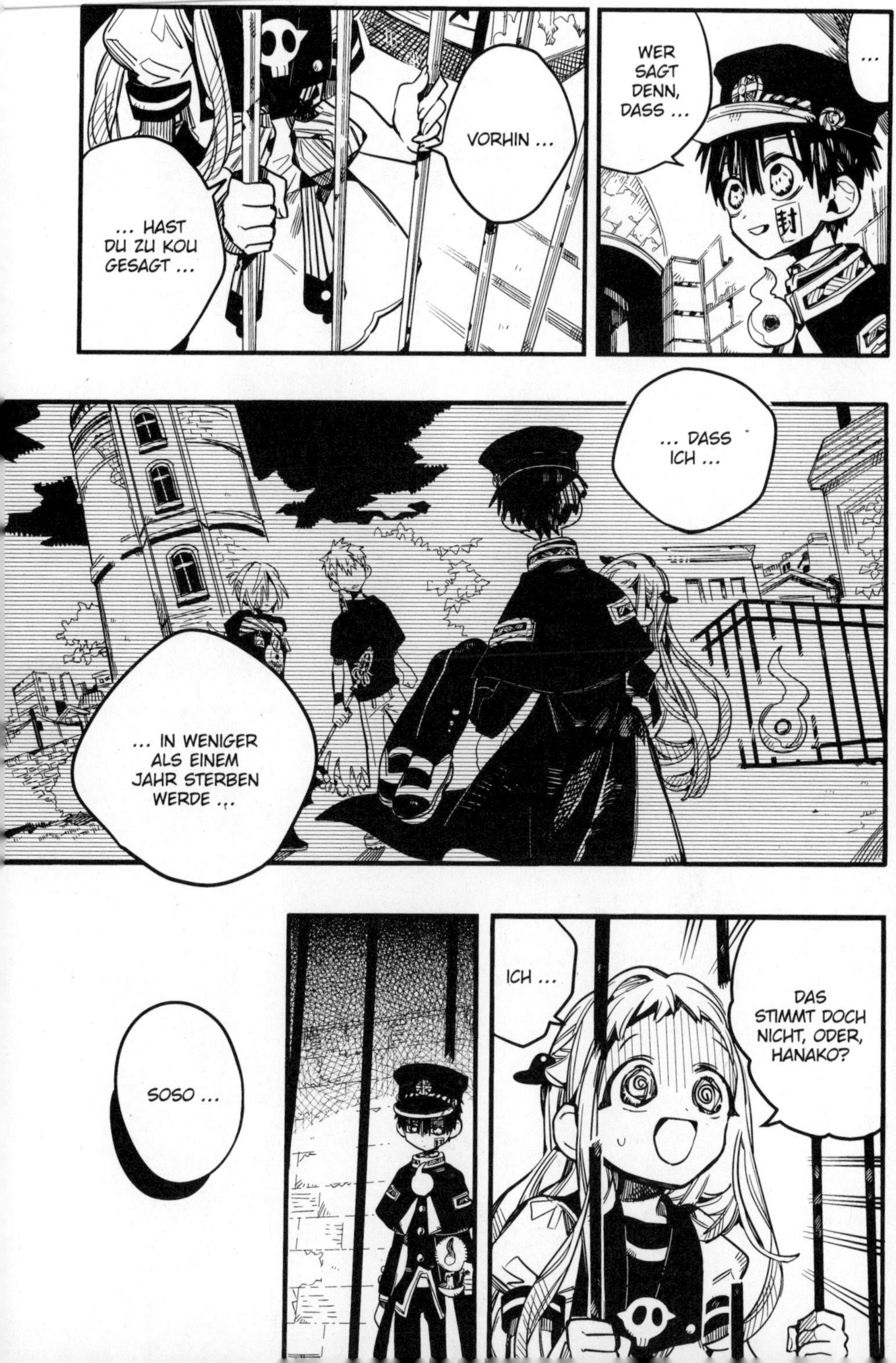
...
WER SAGT DENN, DASS ...
VORHIN ...
... HAST DU ZU KOU GESAGT ...
... DASS ICH ...
... IN WENIGER ALS EINEM JAHR STERBEN WERDE ...
DAS STIMMT DOCH NICHT, ODER, HANAKO?
ICH ...
SOSO ...

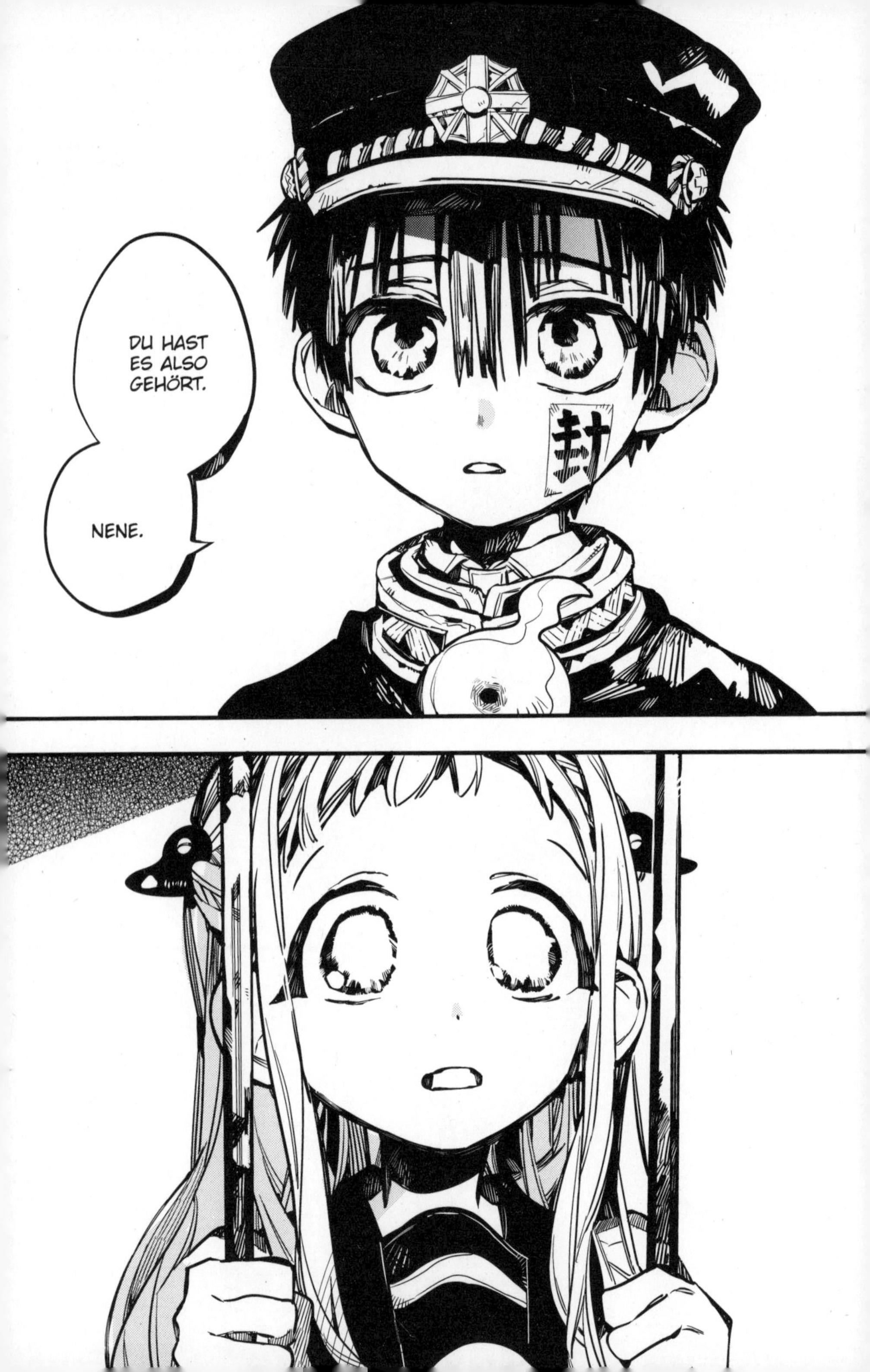
DU HAST ES ALSO GEHÖRT.
NENE.
封

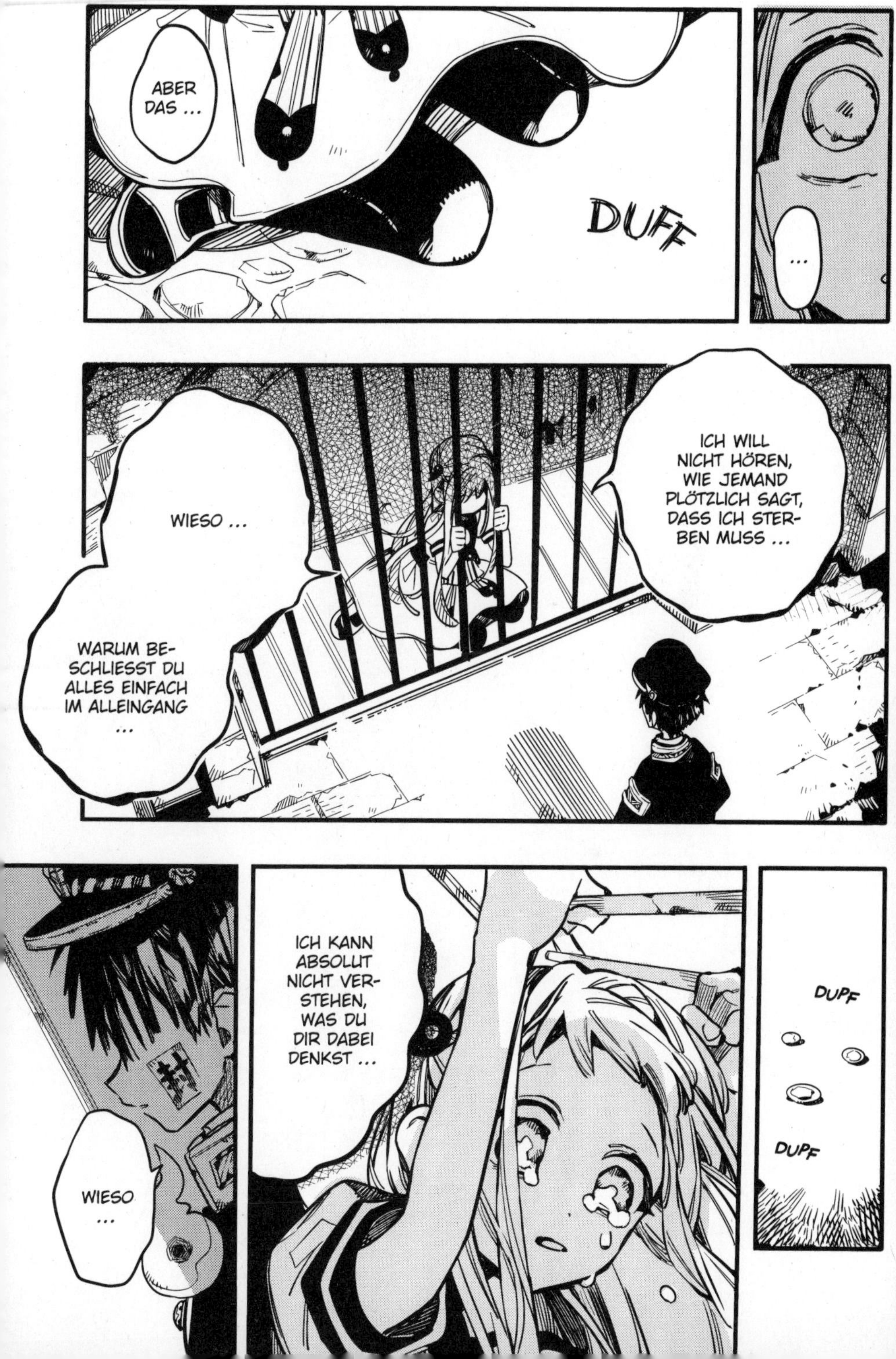
…
ABER DAS …
DUFF
ICH WILL NICHT HÖREN, WIE JEMAND PLÖTZLICH SAGT, DASS ICH STER-BEN MUSS …
WIESO …
WARUM BE-SCHLIESST DU ALLES EINFACH IM ALLEINGANG …
DUPF
DUPF
ICH KANN ABSOLUT NICHT VER-STEHEN, WAS DU DIR DABEI DENKST …
WIESO …

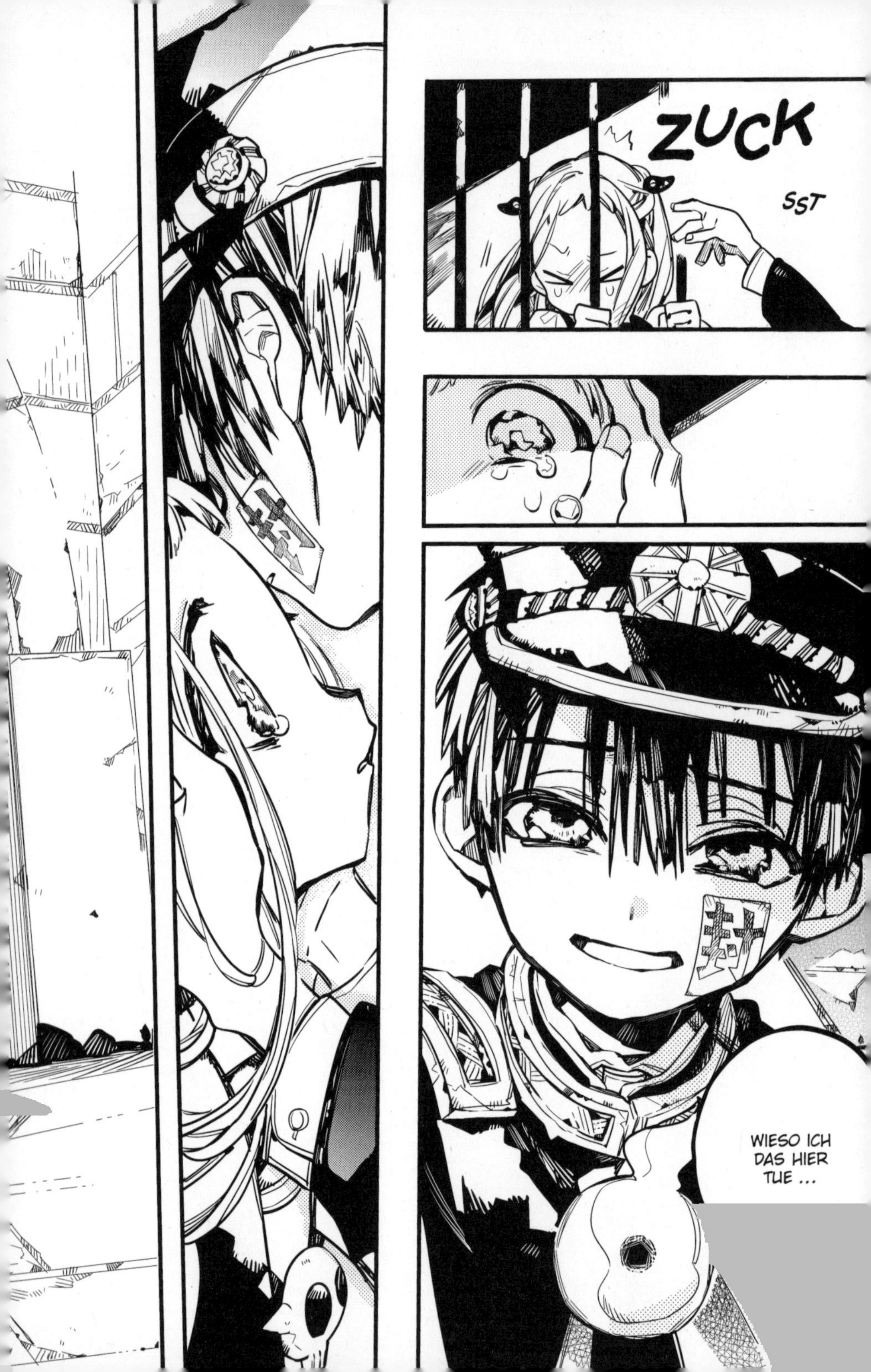
ZUCK
SST
WIESO ICH DAS HIER TUE …

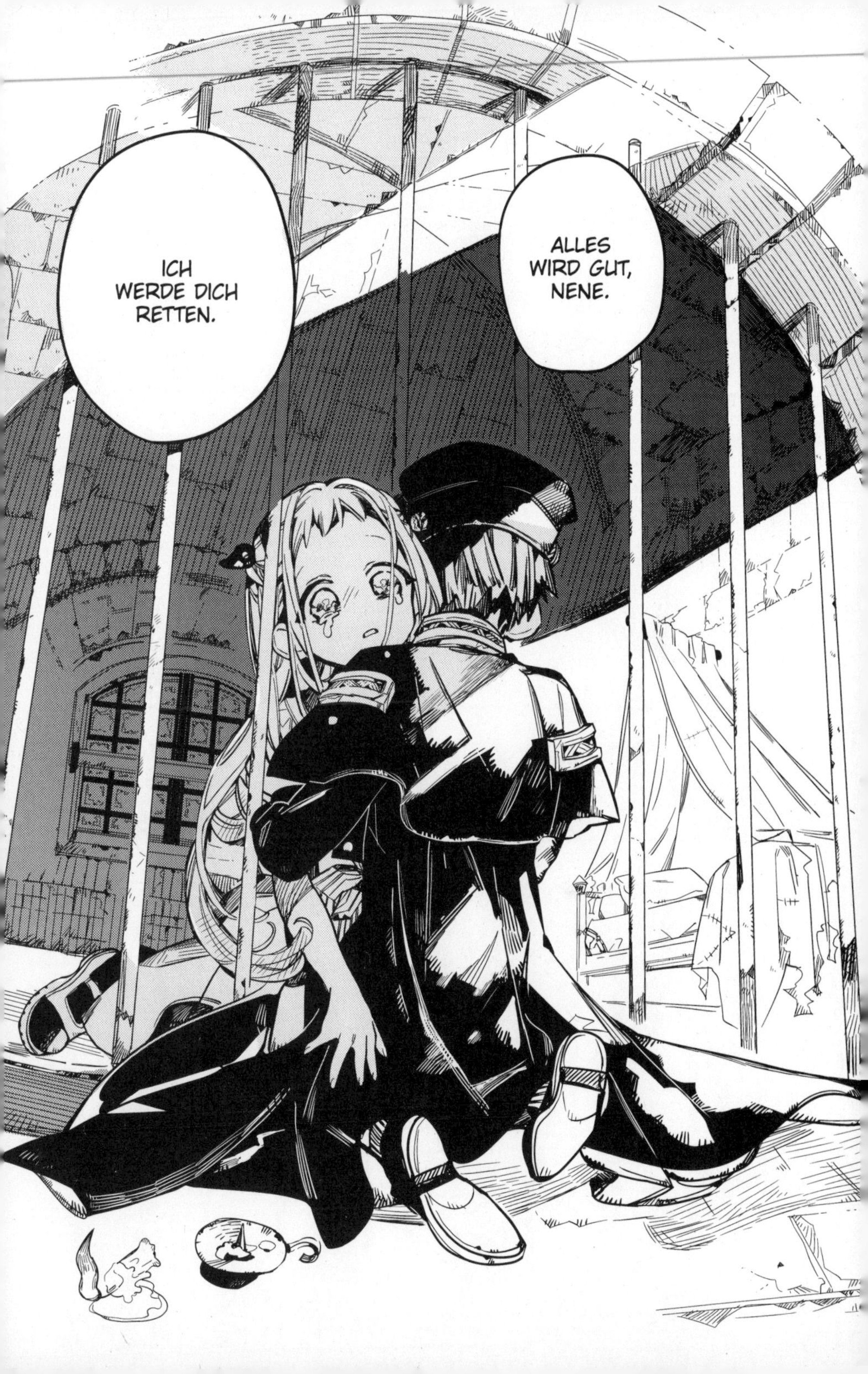
ALLES WIRD GUT, NENE.
ICH WERDE DICH RETTEN.

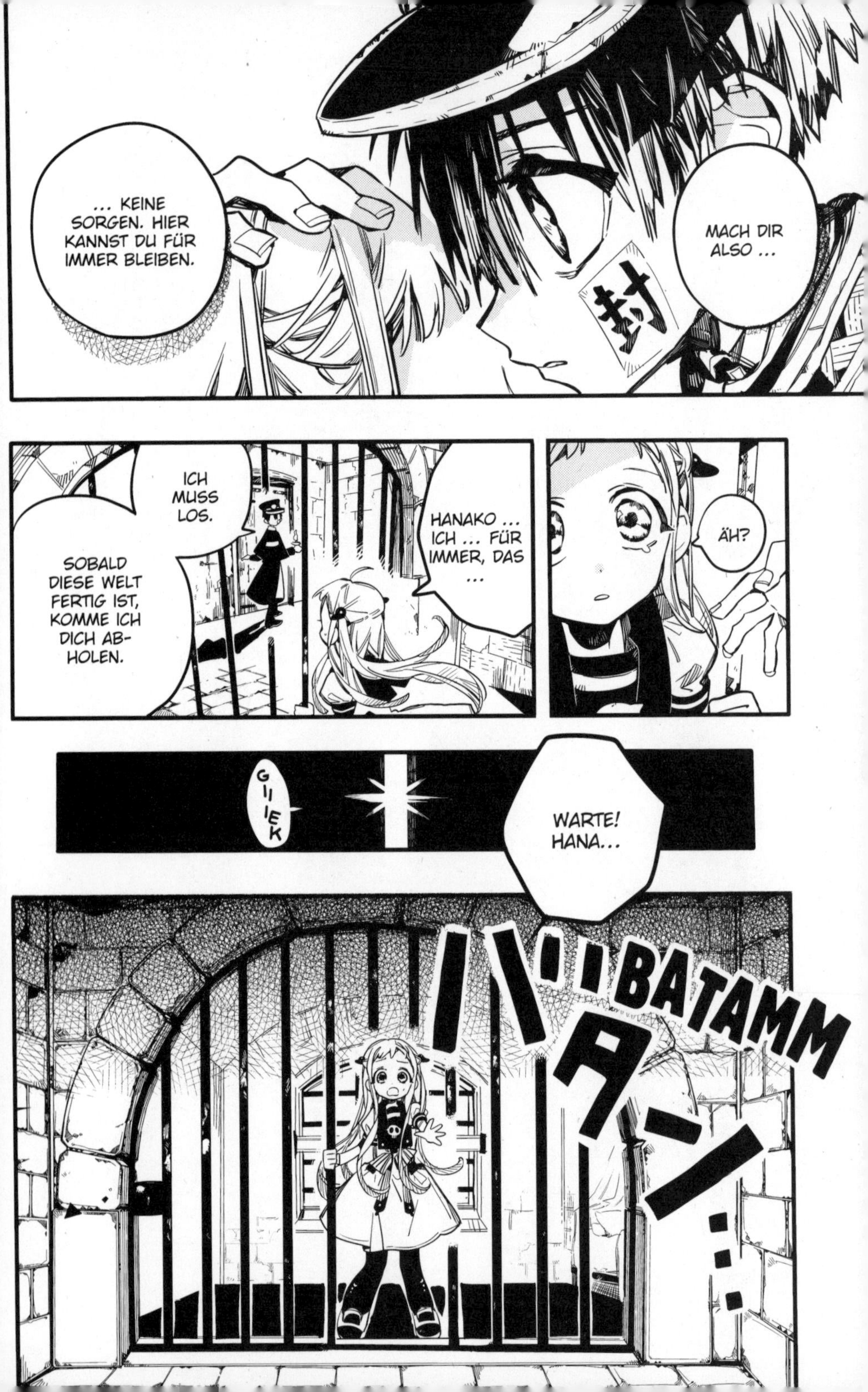
MACH DIR ALSO …
封
… KEINE SORGEN. HIER KANNST DU FÜR IMMER BLEIBEN.
ÄH?
HANAKO … ICH … FÜR IMMER, DAS …
ICH MUSS LOS.
SOBALD DIESE WELT FERTIG IST, KOMME ICH DICH AB-HOLEN.
WARTE! HANA…
GIIIEK
BATAMM
バタン

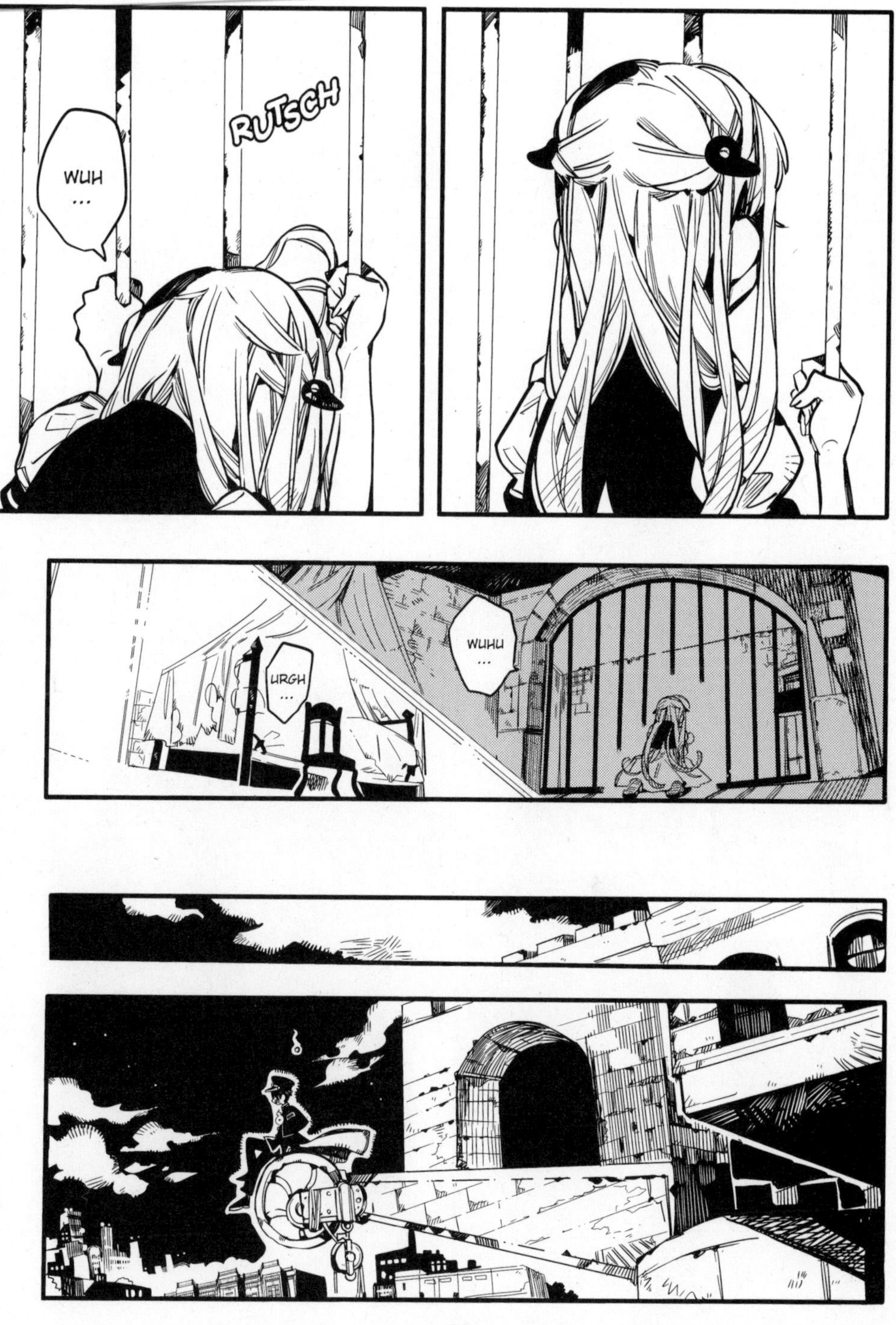
WUH ...
RUTSCH
URGH ...
WUHU ...

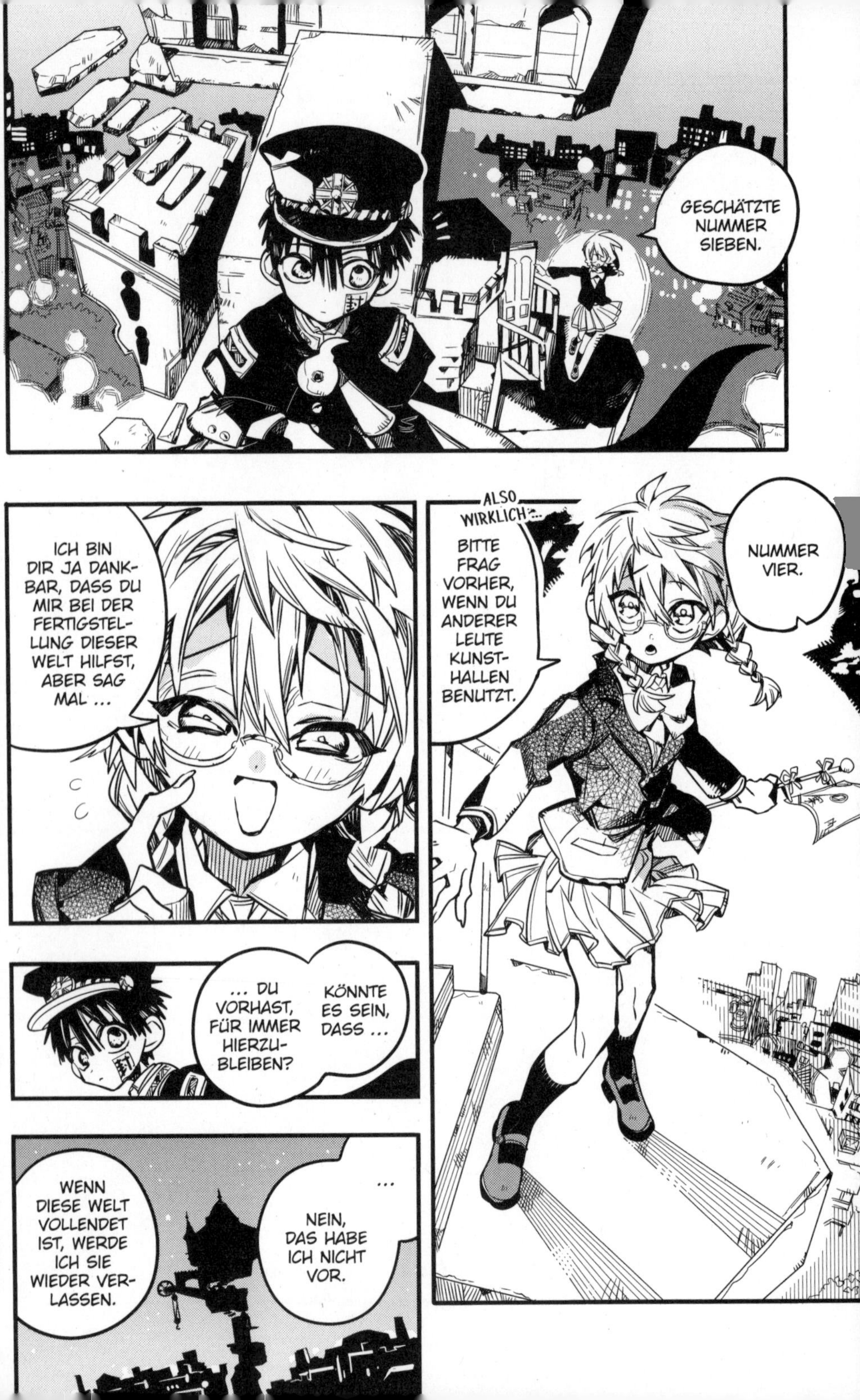
GESCHÄTZTE NUMMER SIEBEN.
NUMMER VIER.
ALSO WIRKLICH ...
BITTE FRAG VORHER, WENN DU ANDERER LEUTE KUNSTHALLEN BENUTZT.
ICH BIN DIR JA DANKBAR, DASS DU MIR BEI DER FERTIGSTELLUNG DIESER WELT HILFST, ABER SAG MAL ...
KÖNNTE ES SEIN, DASS ...
... DU VORHAST, FÜR IMMER HIERZUBLEIBEN?
...
NEIN, DAS HABE ICH NICHT VOR.
WENN DIESE WELT VOLLENDET IST, WERDE ICH SIE WIEDER VERLASSEN.

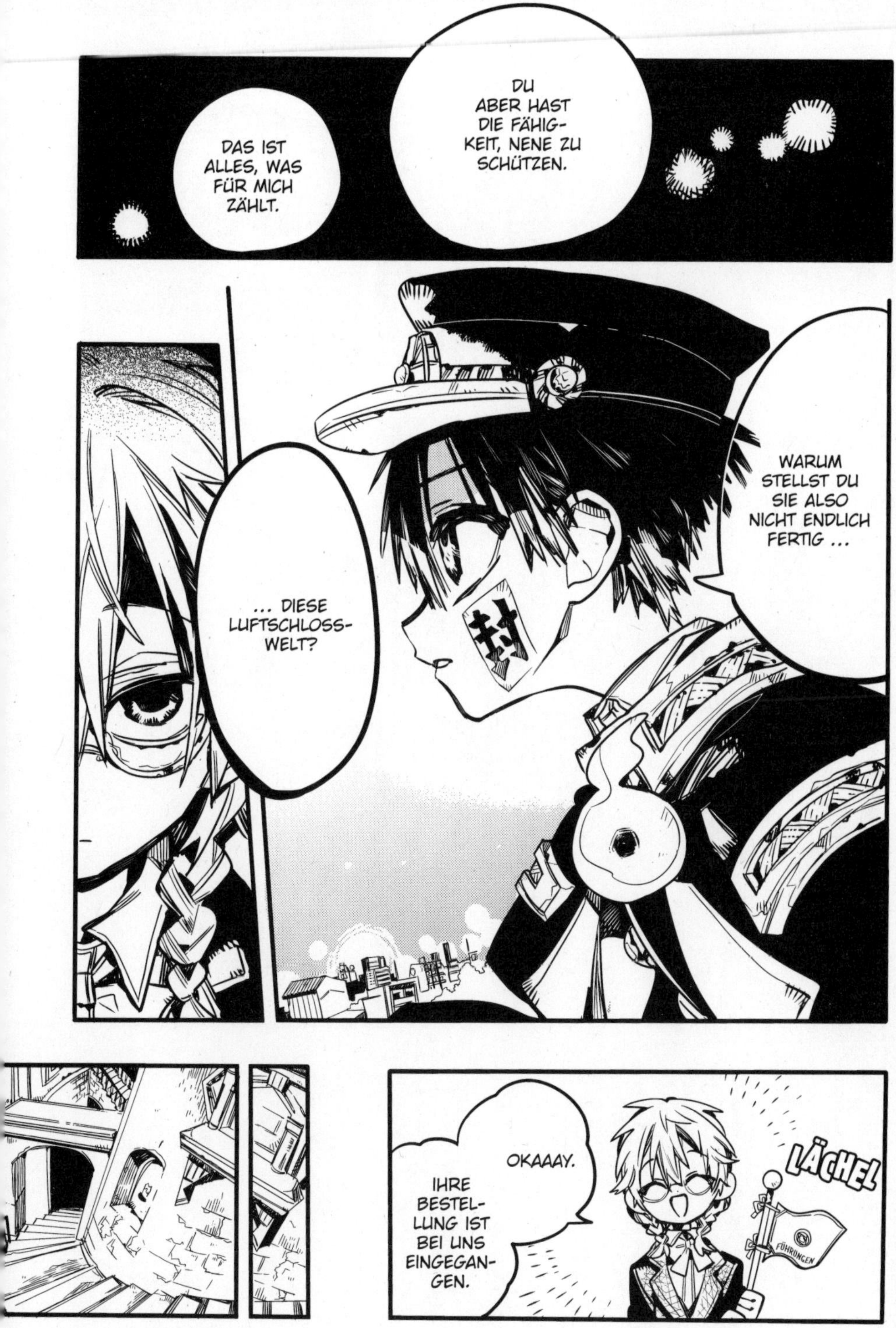
DU ABER HAST DIE FÄHIG-
KEIT, NENE ZU SCHÜTZEN.
DAS IST ALLES, WAS FÜR MICH ZÄHLT.
WARUM STELLST DU SIE ALSO NICHT ENDLICH FERTIG …
… DIESE LUFTSCHLOSS-
WELT?
LÄCHEL
FÜHRUNGEN
OKAAAY.
IHRE BESTEL-
LUNG IST BEI UNS EINGEGAN-
GEN.

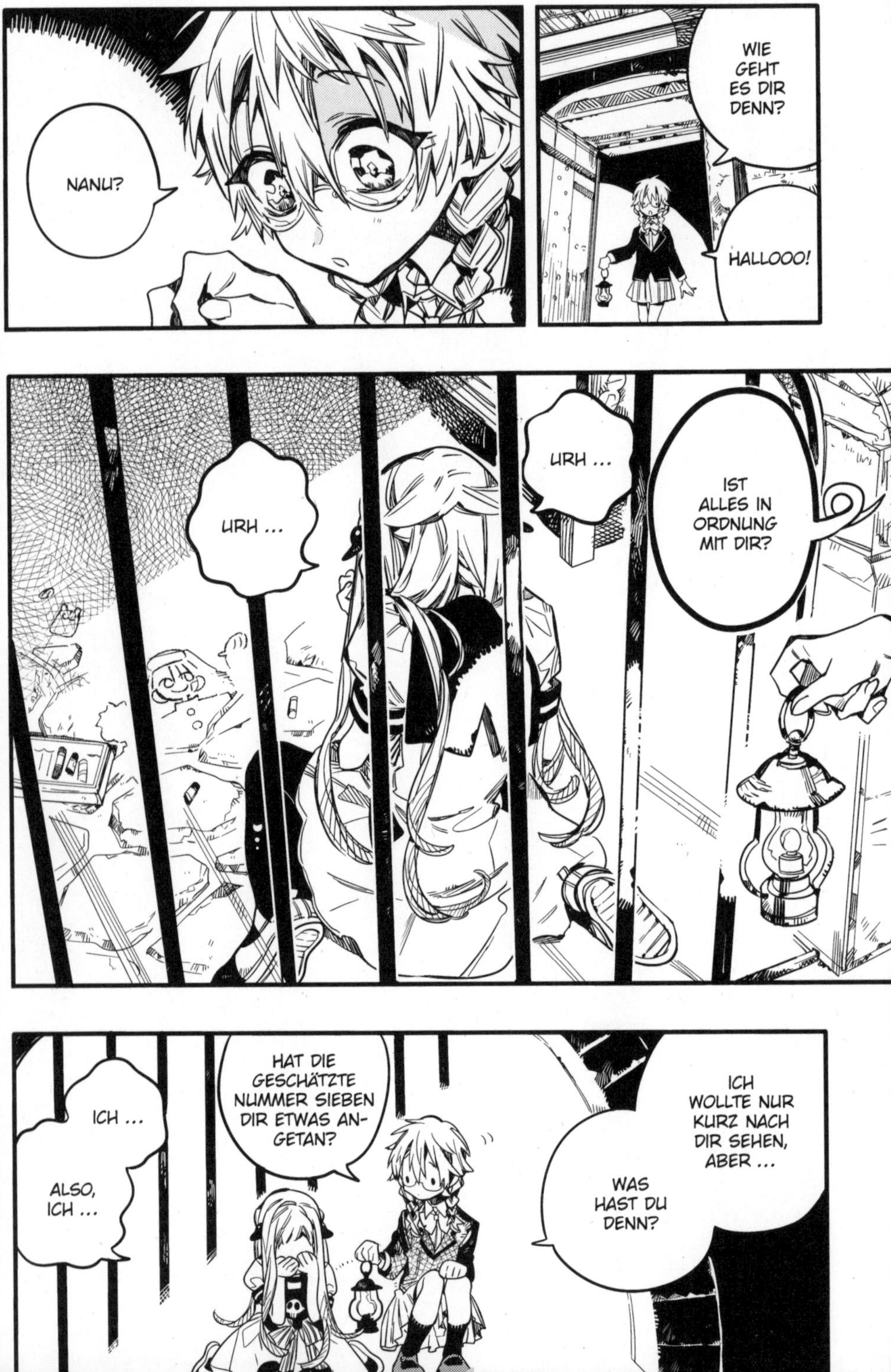
WIE GEHT ES DIR DENN?
HALLOOO!
NANU?
IST ALLES IN ORDNUNG MIT DIR?
URH …
URH …
ICH WOLLTE NUR KURZ NACH DIR SEHEN, ABER …
WAS HAST DU DENN?
HAT DIE GESCHÄTZTE NUMMER SIEBEN DIR ETWAS ANGETAN?
ICH …
ALSO, ICH …

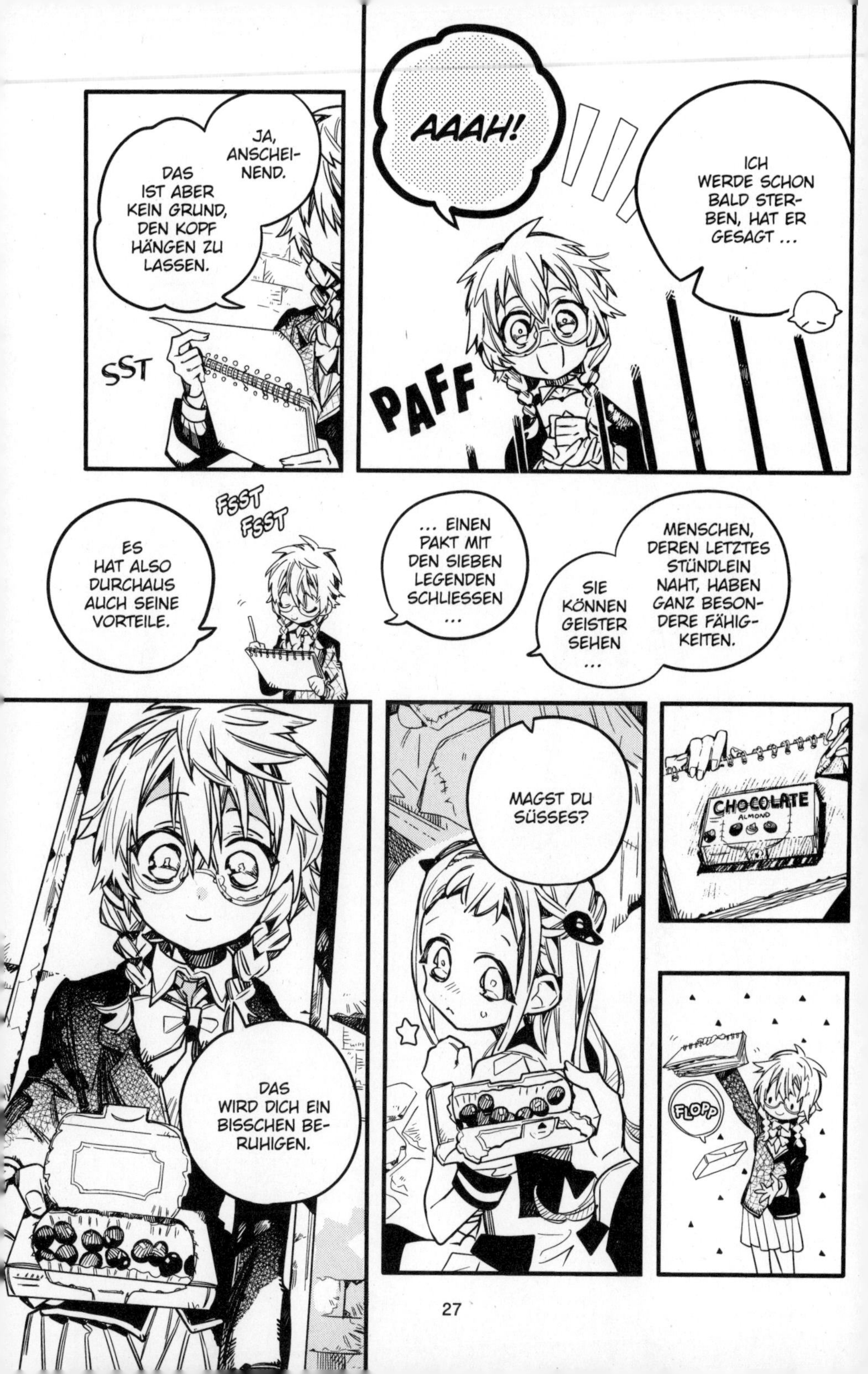
ICH WERDE SCHON BALD STERBEN, HAT ER GESAGT …
AAAH!
PAFF
JA, ANSCHEINEND.
DAS IST ABER KEIN GRUND, DEN KOPF HÄNGEN ZU LASSEN.
SST
MENSCHEN, DEREN LETZTES STÜNDLEIN NAHT, HABEN GANZ BESONDERE FÄHIGKEITEN.
SIE KÖNNEN GEISTER SEHEN …
… EINEN PAKT MIT DEN SIEBEN LEGENDEN SCHLIESSEN …
FSST FSST
ES HAT ALSO DURCHAUS AUCH SEINE VORTEILE.
CHOCOLATE
ALMOND
FLOPP
MAGST DU SÜSSES?
DAS WIRD DICH EIN BISSCHEN BERUHIGEN.

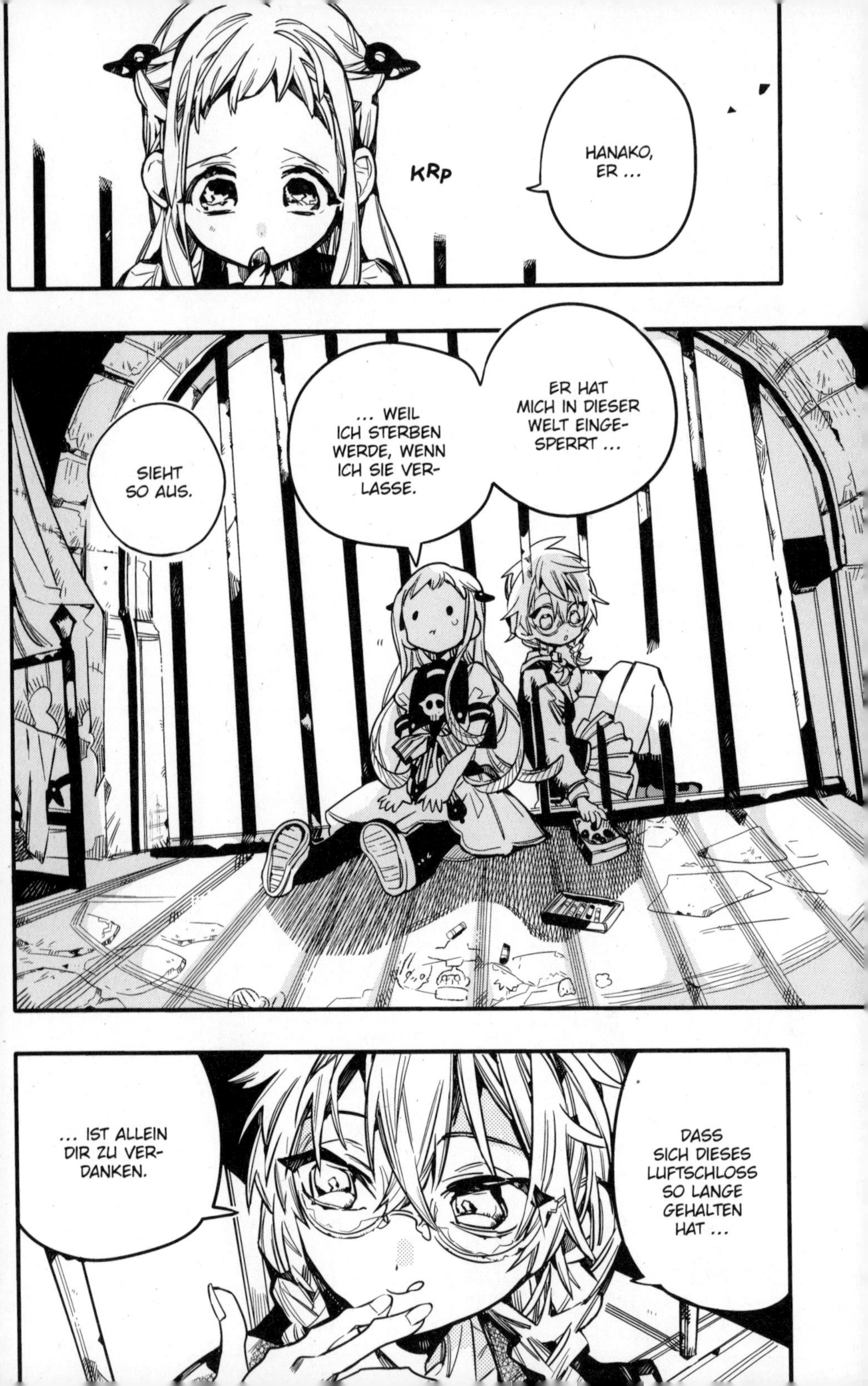
HANAKO, ER …
KRP
ER HAT MICH IN DIESER WELT EINGE-SPERRT …
… WEIL ICH STERBEN WERDE, WENN ICH SIE VER-LASSE.
SIEHT SO AUS.
DASS SICH DIESES LUFTSCHLOSS SO LANGE GEHALTEN HAT …
… IST ALLEIN DIR ZU VER-DANKEN.

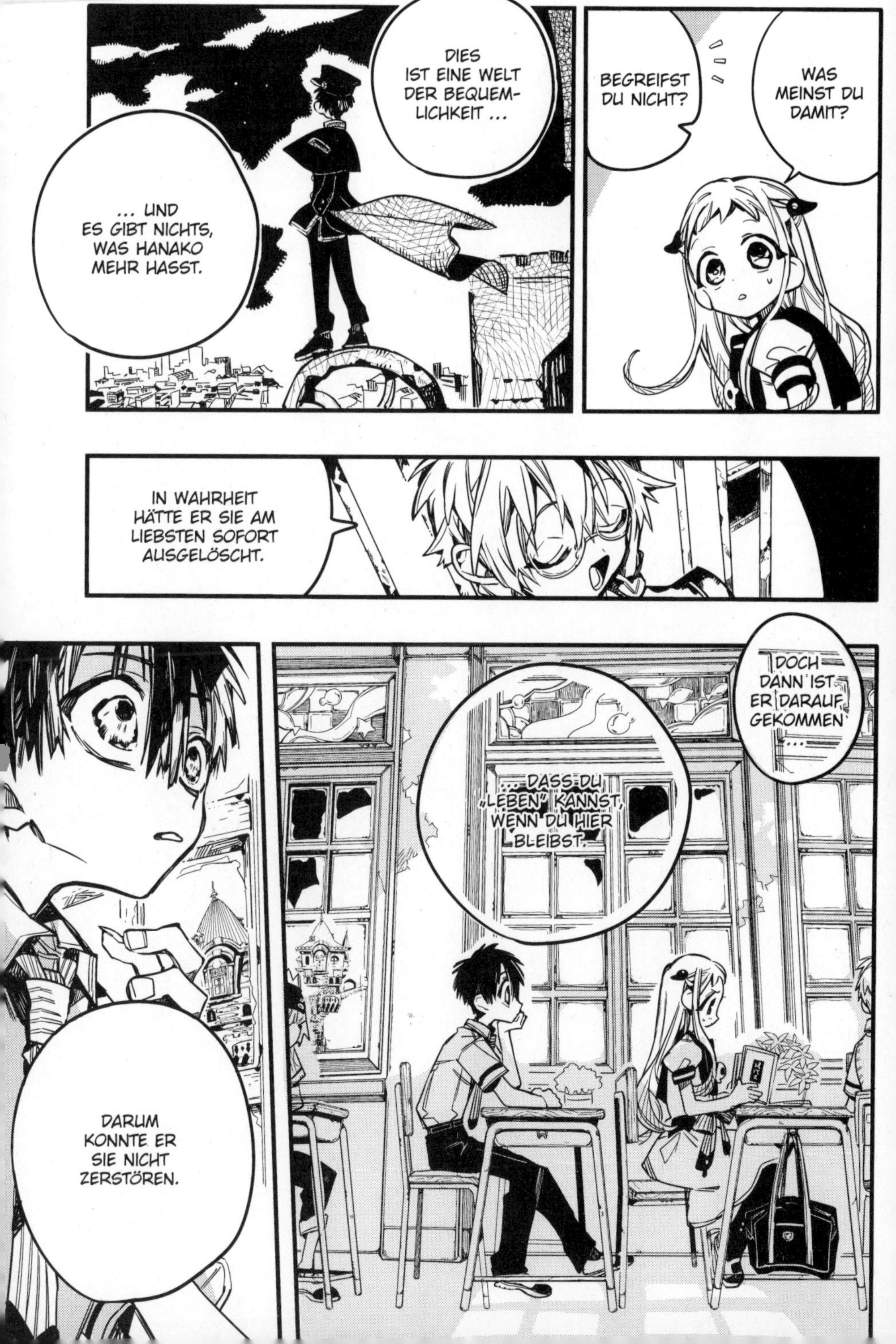
WAS MEINST DU DAMIT?
BEGREIFST DU NICHT?
DIES IST EINE WELT DER BEQUEM-LICHKEIT …
… UND ES GIBT NICHTS, WAS HANAKO MEHR HASST.
IN WAHRHEIT HÄTTE ER SIE AM LIEBSTEN SOFORT AUSGELÖSCHT.
DOCH DANN IST ER DARAUF GEKOMMEN …
… DASS DU „LEBEN" KANNST, WENN DU HIER BLEIBST.
DARUM KONNTE ER SIE NICHT ZERSTÖREN.

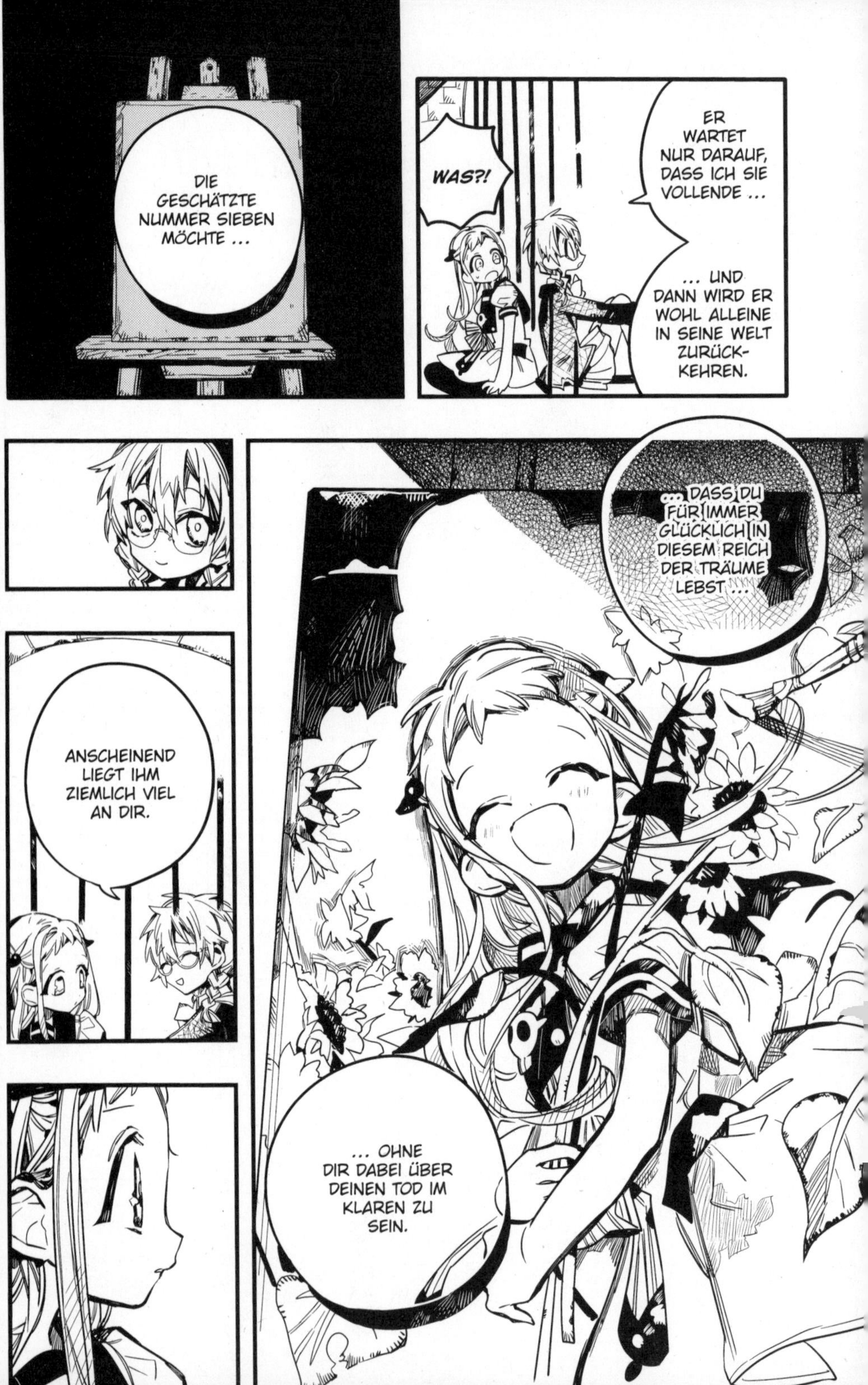

ER WARTET NUR DARAUF, DASS ICH SIE VOLLENDE …
WAS?!
DIE GESCHÄTZTE NUMMER SIEBEN MÖCHTE …
… UND DANN WIRD ER WOHL ALLEINE IN SEINE WELT ZURÜCKKEHREN.
… DASS DU FÜR IMMER GLÜCKLICH IN DIESEM REICH DER TRÄUME LEBST …
ANSCHEINEND LIEGT IHM ZIEMLICH VIEL AN DIR.
… OHNE DIR DABEI ÜBER DEINEN TOD IM KLAREN ZU SEIN.

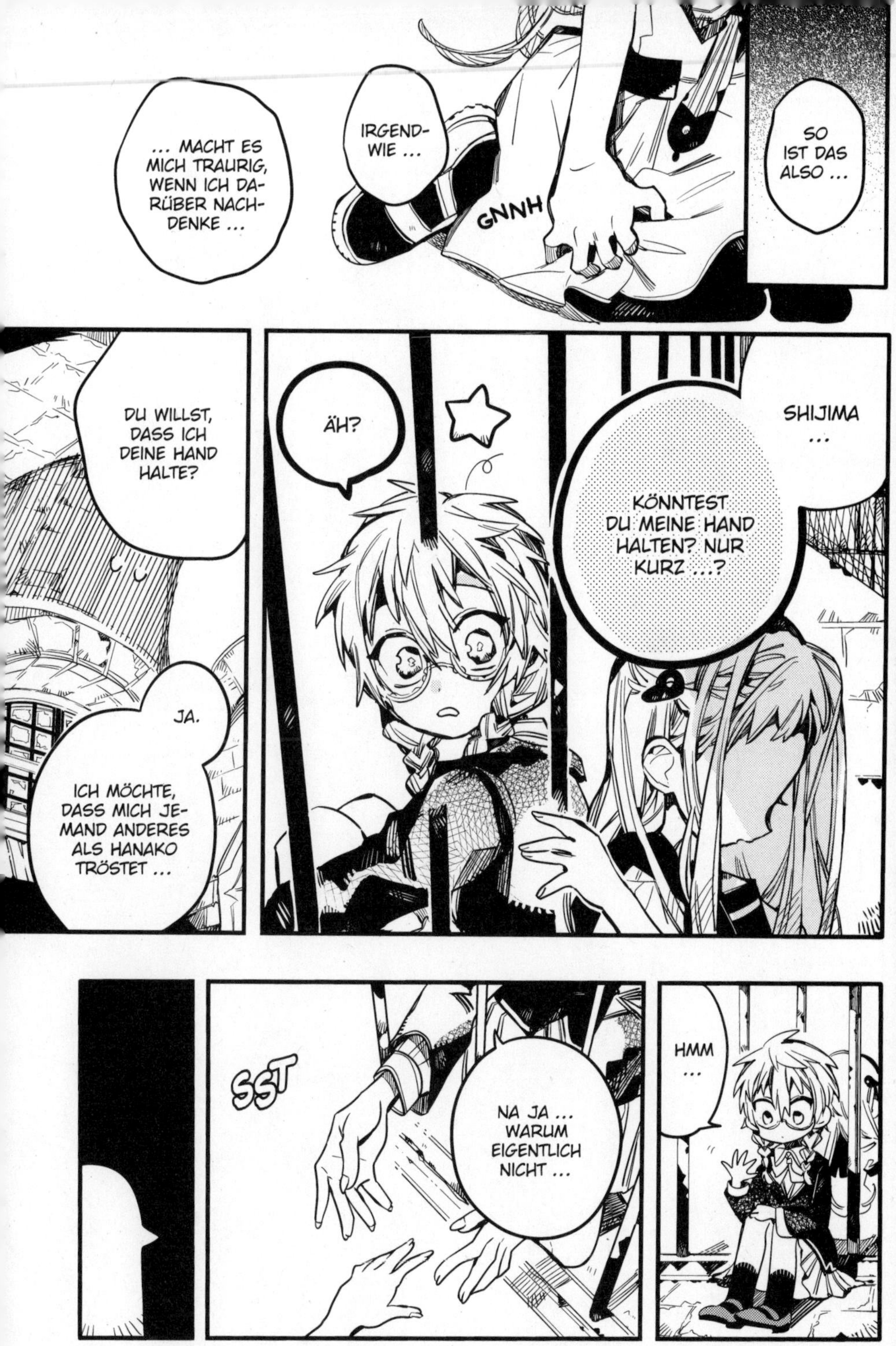
SO IST DAS ALSO …
GNNH
IRGENDWIE …
… MACHT ES MICH TRAURIG, WENN ICH DARÜBER NACHDENKE …
SHIJIMA …
KÖNNTEST DU MEINE HAND HALTEN? NUR KURZ …?
ÄH?
DU WILLST, DASS ICH DEINE HAND HALTE?
JA.
ICH MÖCHTE, DASS MICH JEMAND ANDERES ALS HANAKO TRÖSTET …
HMM …
NA JA … WARUM EIGENTLICH NICHT …
SST

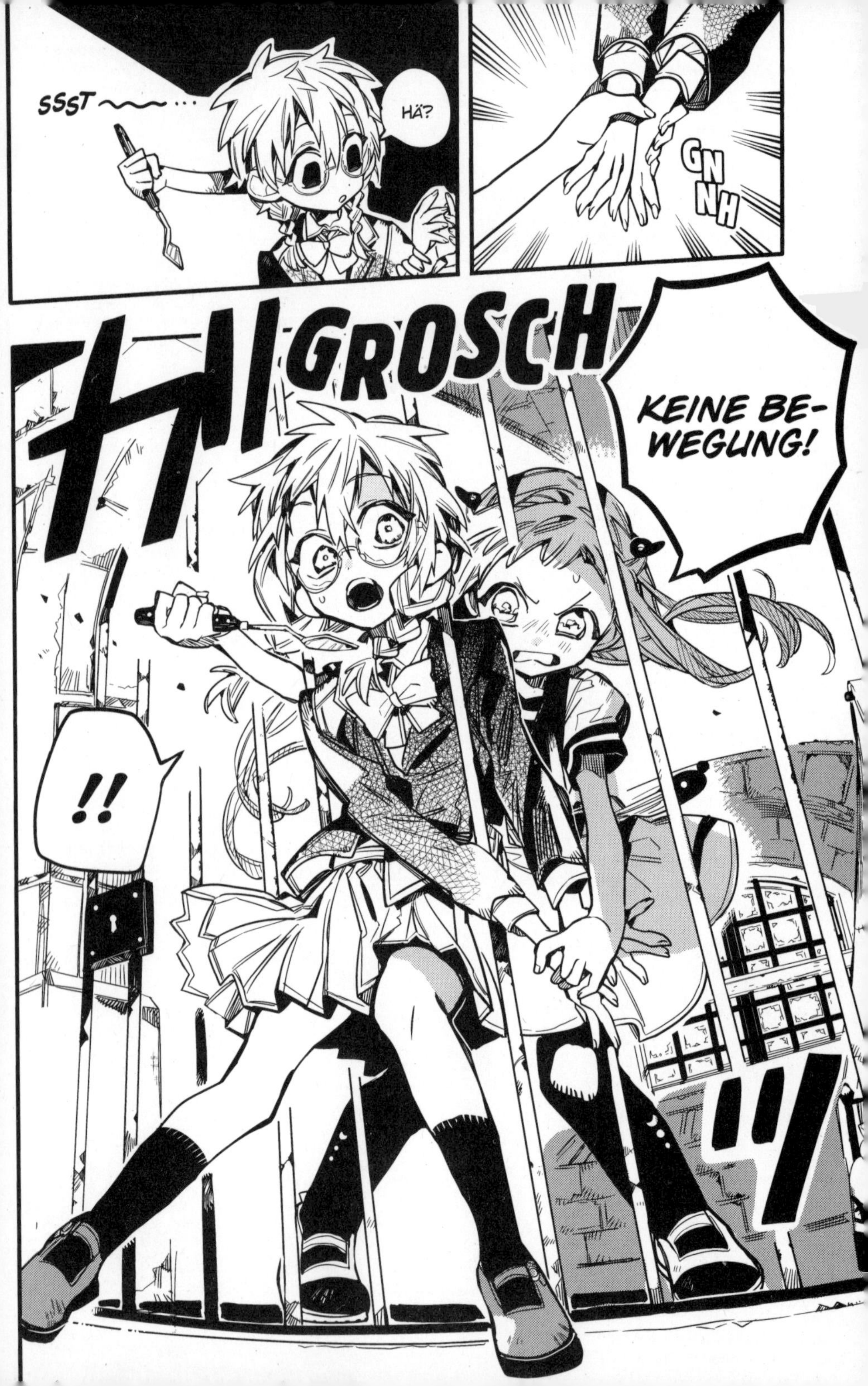
GNNH
SSST~~~…
HÄ?
GROSCH
KEINE BE-WEGUNG!
!!

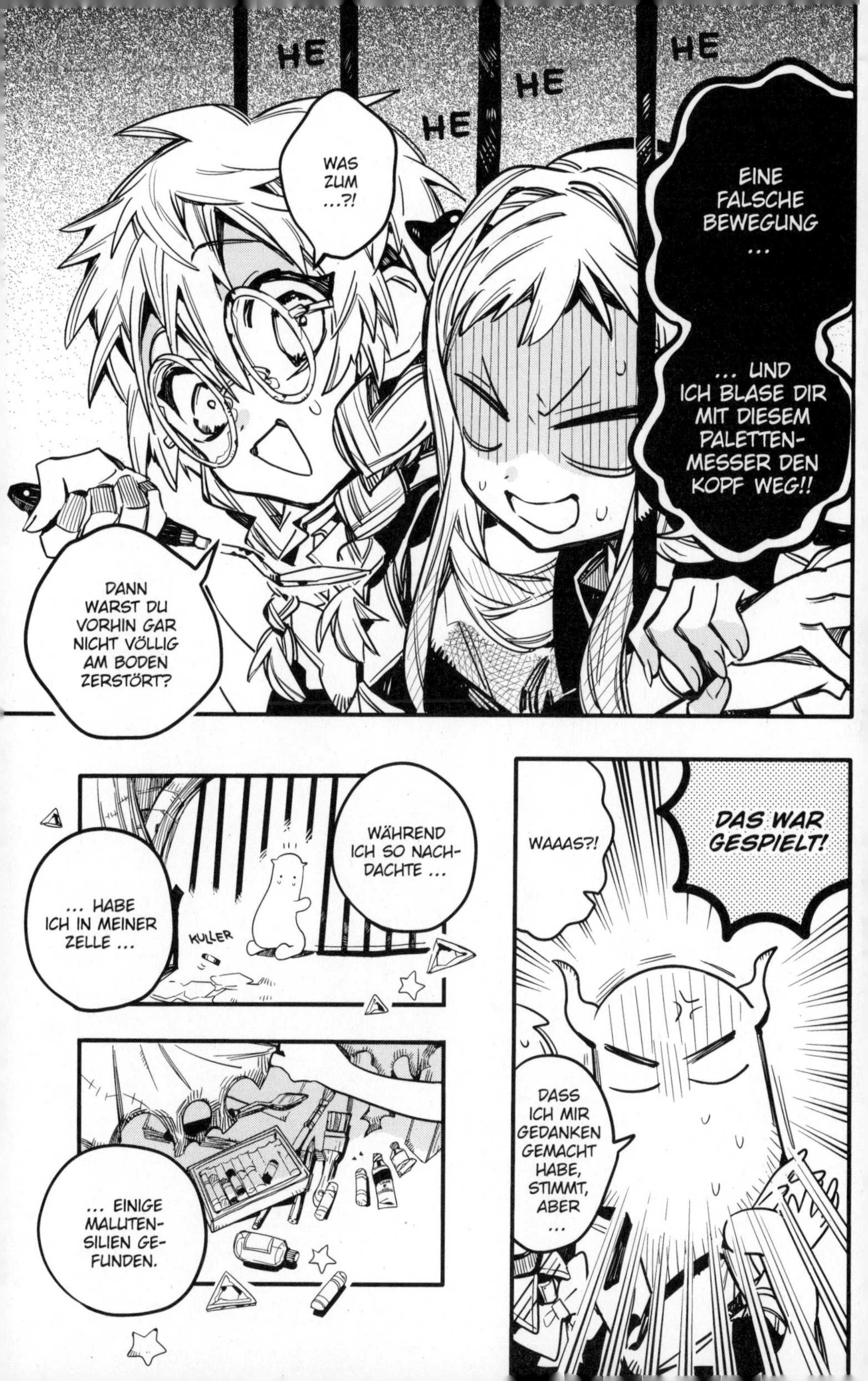
HE
HE
HE
HE
EINE FALSCHE BEWEGUNG ...
... UND ICH BLASE DIR MIT DIESEM PALETTEN-MESSER DEN KOPF WEG!!
WAS ZUM ...?!
DANN WARST DU VORHIN GAR NICHT VÖLLIG AM BODEN ZERSTÖRT?
DAS WAR GESPIELT!
WAAAS?!
DASS ICH MIR GEDANKEN GEMACHT HABE, STIMMT, ABER ...
WÄHREND ICH SO NACH-DACHTE ...
... HABE ICH IN MEINER ZELLE ...
KULLER
... EINIGE MALUTEN-SILIEN GE-FUNDEN.

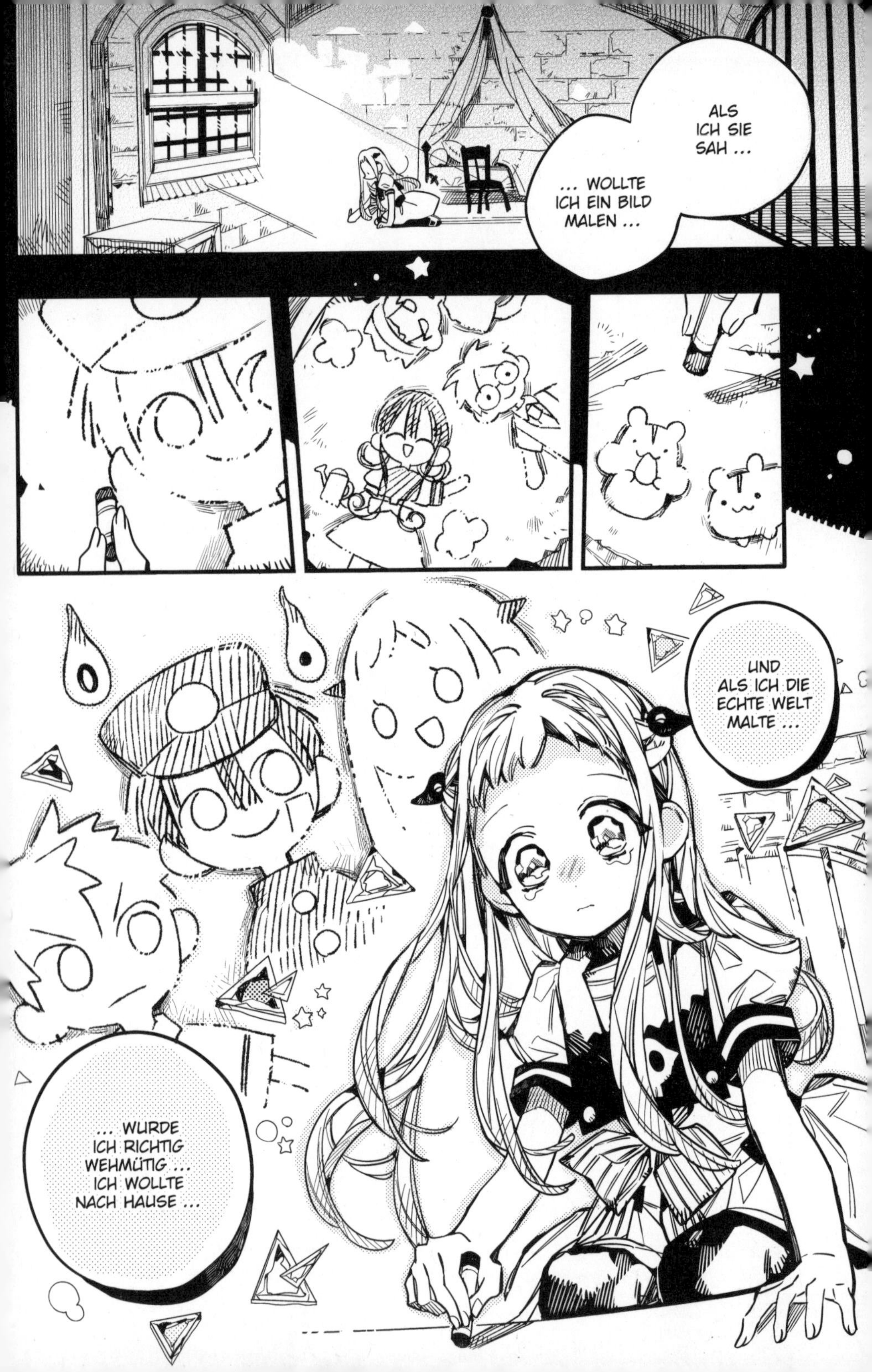
ALS ICH SIE SAH …
… WOLLTE ICH EIN BILD MALEN …
UND ALS ICH DIE ECHTE WELT MALTE …
… WURDE ICH RICHTIG WEHMÜTIG … ICH WOLLTE NACH HAUSE …

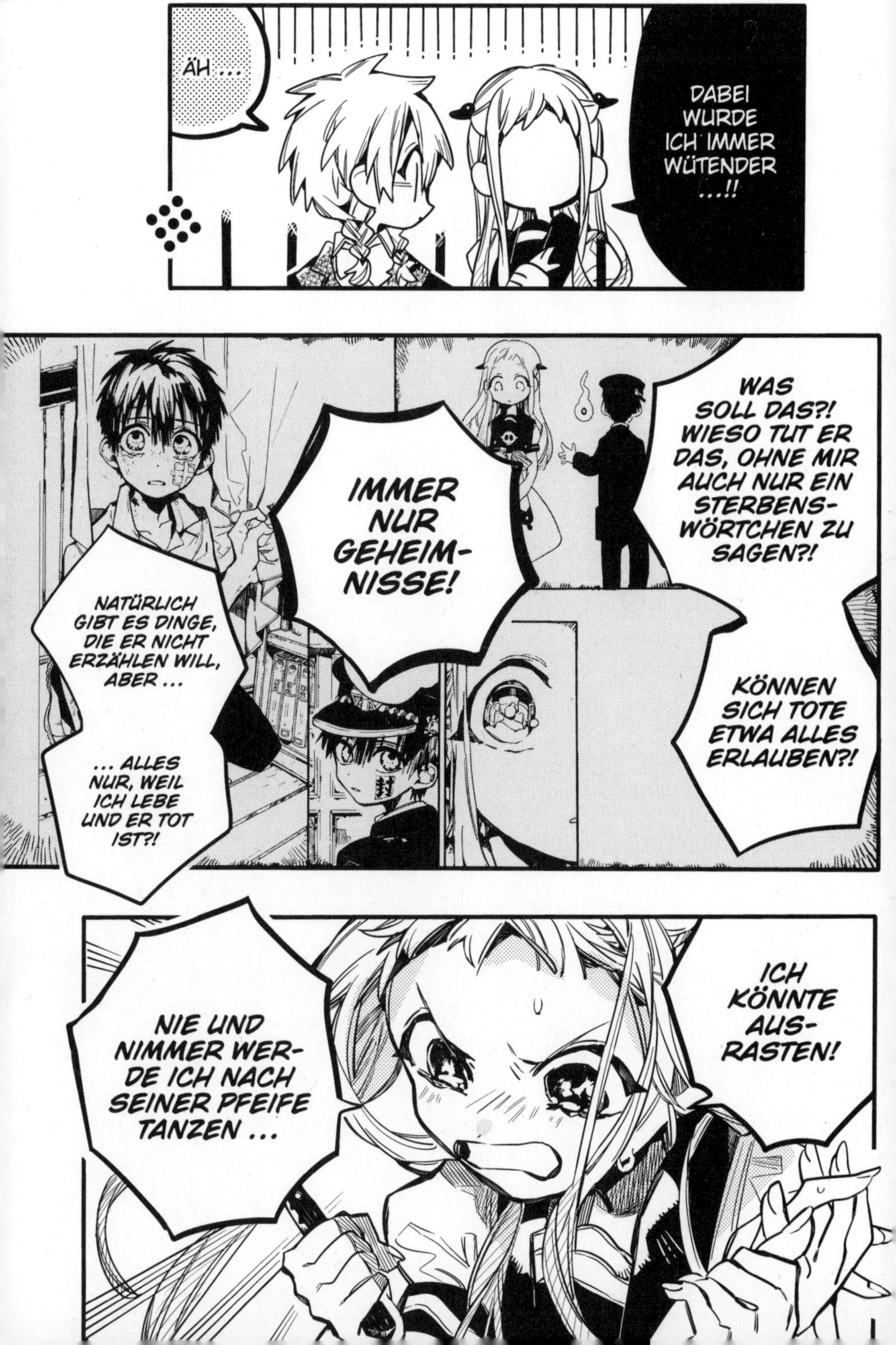
DABEI WURDE ICH IMMER WÜTENDER ...!!
ÄH ...
WAS SOLL DAS?! WIESO TUT ER DAS, OHNE MIR AUCH NUR EIN STERBENS-WÖRTCHEN ZU SAGEN?!
IMMER NUR GEHEIM-NISSE!
KÖNNEN SICH TOTE ETWA ALLES ERLAUBEN?!
NATÜRLICH GIBT ES DINGE, DIE ER NICHT ERZÄHLEN WILL, ABER ...
... ALLES NUR, WEIL ICH LEBE UND ER TOT IST?!
ICH KÖNNTE AUS-RASTEN!
NIE UND NIMMER WER-DE ICH NACH SEINER PFEIFE TANZEN ...

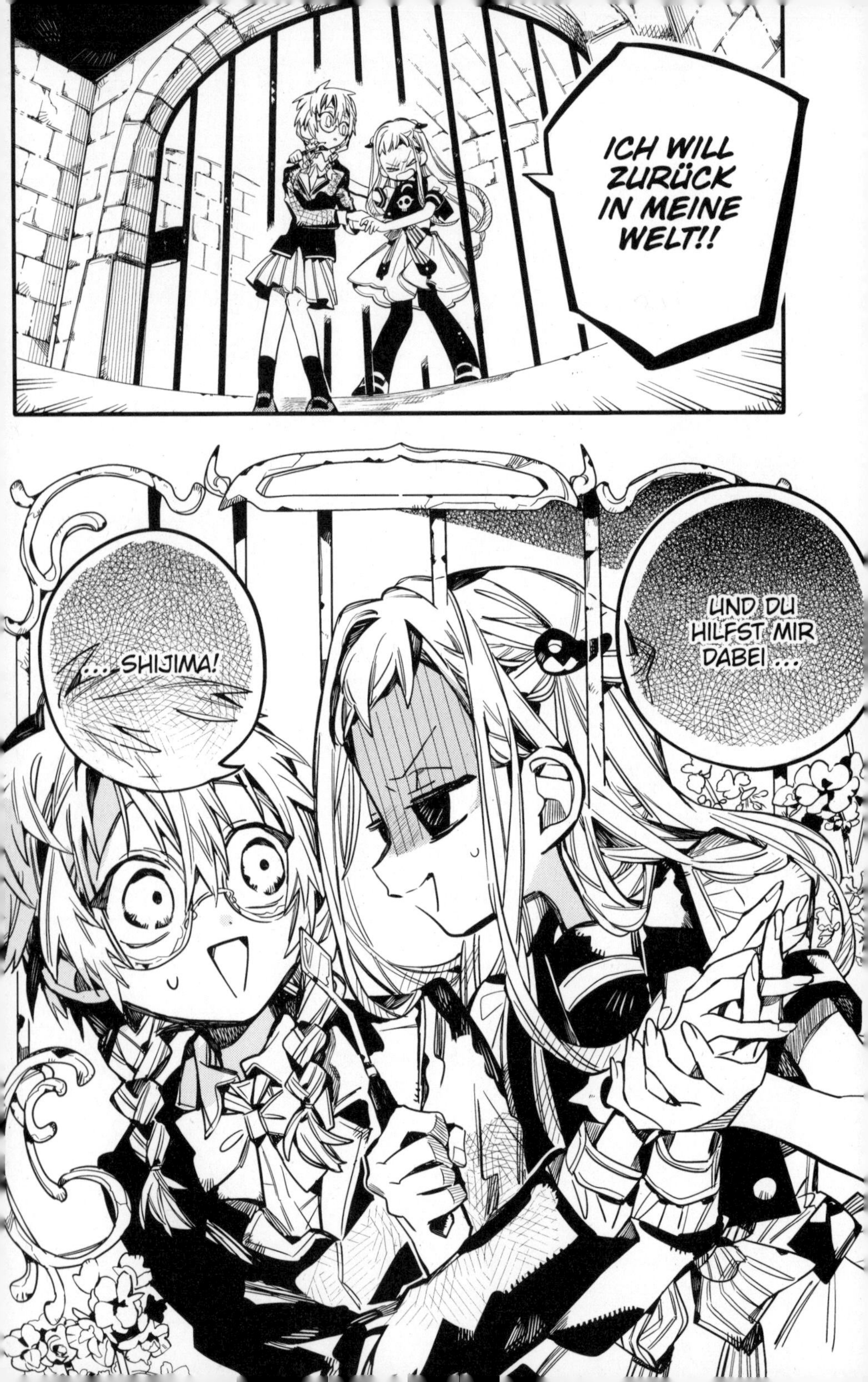
ICH WILL ZURÜCK IN MEINE WELT!!
UND DU HILFST MIR DABEI ...
... SHIJIMA!

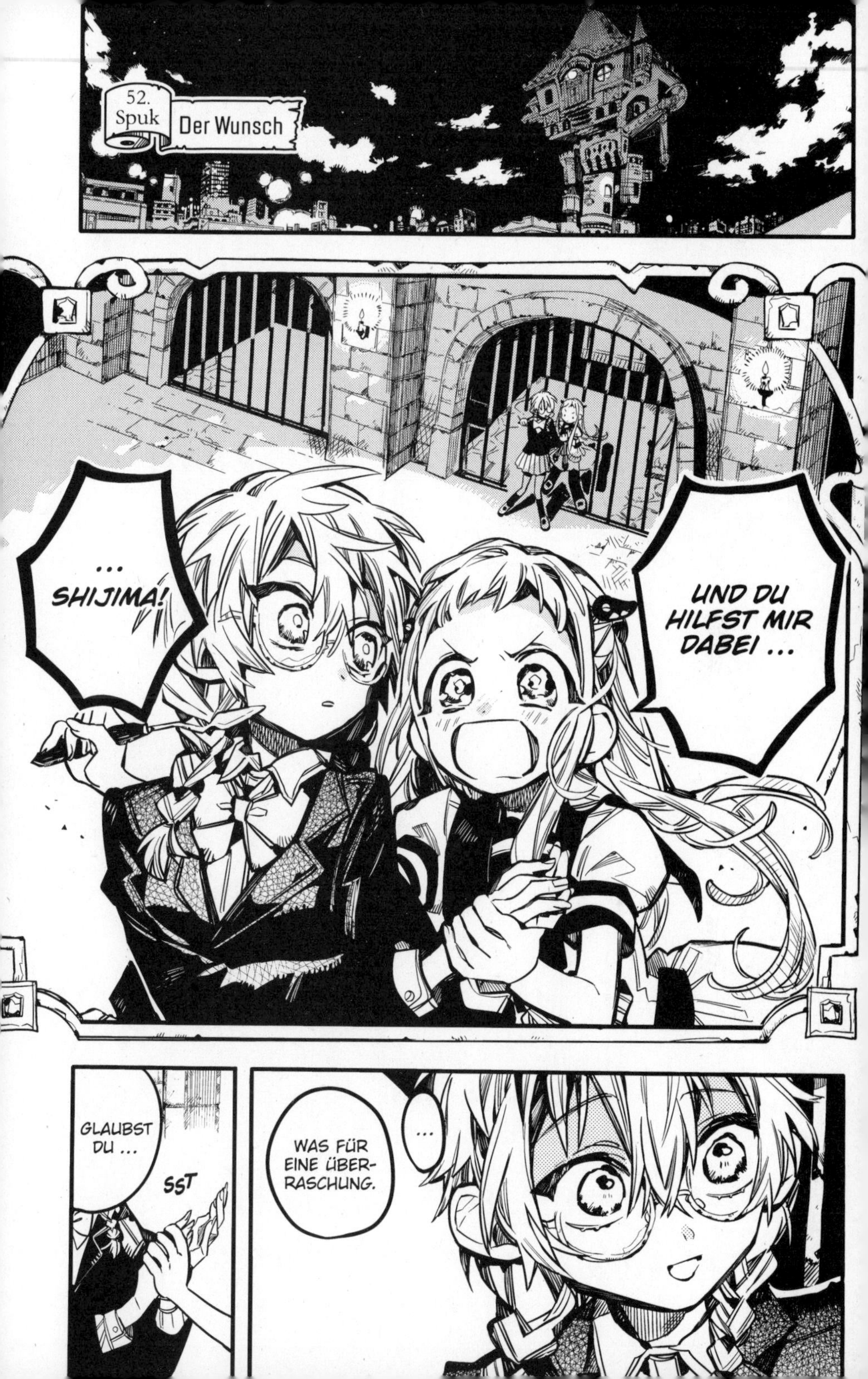
52. Spuk
Der Wunsch
UND DU HILFST MIR DABEI …
… SHIJIMA!
…
WAS FÜR EINE ÜBER-RASCHUNG.
GLAUBST DU …
SST

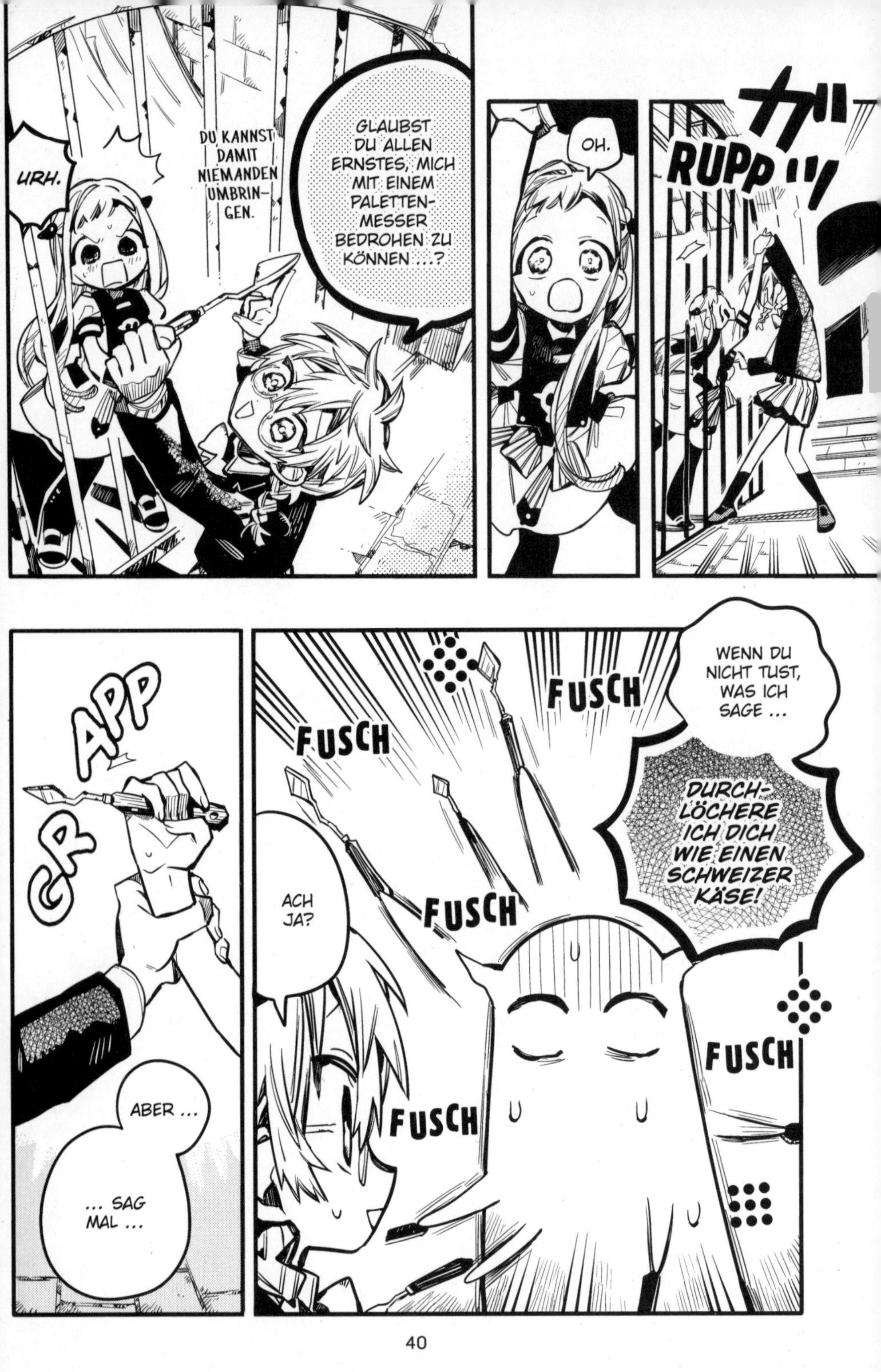

RUPP
OH.
GLAUBST DU ALLEN ERNSTES, MICH MIT EINEM PALETTEN-MESSER BEDROHEN ZU KÖNNEN …?
DU KANNST DAMIT NIEMANDEN UMBRIN-GEN.
URH.
WENN DU NICHT TUST, WAS ICH SAGE …
DURCH-LÖCHERE ICH DICH WIE EINEN SCHWEIZER KÄSE!
FUSCH
FUSCH
ACH JA?
FUSCH
FUSCH
FUSCH
GRAPP
ABER …
… SAG MAL …

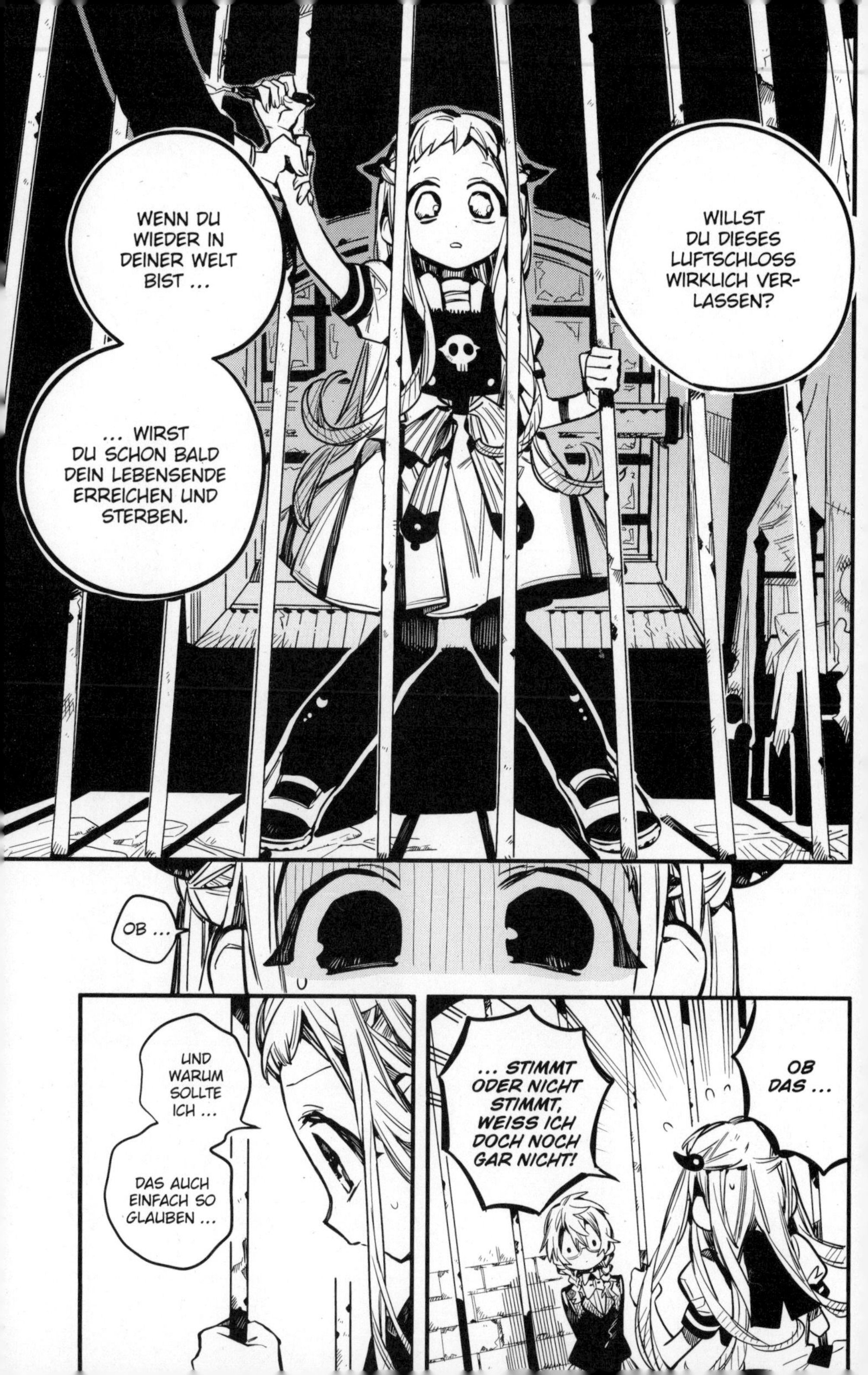
WILLST DU DIESES LUFTSCHLOSS WIRKLICH VER-LASSEN?
WENN DU WIEDER IN DEINER WELT BIST …
… WIRST DU SCHON BALD DEIN LEBENSENDE ERREICHEN UND STERBEN.
OB …
OB DAS …
… STIMMT ODER NICHT STIMMT, WEISS ICH DOCH NOCH GAR NICHT!
UND WARUM SOLLTE ICH …
DAS AUCH EINFACH SO GLAUBEN …

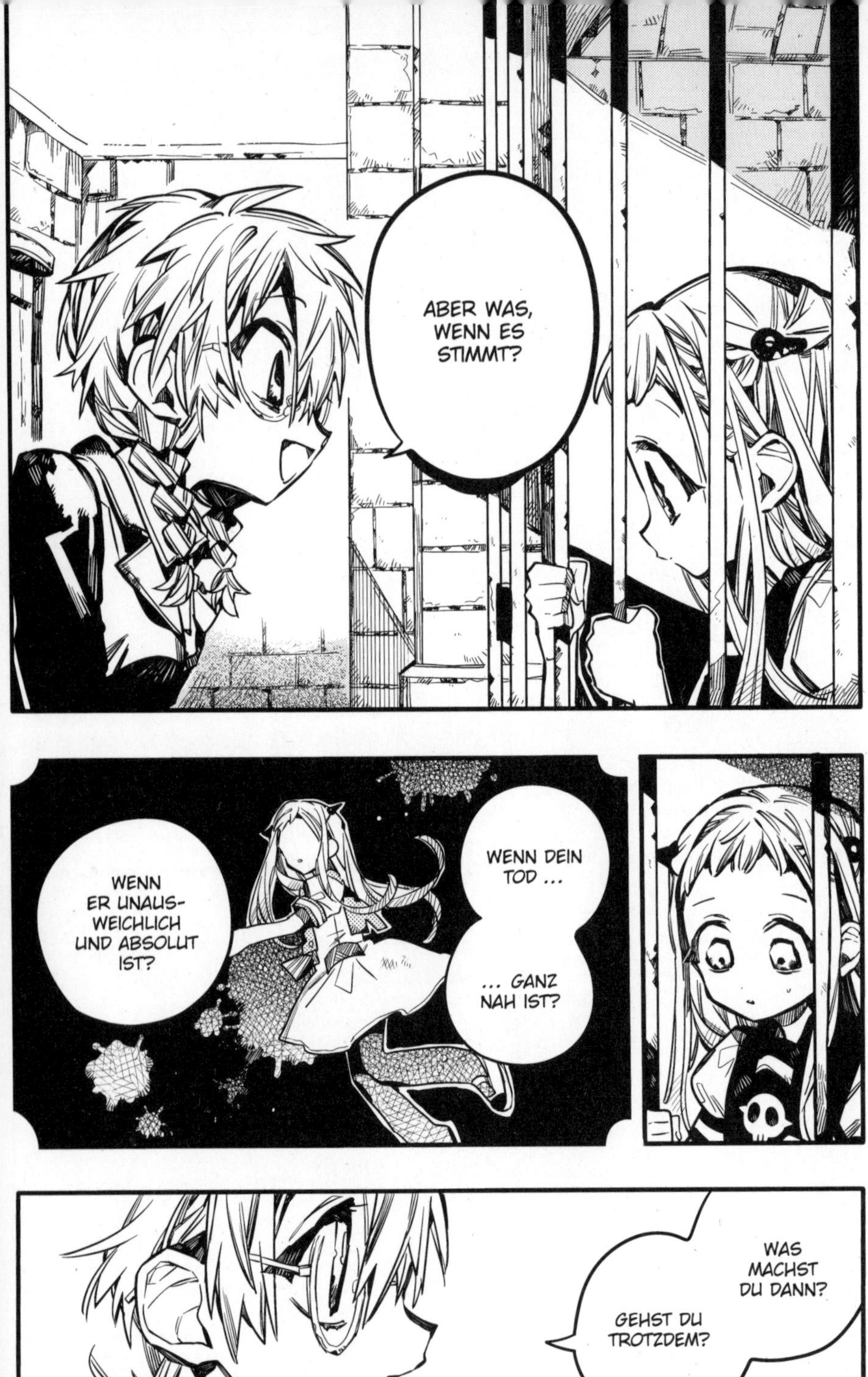
ABER WAS, WENN ES STIMMT?
WENN DEIN TOD ...
... GANZ NAH IST?
WENN ER UNAUS-WEICHLICH UND ABSOLUT IST?
WAS MACHST DU DANN?
GEHST DU TROTZDEM?

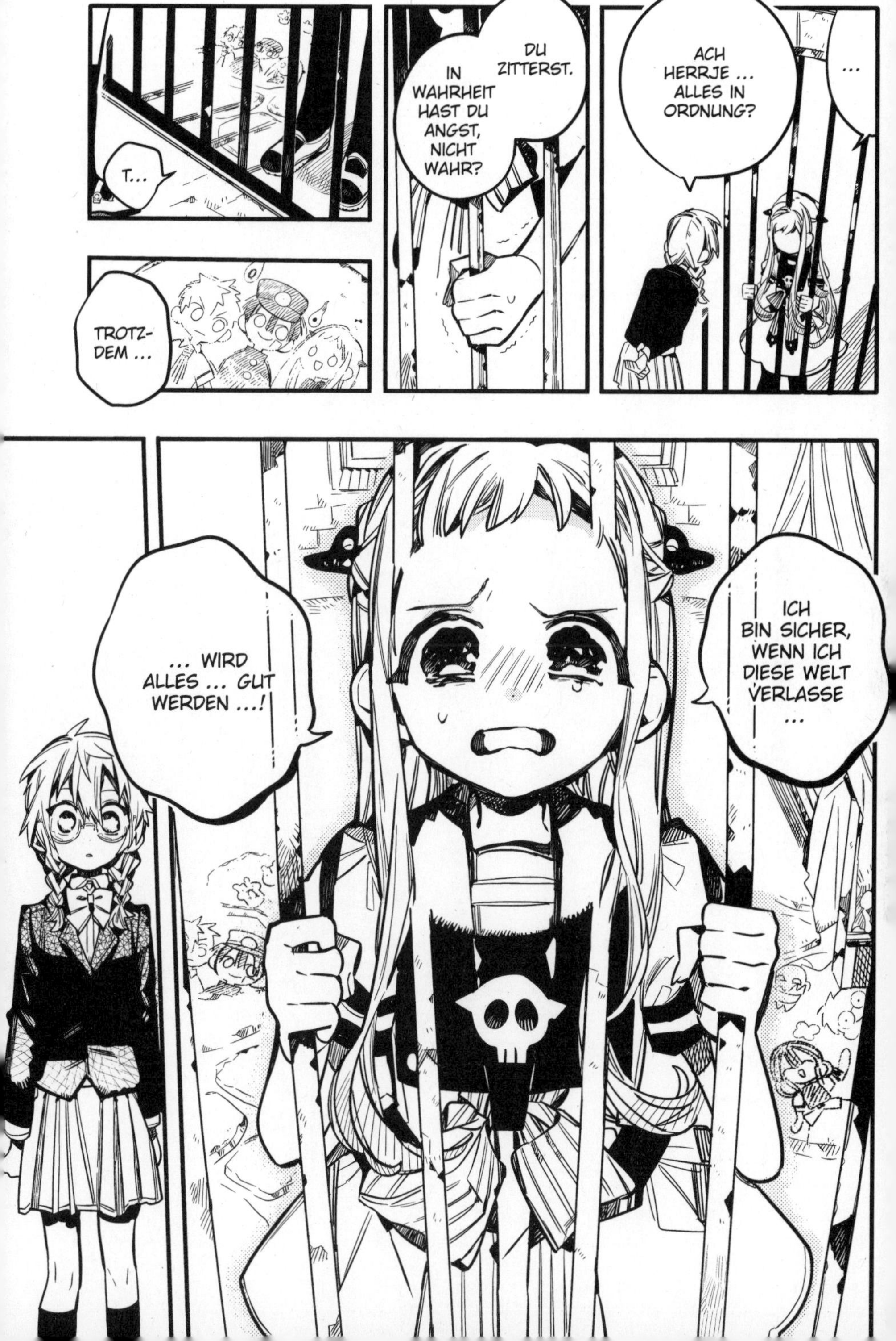
...
ACH HERRJE ... ALLES IN ORDNUNG?
DU ZITTERST.
IN WAHRHEIT HAST DU ANGST, NICHT WAHR?
T...
TROTZ-DEM ...
ICH BIN SICHER, WENN ICH DIESE WELT VERLASSE ...
... WIRD ALLES ... GUT WERDEN ...!

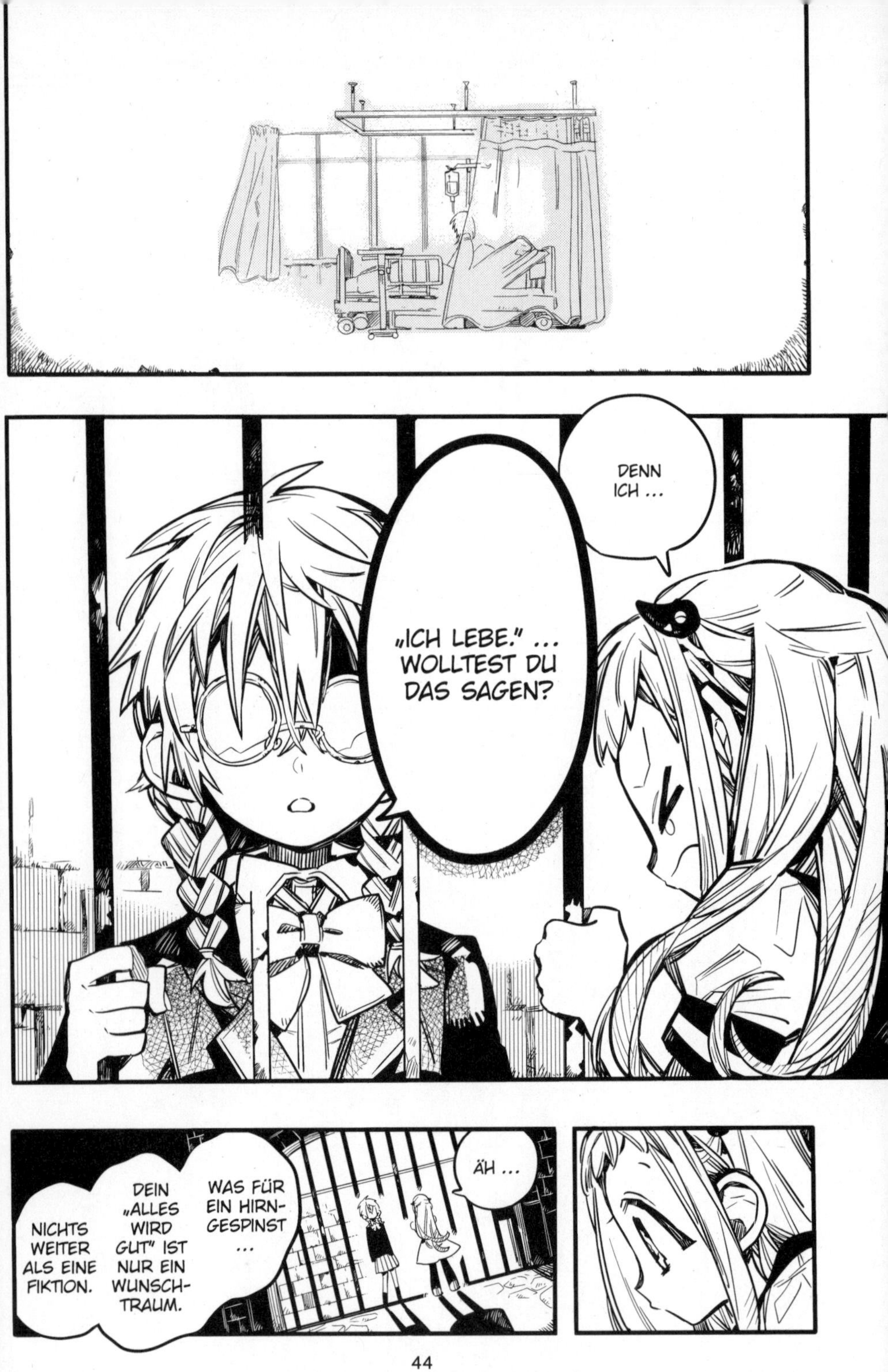
DENN ICH …
„ICH LEBE.“ … WOLLTEST DU DAS SAGEN?
ÄH …
WAS FÜR EIN HIRN-GESPINST …
DEIN „ALLES WIRD GUT“ IST NUR EIN WUNSCH-TRAUM.
NICHTS WEITER ALS EINE FIKTION.

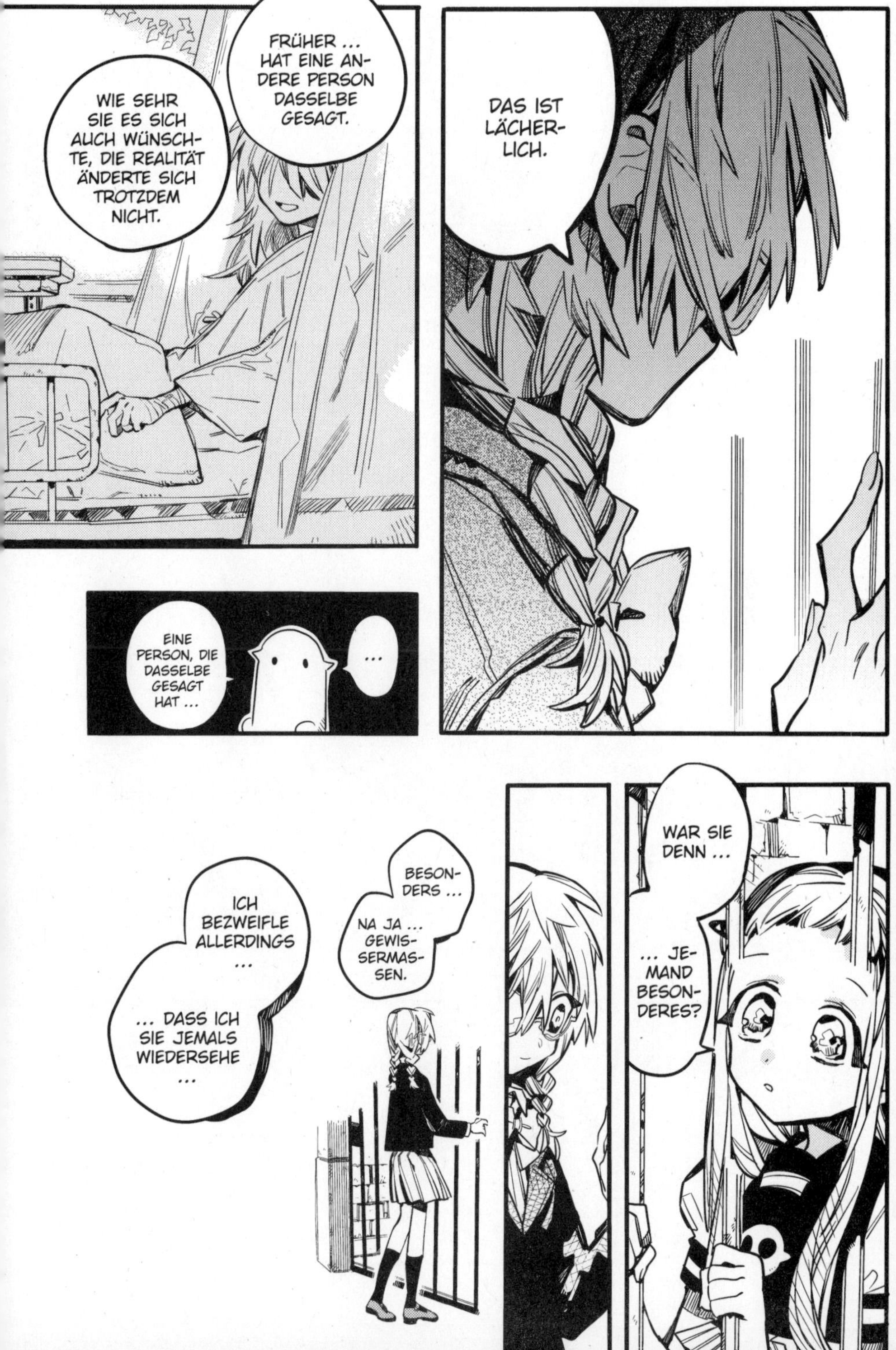
DAS IST LÄCHERLICH.
FRÜHER ... HAT EINE ANDERE PERSON DASSELBE GESAGT.
WIE SEHR SIE ES SICH AUCH WÜNSCHTE, DIE REALITÄT ÄNDERTE SICH TROTZDEM NICHT.
...
EINE PERSON, DIE DASSELBE GESAGT HAT ...
WAR SIE DENN ...
... JEMAND BESONDERES?
BESONDERS ...
NA JA ... GEWISSERMASSEN.
ICH BEZWEIFLE ALLERDINGS ...
... DASS ICH SIE JEMALS WIEDERSEHE ...

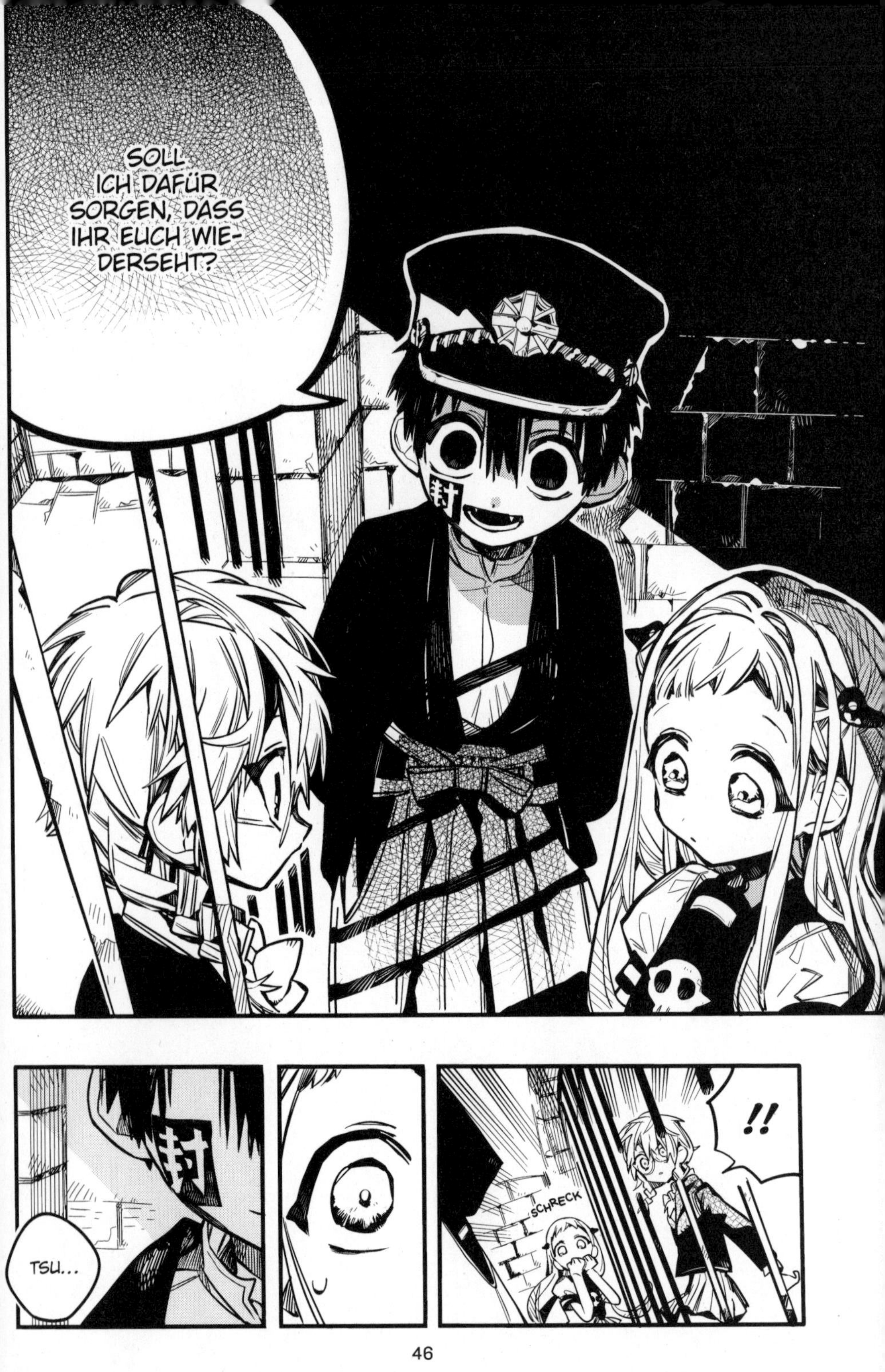
SOLL ICH DAFÜR SORGEN, DASS IHR EUCH WIE-DERSEHT?
TSU...
!!
SCHRECK

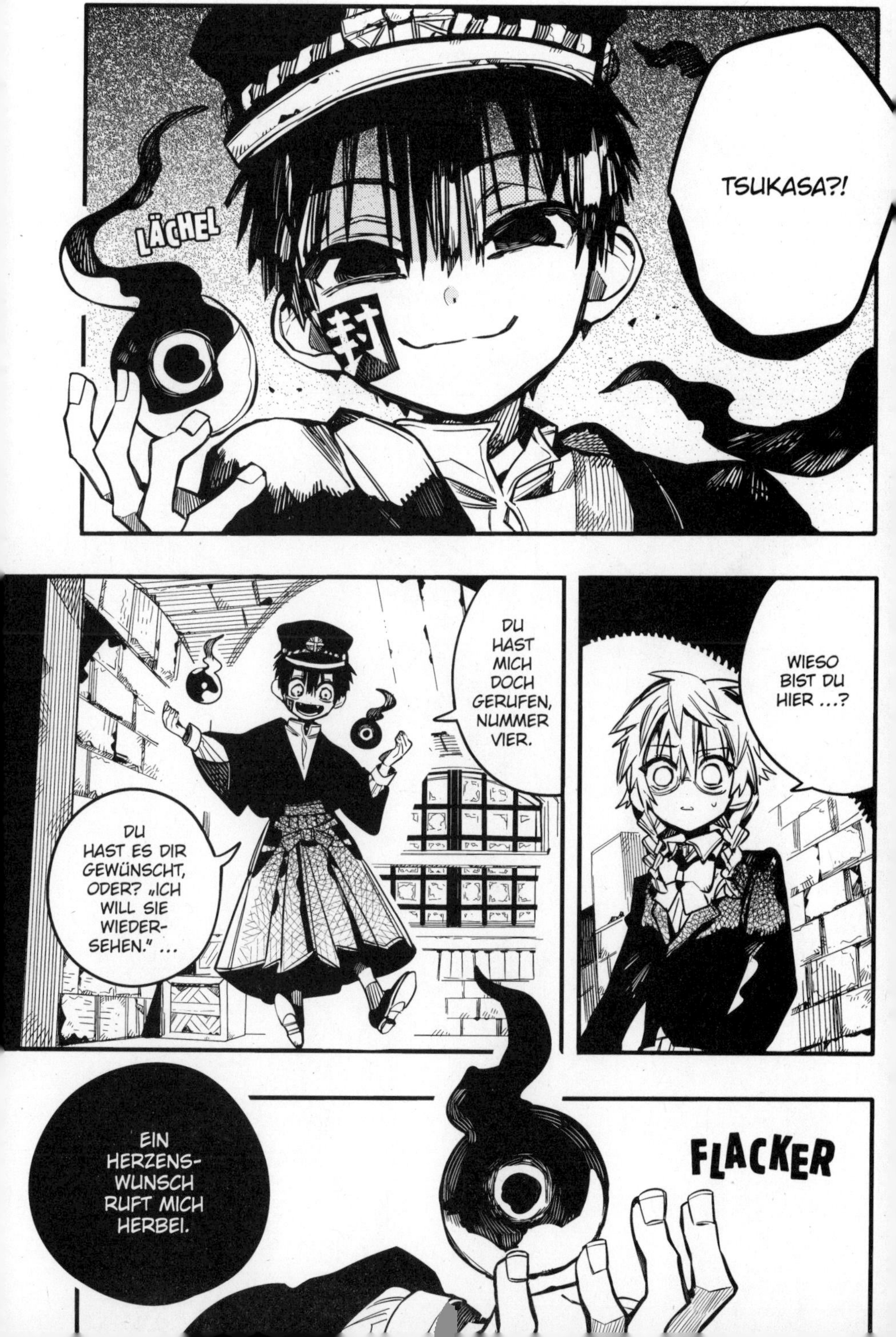
TSUKASA?!
LÄCHEL
WIESO BIST DU HIER ...?
DU HAST MICH DOCH GERUFEN, NUMMER VIER.
DU HAST ES DIR GEWÜNSCHT, ODER? „ICH WILL SIE WIEDER-SEHEN.“ ...
FLACKER
EIN HERZENS-WUNSCH RUFT MICH HERBEI.

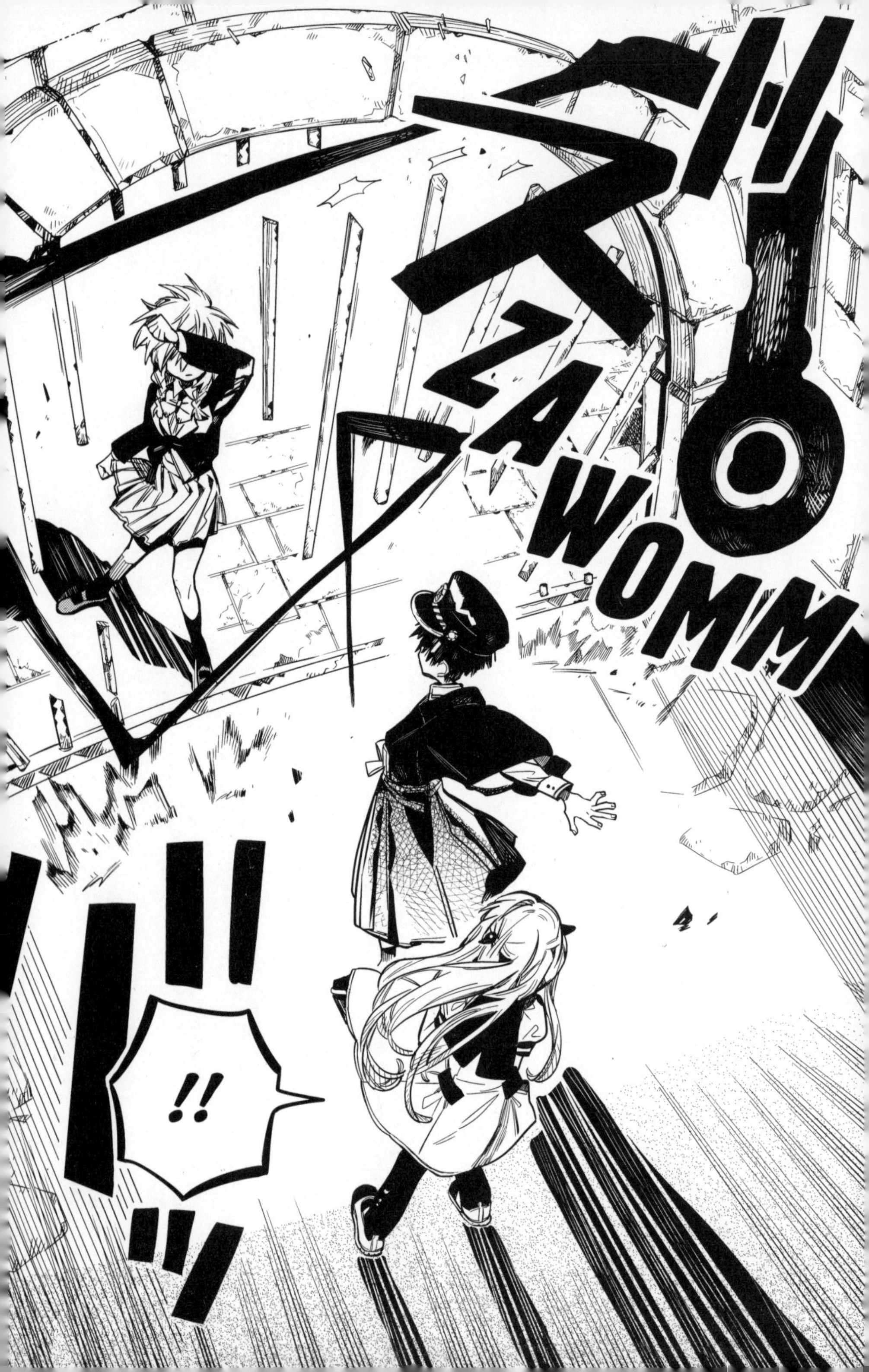
ZAWOMM
!!

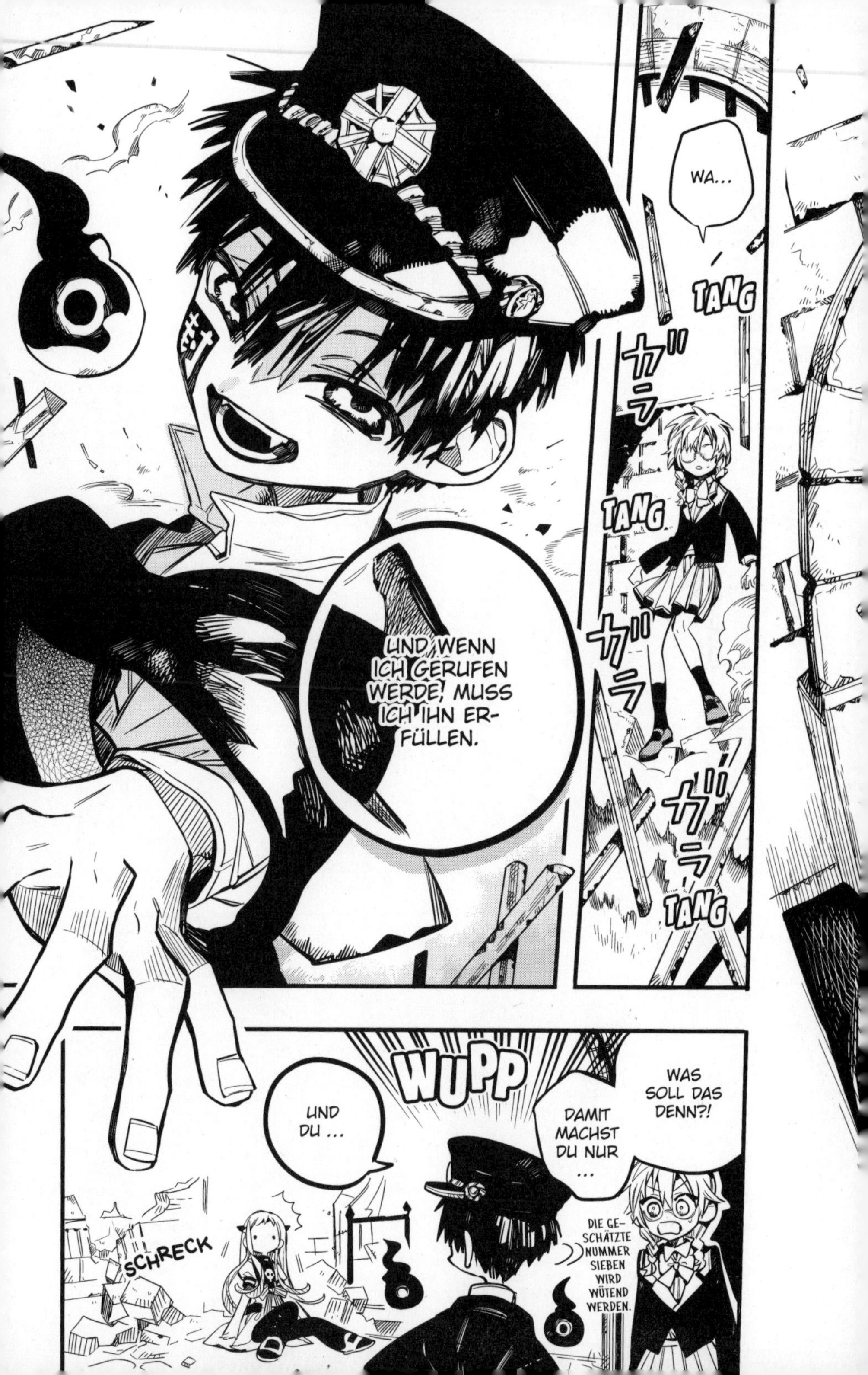
WA...
TANG
カラ
TANG
カラ
ガラ
TANG
UND WENN ICH GERUFEN WERDE, MUSS ICH IHN ER-FÜLLEN.
WUPP
WAS SOLL DAS DENN?!
DAMIT MACHST DU NUR ...
UND DU ...
DIE GE-SCHÄTZTE NUMMER SIEBEN WIRD WÜTEND WERDEN.
SCHRECK

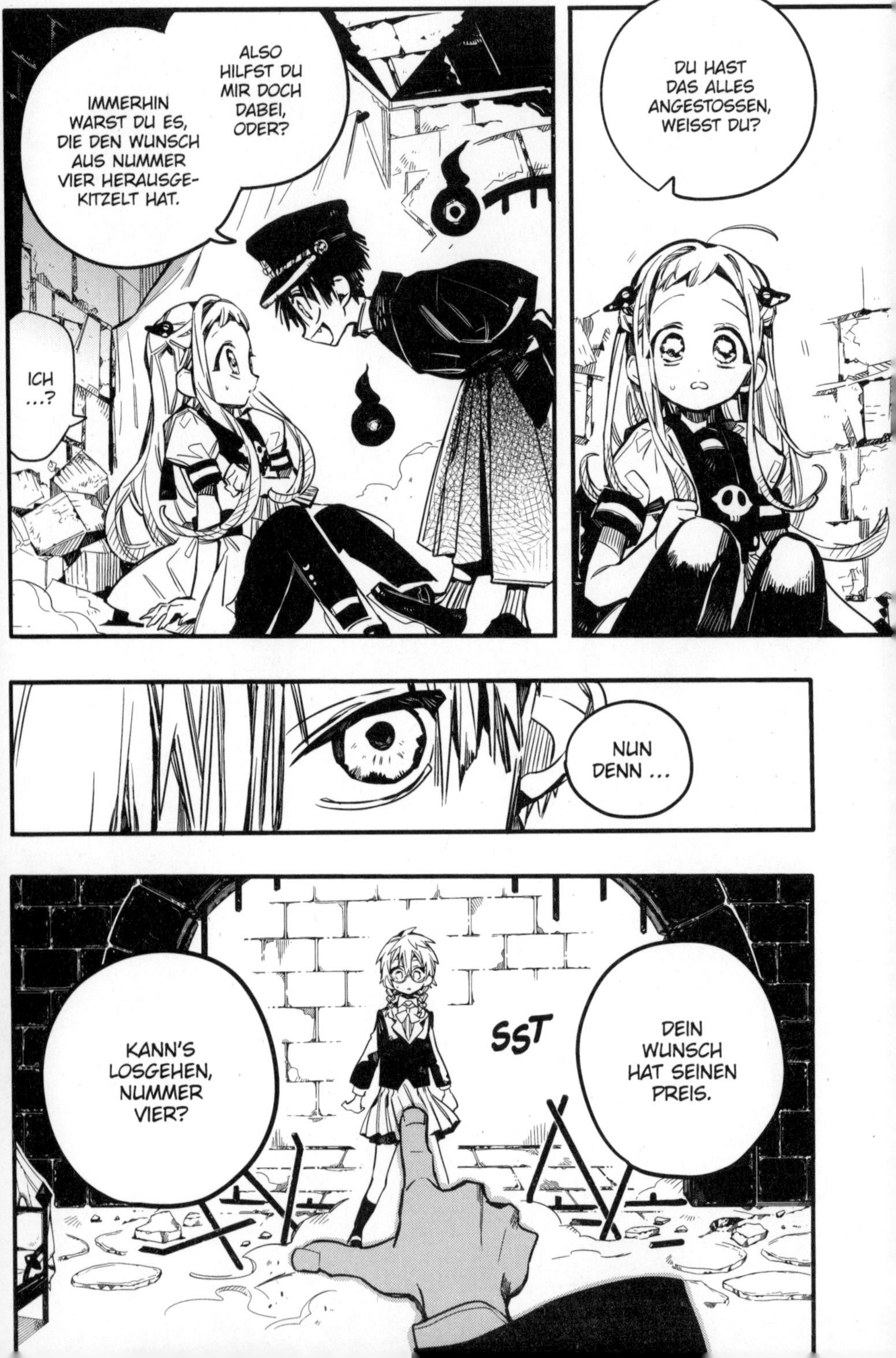
DU HAST DAS ALLES ANGESTOSSEN, WEISST DU?
ALSO HILFST DU MIR DOCH DABEI, ODER?
IMMERHIN WARST DU ES, DIE DEN WUNSCH AUS NUMMER VIER HERAUSGE-KITZELT HAT.
ICH …?
NUN DENN …
DEIN WUNSCH HAT SEINEN PREIS.
SST
KANN'S LOSGEHEN, NUMMER VIER?

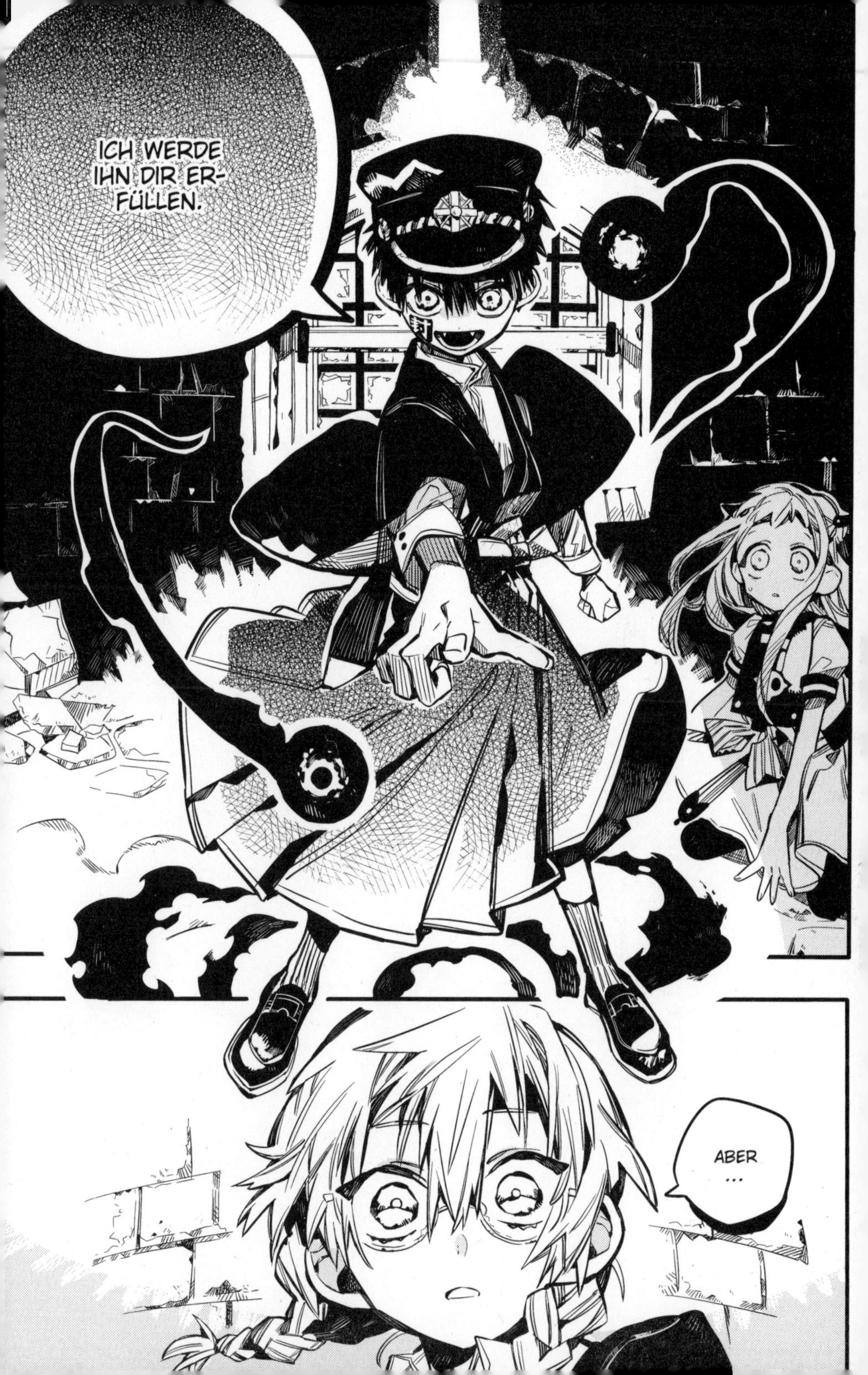
ICH WERDE
IHN DIR ER-
FÜLLEN.
ABER
...

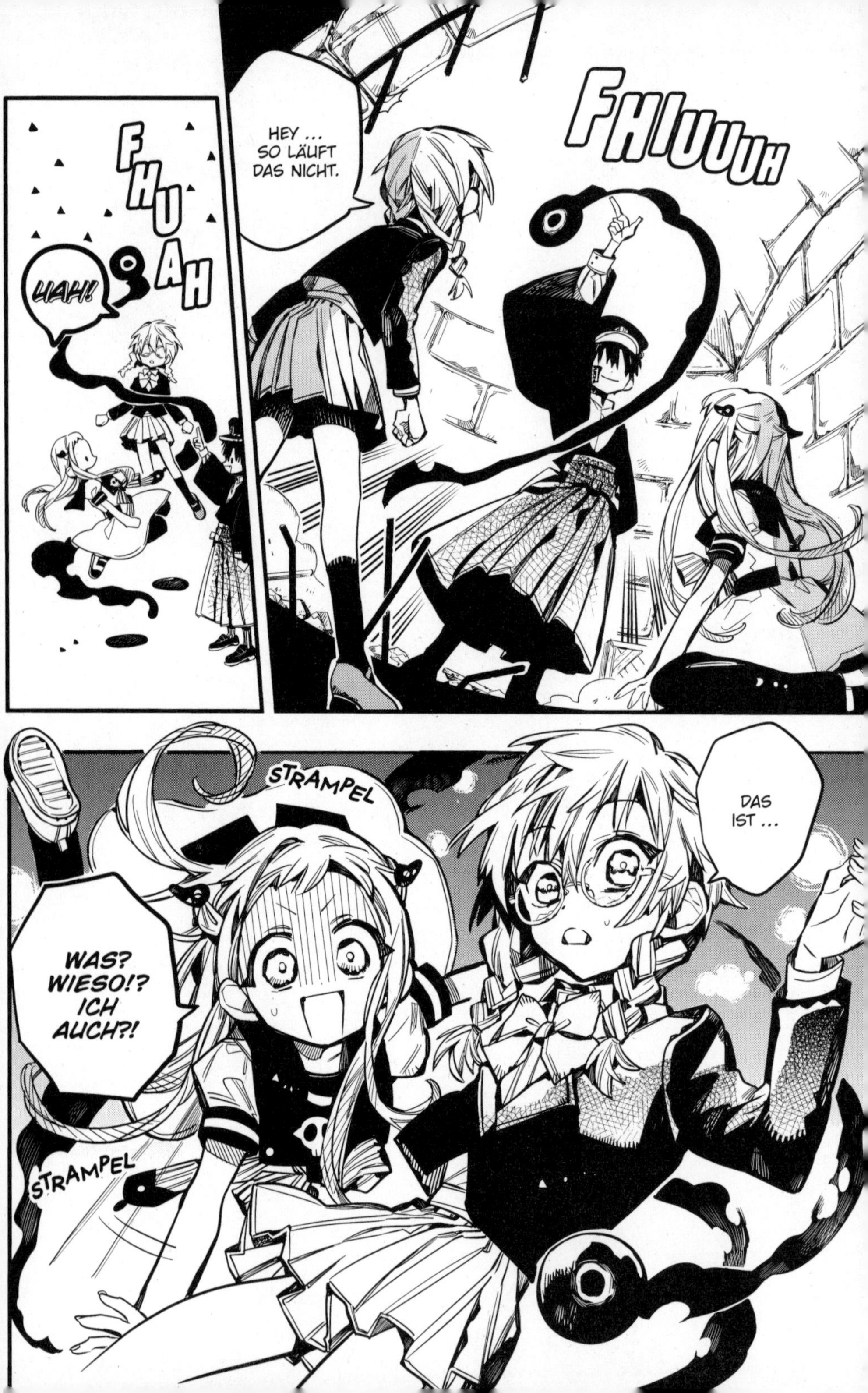
FHIUUUH
HEY … SO LÄUFT DAS NICHT.
FHUAH
UAH!
DAS IST …
STRAMPEL
WAS? WIESO!? ICH AUCH?!
STRAMPEL

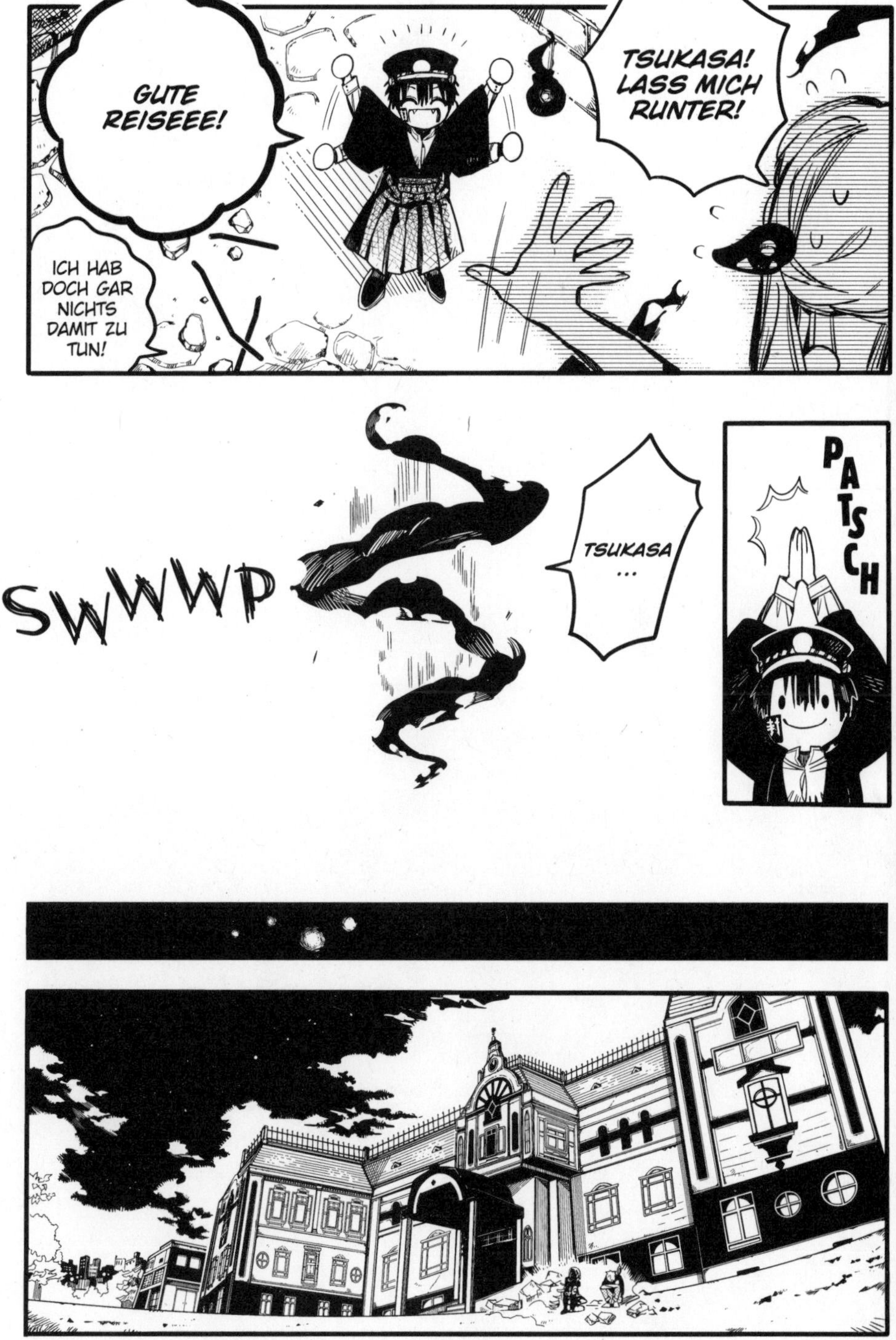
TSUKASA! LASS MICH RUNTER!
GUTE REISEEE!
ICH HAB DOCH GAR NICHTS DAMIT ZU TUN!
PATSCH
TSUKASA ...
SWWWP

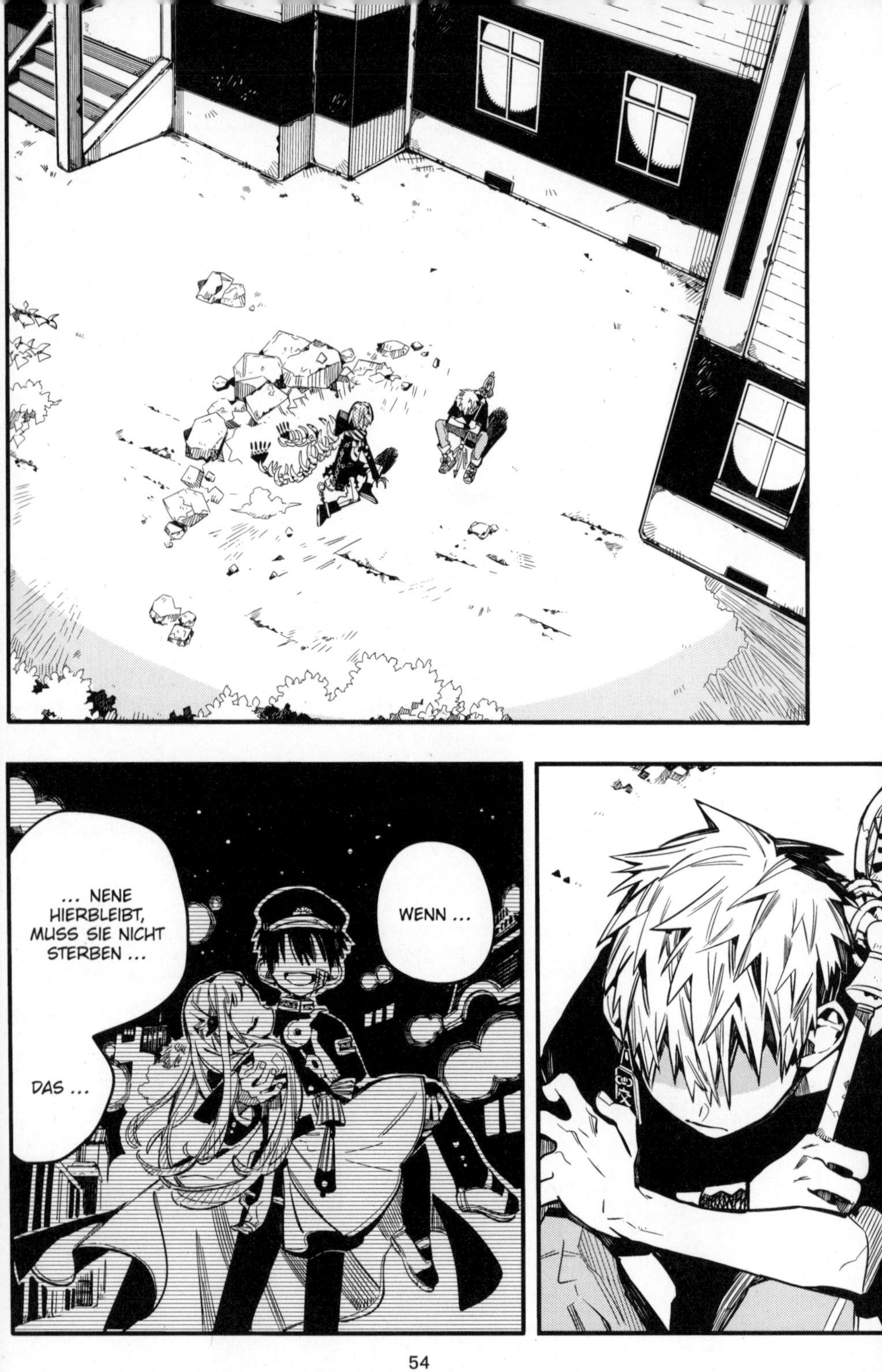
WENN ...
... NENE HIERBLEIBT, MUSS SIE NICHT STERBEN ...
DAS ...

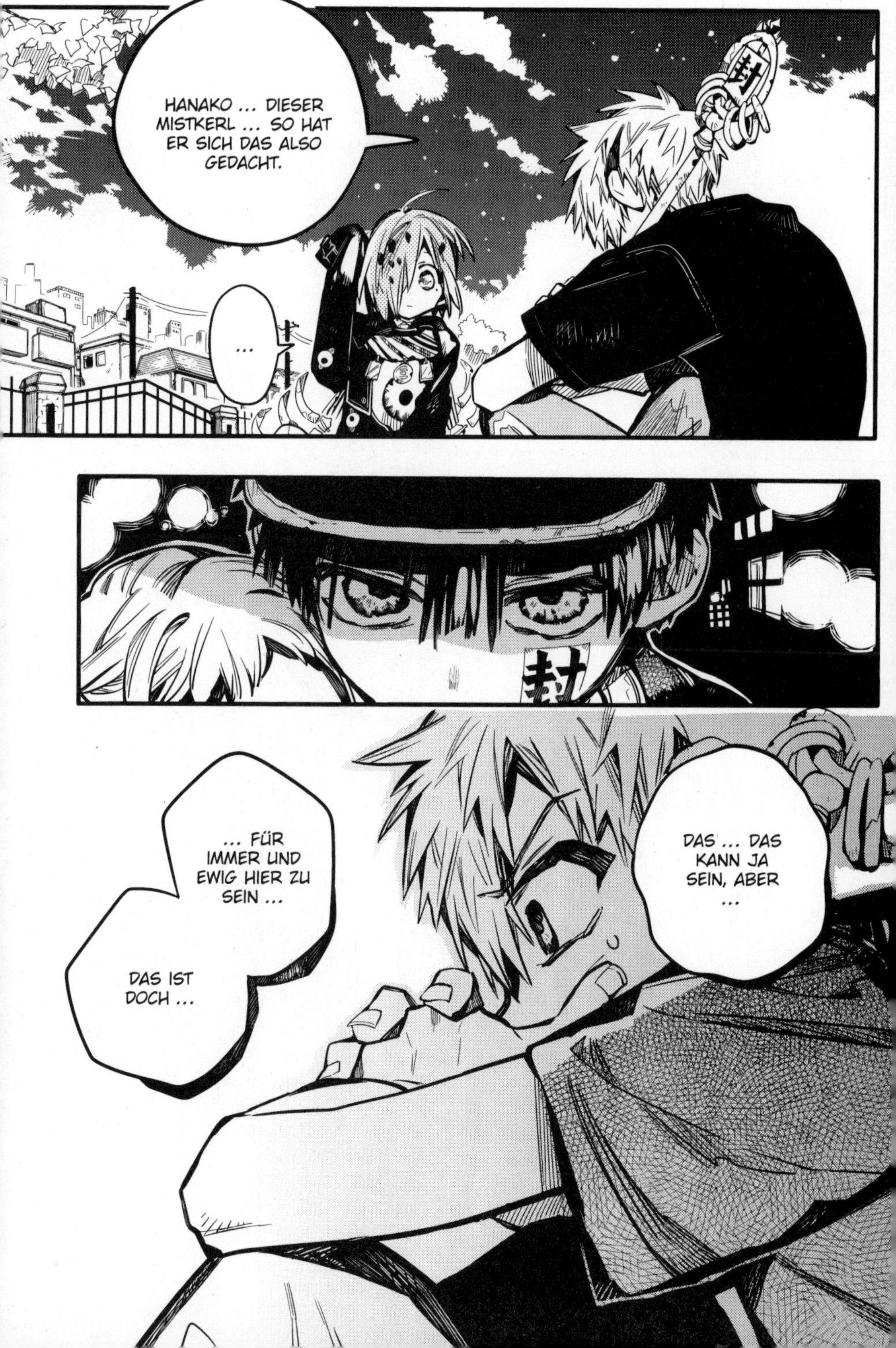
HANAKO ... DIESER MISTKERL ... SO HAT ER SICH DAS ALSO GEDACHT.
...
DAS ... DAS KANN JA SEIN, ABER ...
... FÜR IMMER UND EWIG HIER ZU SEIN ...
DAS IST DOCH ...

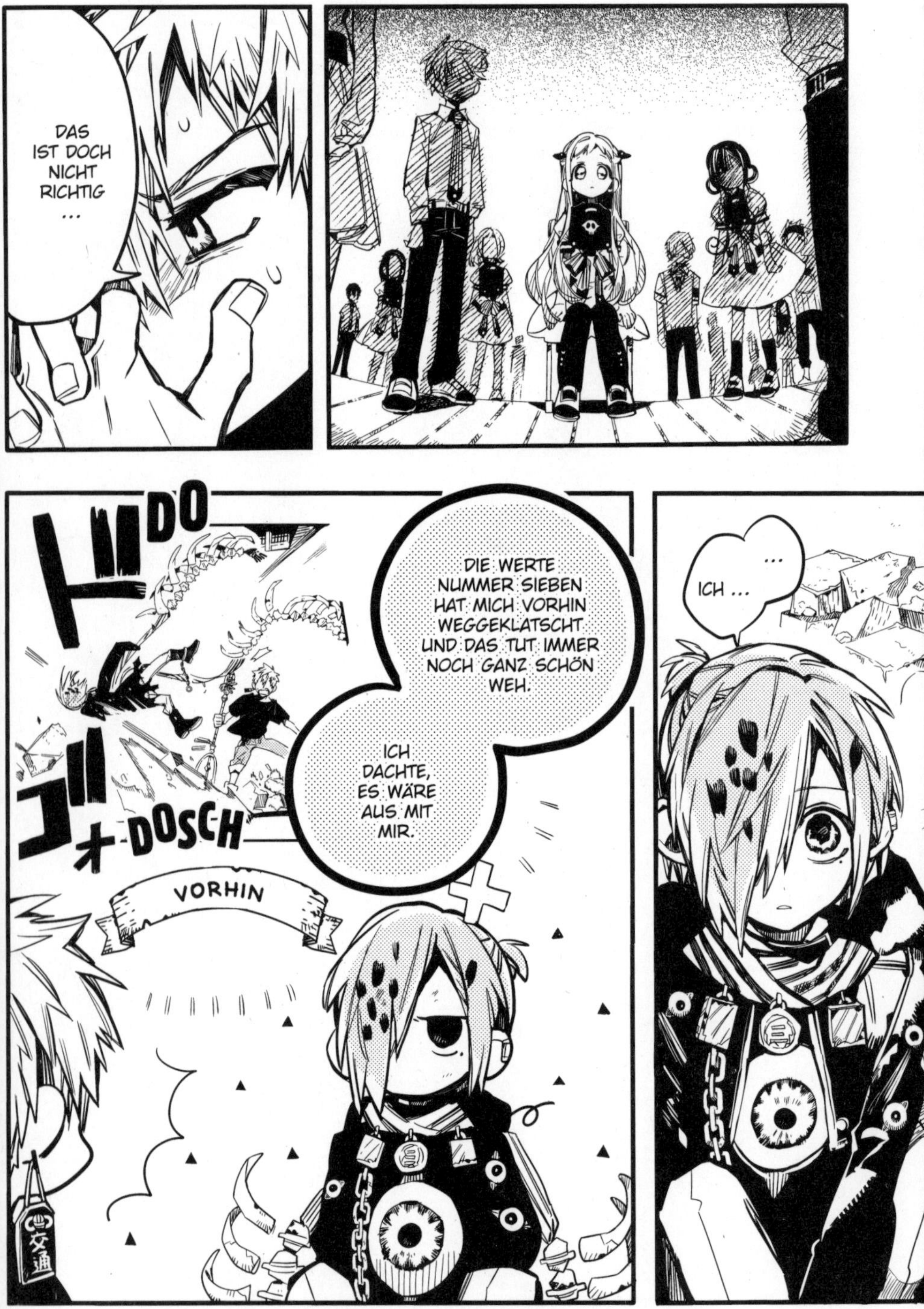
DAS IST DOCH NICHT RICHTIG …
ICH … …
DIE WERTE NUMMER SIEBEN HAT MICH VORHIN WEGGEKLATSCHT UND DAS TUT IMMER NOCH GANZ SCHÖN WEH.
ICH DACHTE, ES WÄRE AUS MIT MIR.
DO
DOSCH
VORHIN

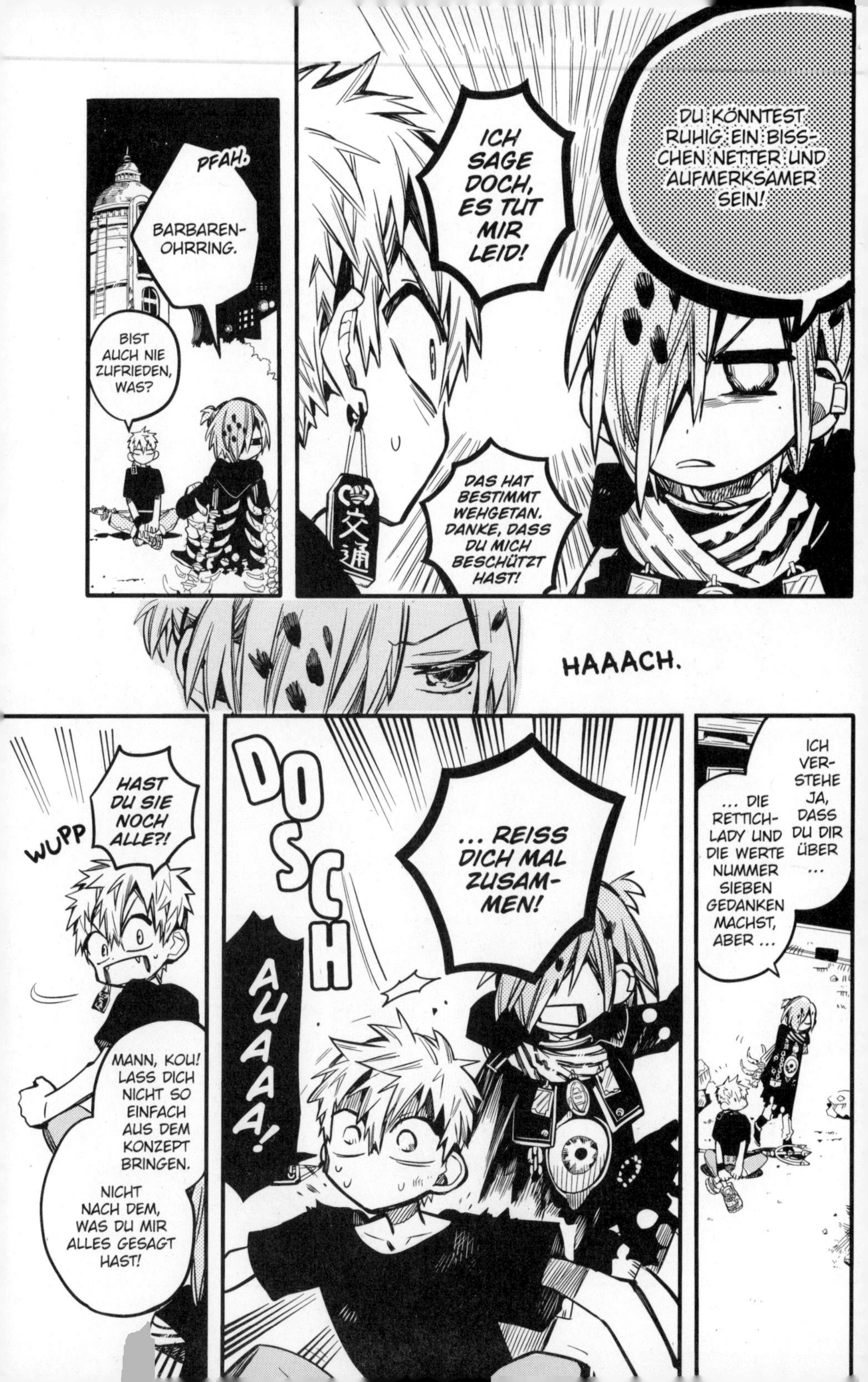
DU KÖNNTEST RUHIG EIN BISSCHEN NETTER UND AUFMERKSAMER SEIN!
ICH SAGE DOCH, ES TUT MIR LEID!
DAS HAT BESTIMMT WEHGETAN. DANKE, DASS DU MICH BESCHÜTZT HAST!
PFAH.
BARBAREN-OHRRING.
BIST AUCH NIE ZUFRIEDEN, WAS?
HAAACH.
ICH VERSTEHE JA, DASS DU DIR ÜBER …
… DIE RETTICH-LADY UND DIE WERTE NUMMER SIEBEN GEDANKEN MACHST, ABER …
… REISS DICH MAL ZUSAMMEN!
DOSCH
AUAAAA!
WUPP
HAST DU SIE NOCH ALLE?!
MANN, KOU! LASS DICH NICHT SO EINFACH AUS DEM KONZEPT BRINGEN.
NICHT NACH DEM, WAS DU MIR ALLES GESAGT HAST!

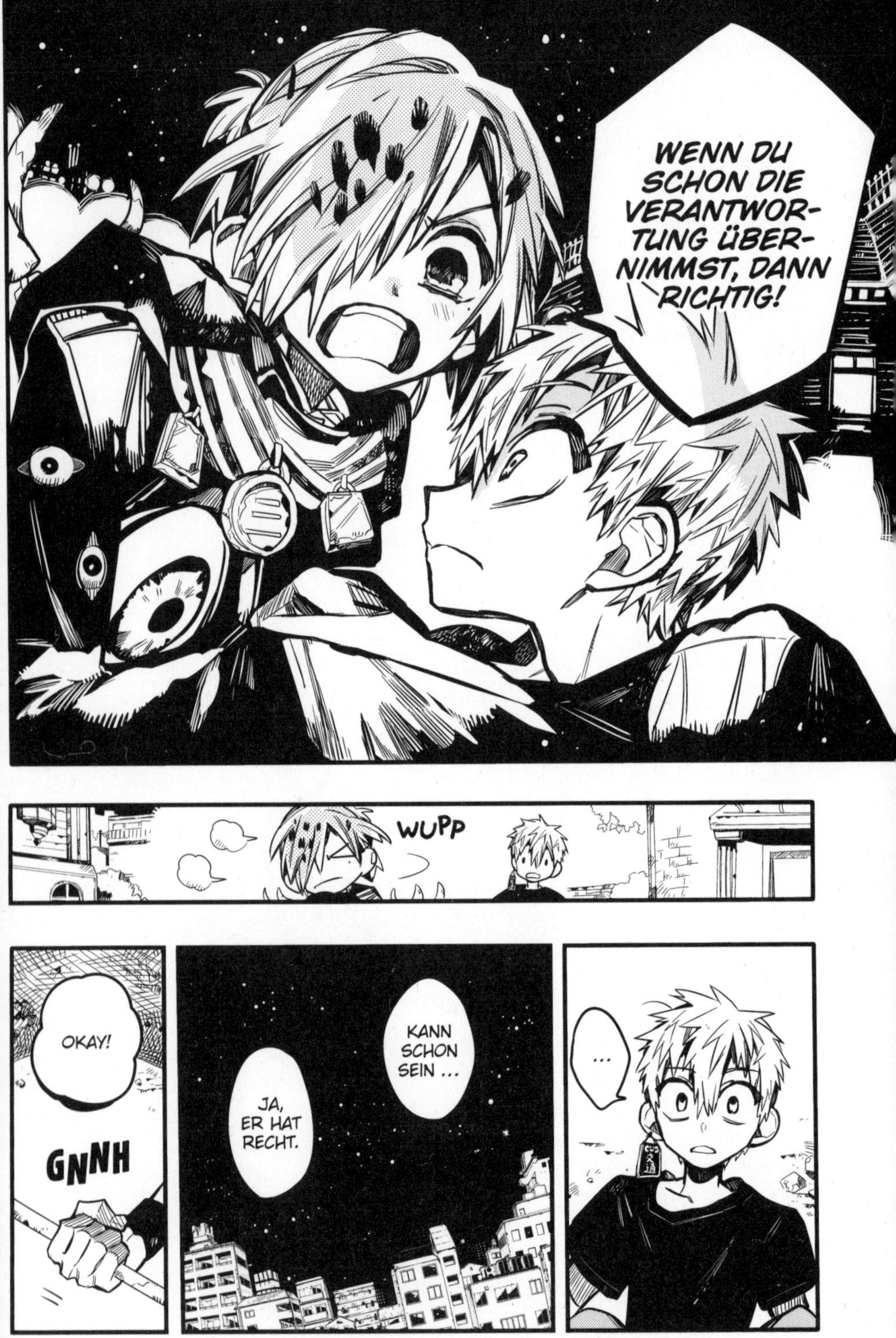
WENN DU SCHON DIE VERANTWORTUNG ÜBERNIMMST, DANN RICHTIG!
WUPP
KANN SCHON SEIN ...
JA, ER HAT RECHT.
OKAY!
GNNH
...

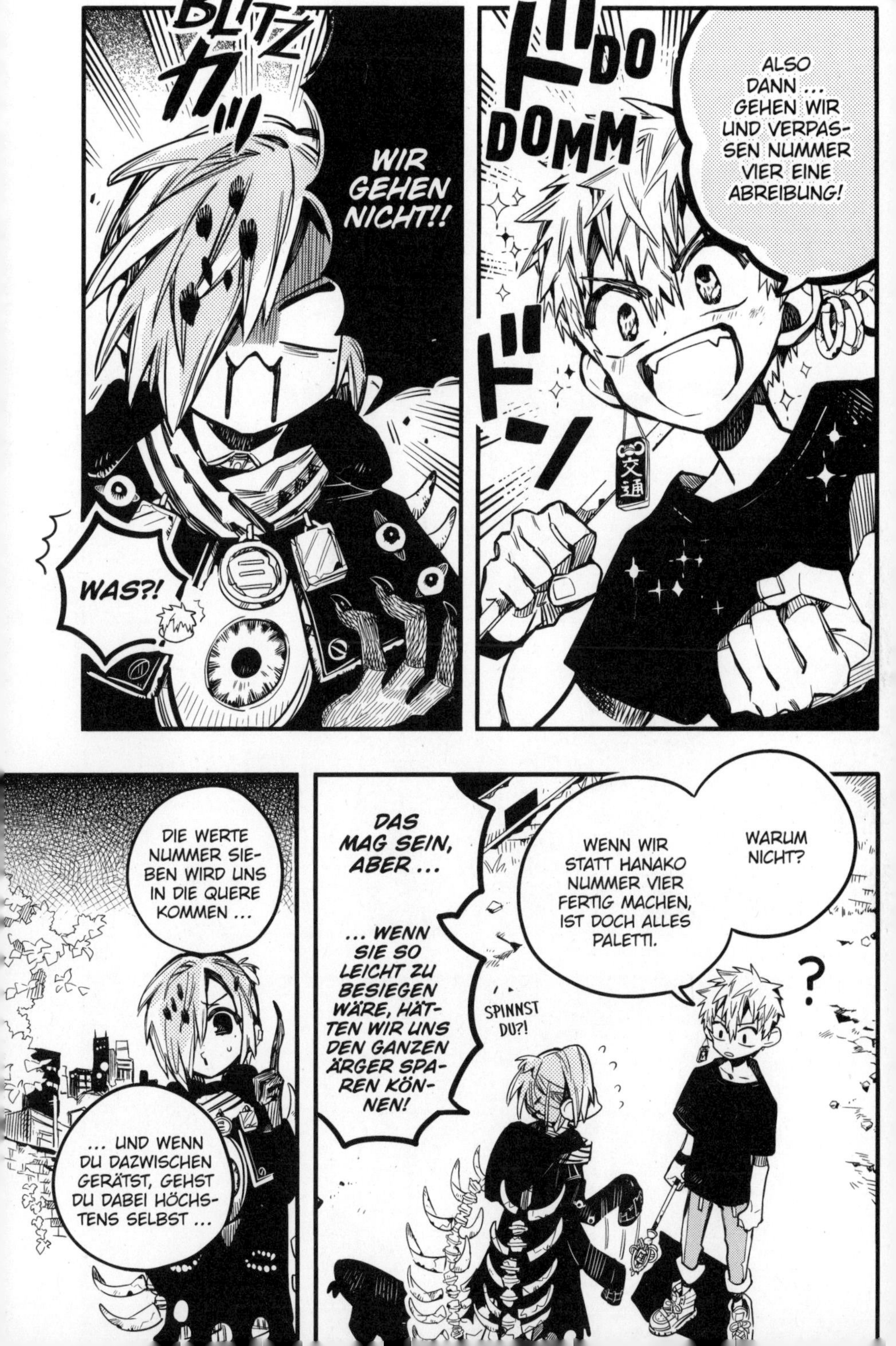
DO DOMM
ALSO DANN … GEHEN WIR UND VERPAS-SEN NUMMER VIER EINE ABREIBUNG!
BLITZ
WIR GEHEN NICHT!!
WAS?!
WARUM NICHT?
WENN WIR STATT HANAKO NUMMER VIER FERTIG MACHEN, IST DOCH ALLES PALETTI.
SPINNST DU?!
DAS MAG SEIN, ABER …
… WENN SIE SO LEICHT ZU BESIEGEN WÄRE, HÄTTEN WIR UNS DEN GANZEN ÄRGER SPAREN KÖNNEN!
DIE WERTE NUMMER SIEBEN WIRD UNS IN DIE QUERE KOMMEN …
… UND WENN DU DAZWISCHEN GERÄTST, GEHST DU DABEI HÖCHSTENS SELBST …

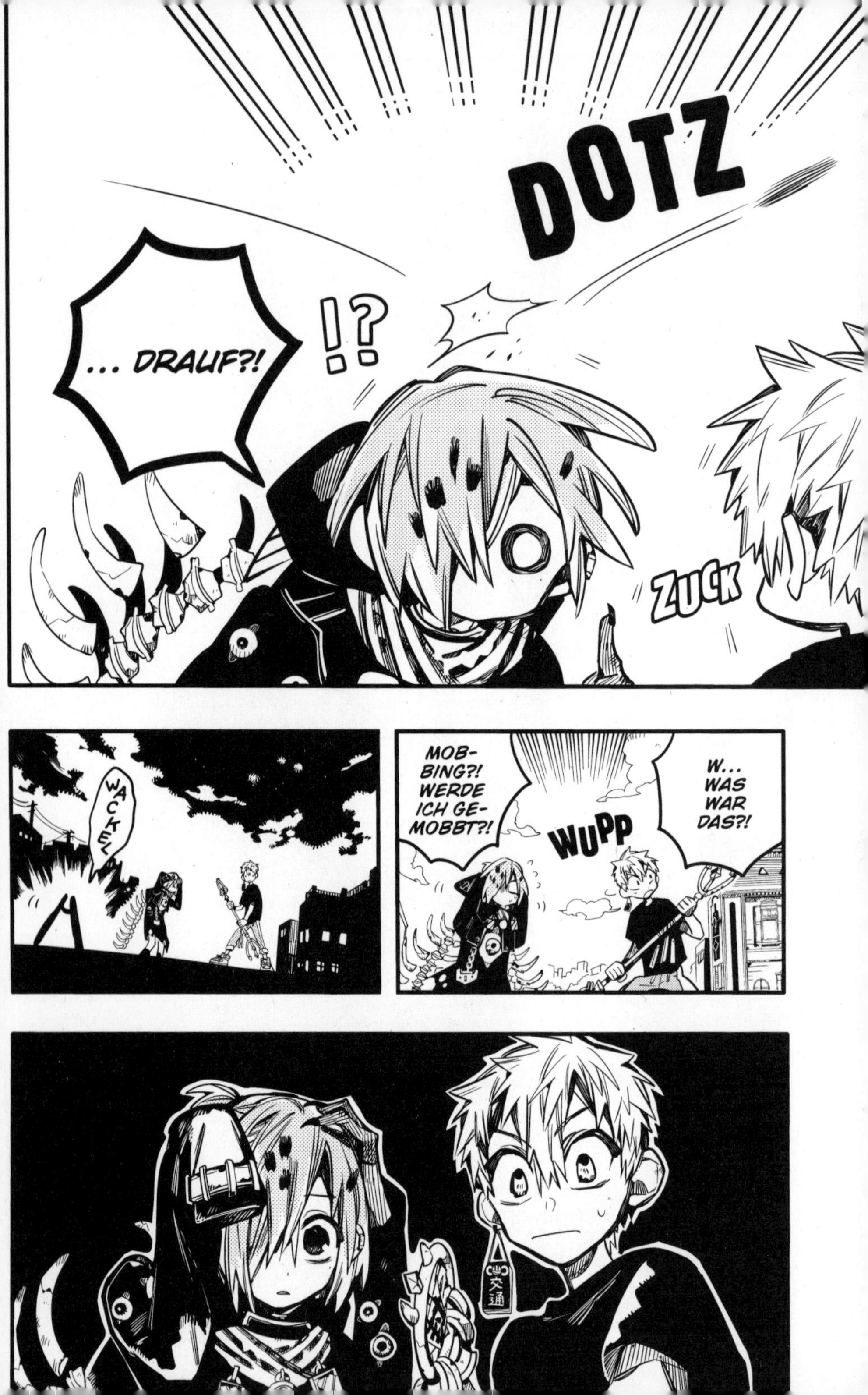

DOTZ
!?
... DRAUF?!
ZUCK
W... WAS WAR DAS?!
WUPP
MOB-BING?! WERDE ICH GE-MOBBT?!
WACKEL

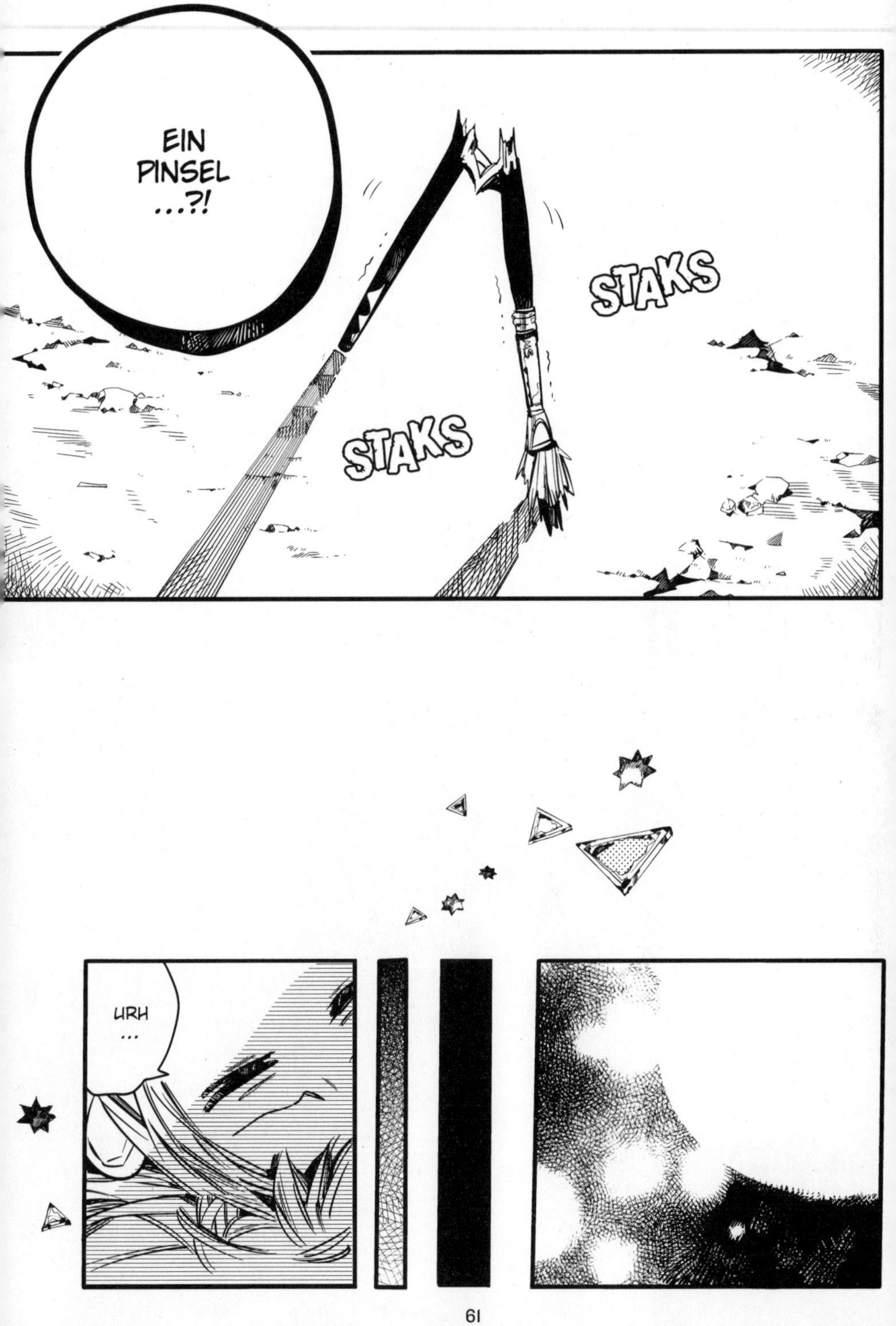
EIN PINSEL ...?!
STAKS
STAKS
URH ...

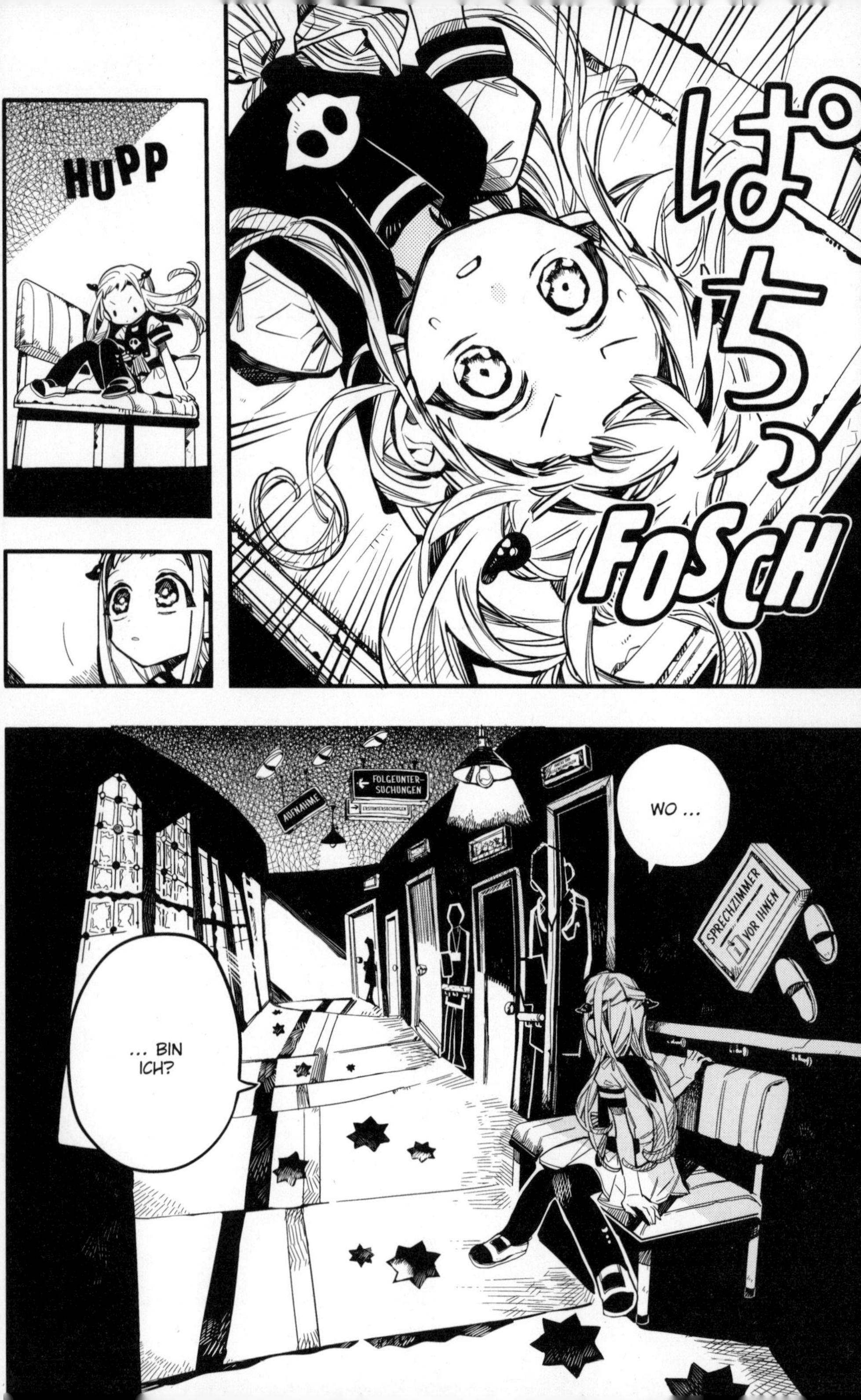
ぱちっ
FOSCH
HUPP
FOLGEUNTER-
SUCHUNGEN
AUFNAHME
WO ...
SPRECHZIMMER
VOR IHNEN
... BIN
ICH?

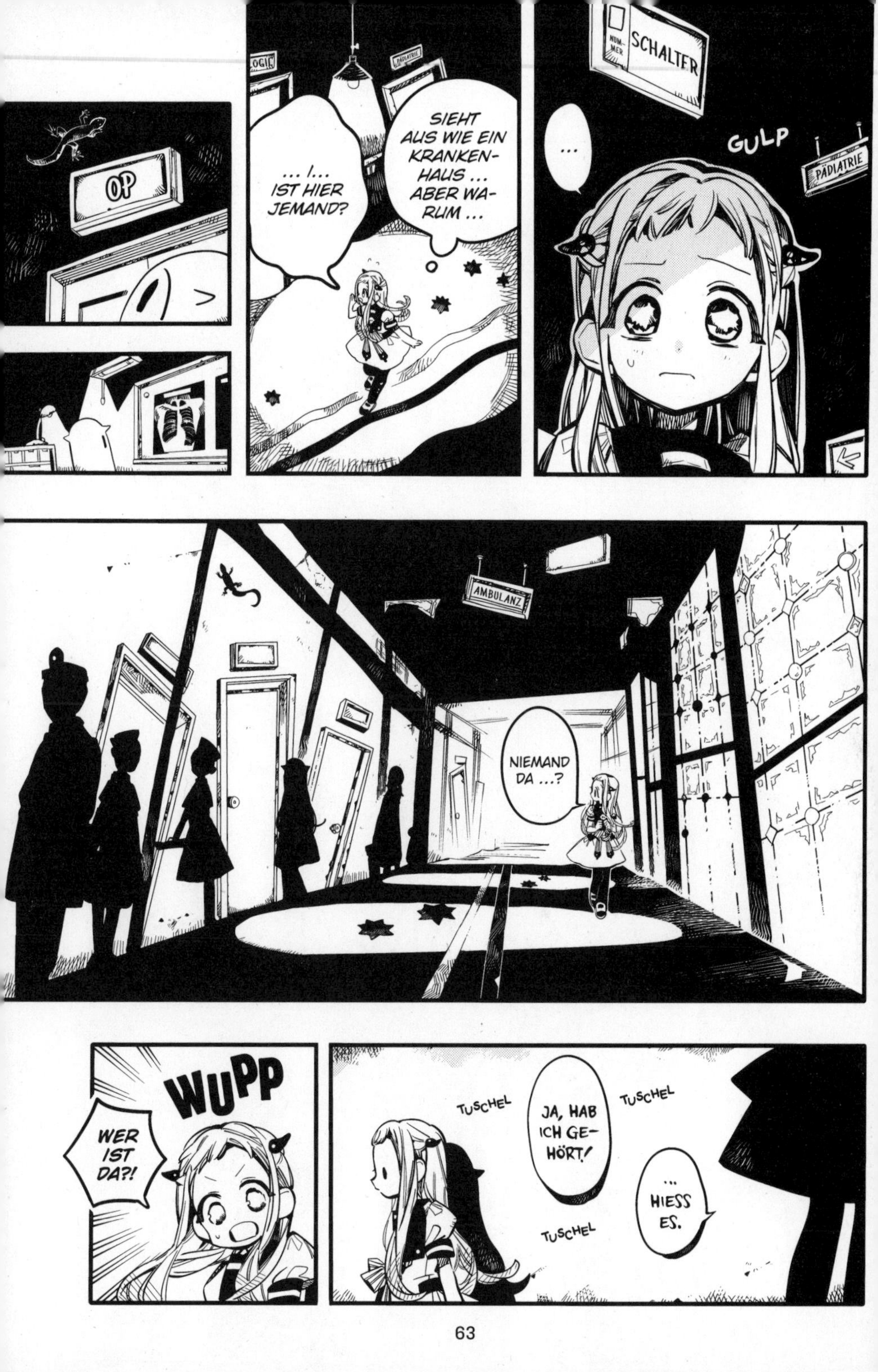
NUM-MER
SCHALTER
...
GULP
PÄDIATRIE
SIEHT AUS WIE EIN KRANKEN-HAUS ... ABER WA-RUM ...
... I... IST HIER JEMAND?
PÄDIATRIE
OP
AMBULANZ
NIEMAND DA ...?
TUSCHEL
JA, HAB ICH GE-HÖRT!
TUSCHEL
... HIESS ES.
TUSCHEL
WUPP
WER IST DA?!

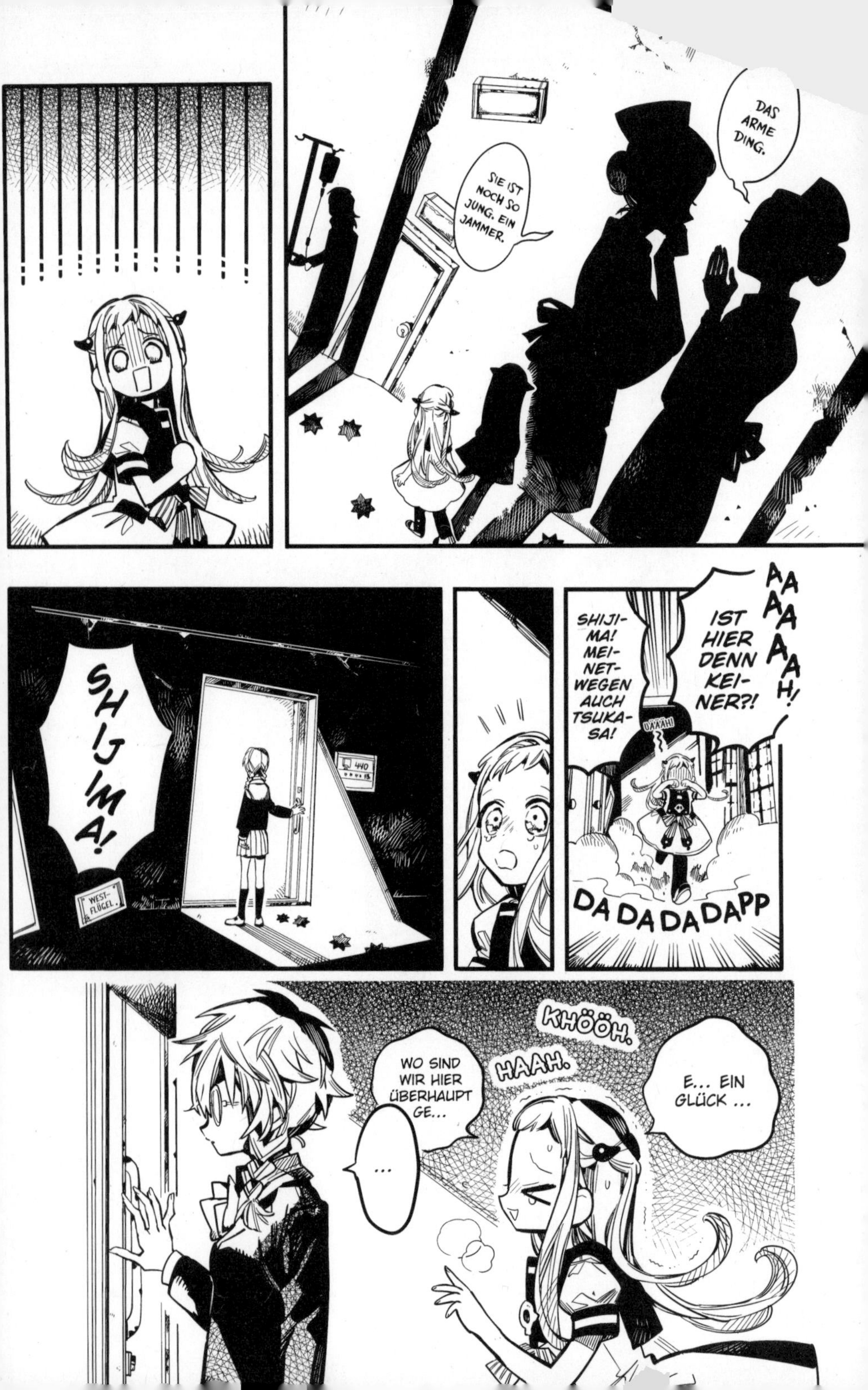
DAS ARME DING.
SIE IST NOCH SO JUNG. EIN JAMMER.
AAAAAAH!
IST HIER DENN KEI-NER?!
SHIJI-MA! MEI-NET-WEGEN AUCH TSUKA-SA!
DADADADAPP
SHIJIMA!
WEST-FLÜGEL
440
KHÖÖH.
E… EIN GLÜCK …
HAAH.
WO SIND WIR HIER ÜBERHAUPT GE…
…

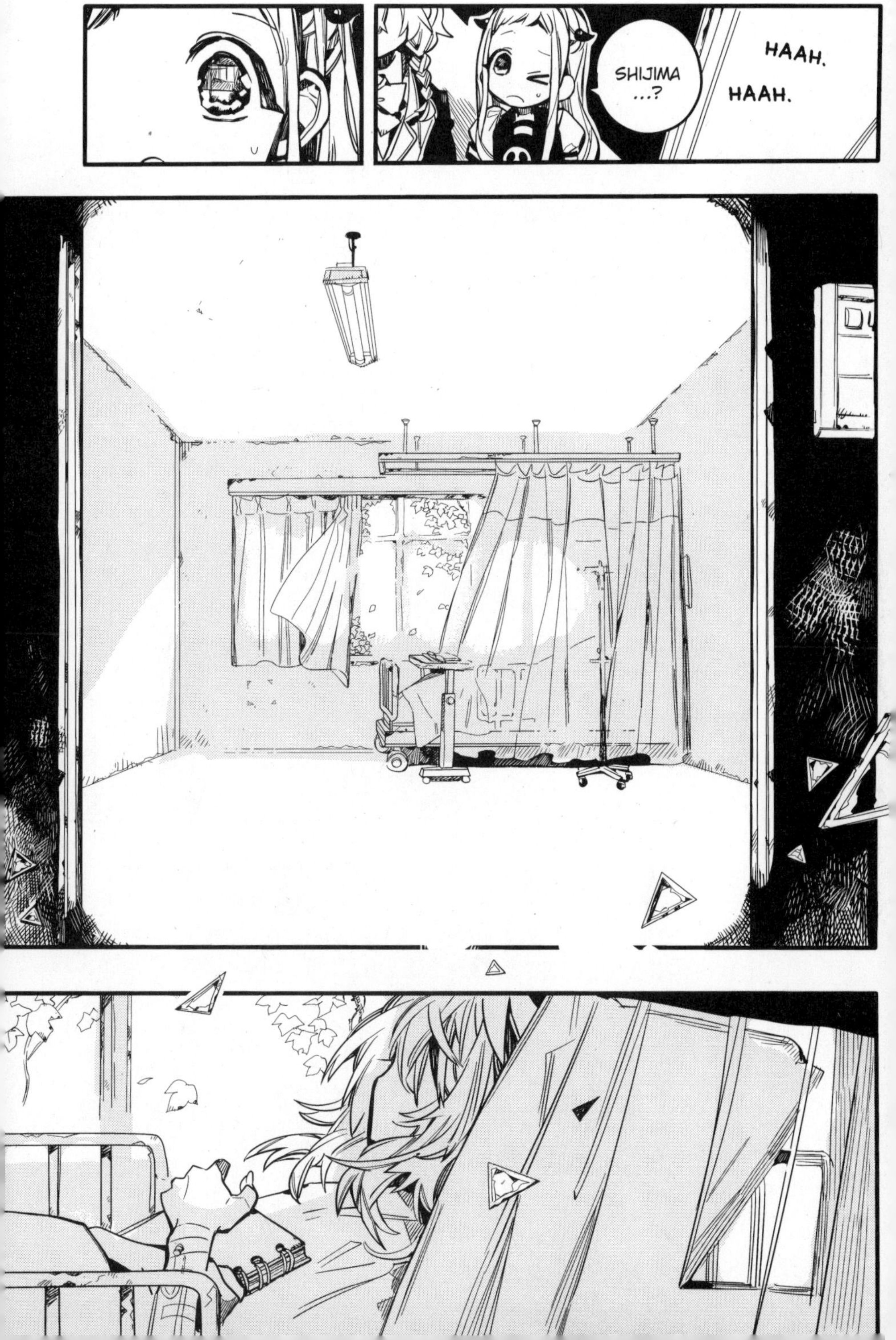
HAAH.
HAAH.
SHIJIMA ...?

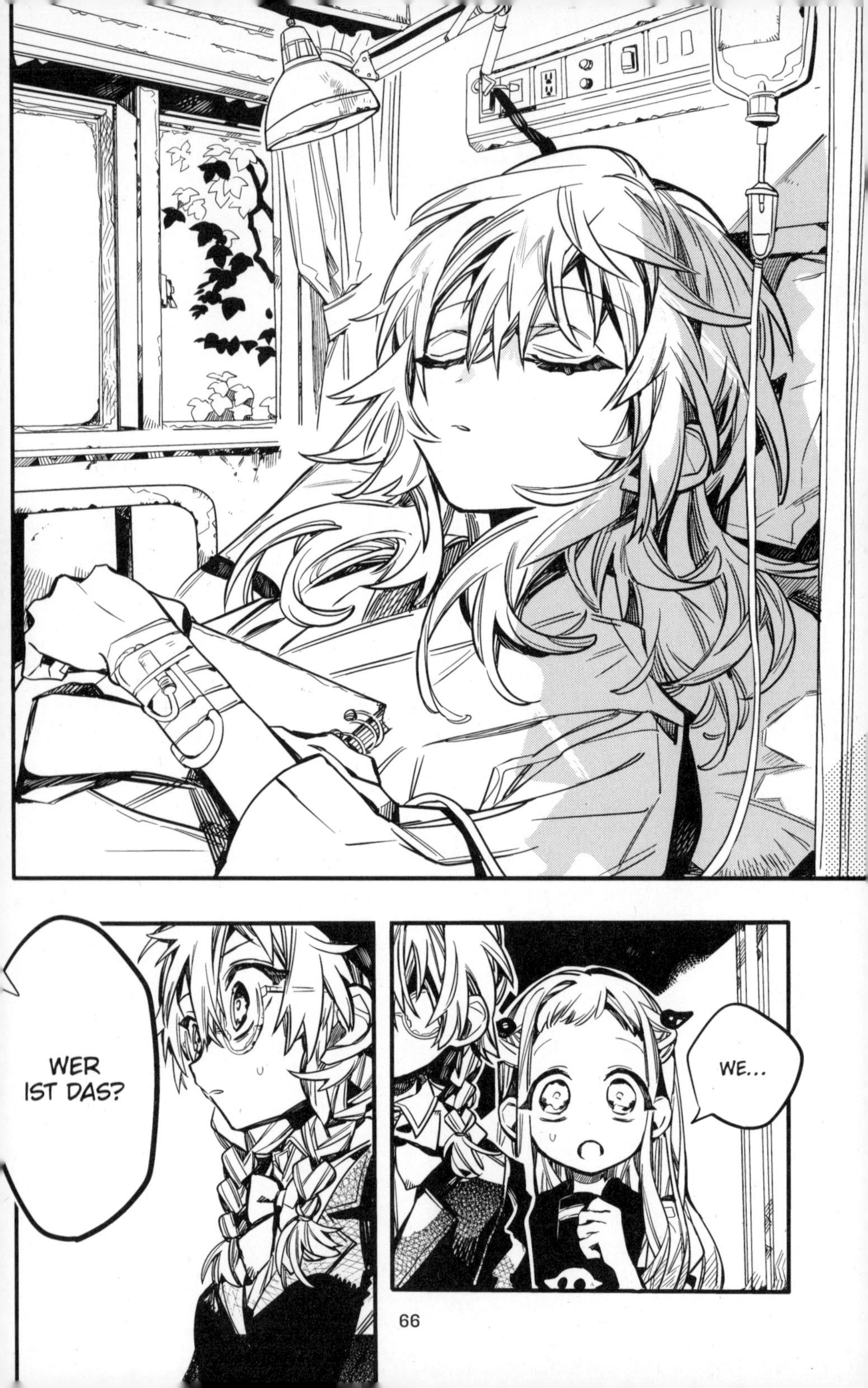
WE...
WER IST DAS?

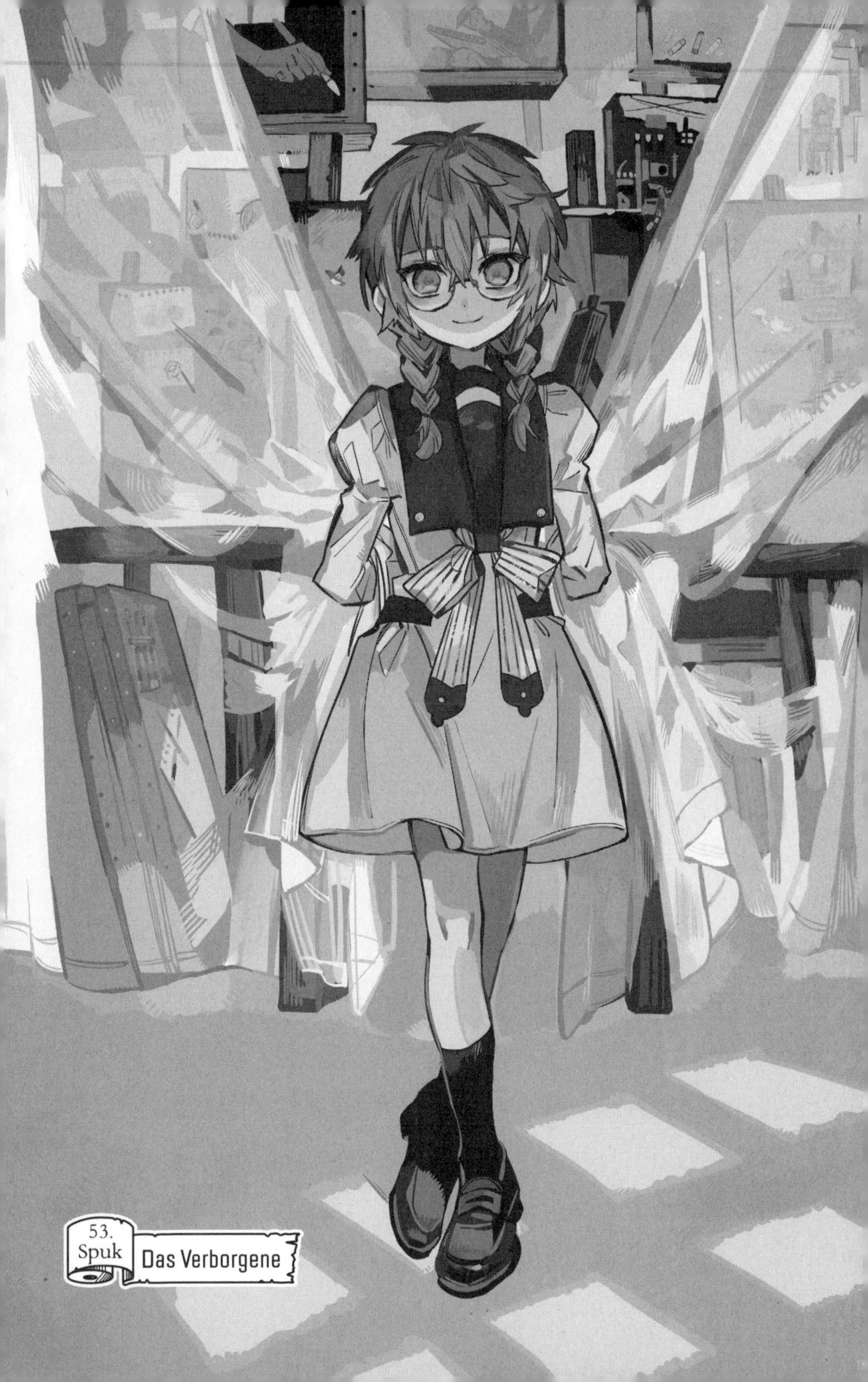
53. Spuk
Das Verborgene

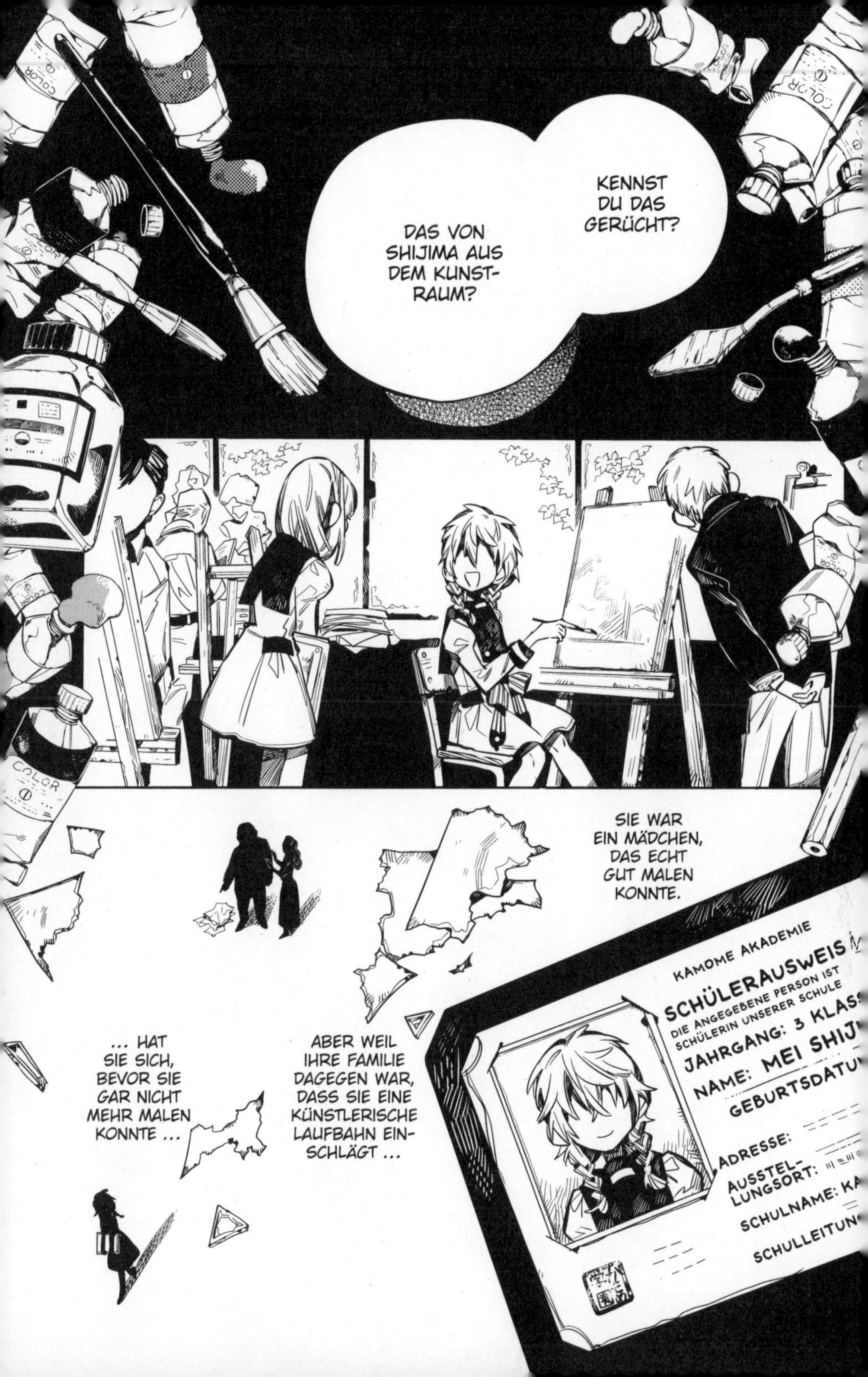
KENNST DU DAS GERÜCHT?
DAS VON SHIJIMA AUS DEM KUNST-RAUM?
SIE WAR EIN MÄDCHEN, DAS ECHT GUT MALEN KONNTE.
ABER WEIL IHRE FAMILIE DAGEGEN WAR, DASS SIE EINE KÜNSTLERISCHE LAUFBAHN EIN-SCHLÄGT …
… HAT SIE SICH, BEVOR SIE GAR NICHT MEHR MALEN KONNTE …
KAMOME AKADEMIE
SCHÜLERAUSWEIS
DIE ANGEGEBENE PERSON IST SCHÜLERIN UNSERER SCHULE
JAHRGANG: 3 KLASS
NAME: MEI SHIJ
GEBURTSDATU
ADRESSE:
AUSSTEL-LUNGSORT:
SCHULNAME: KA
SCHULLEITUN

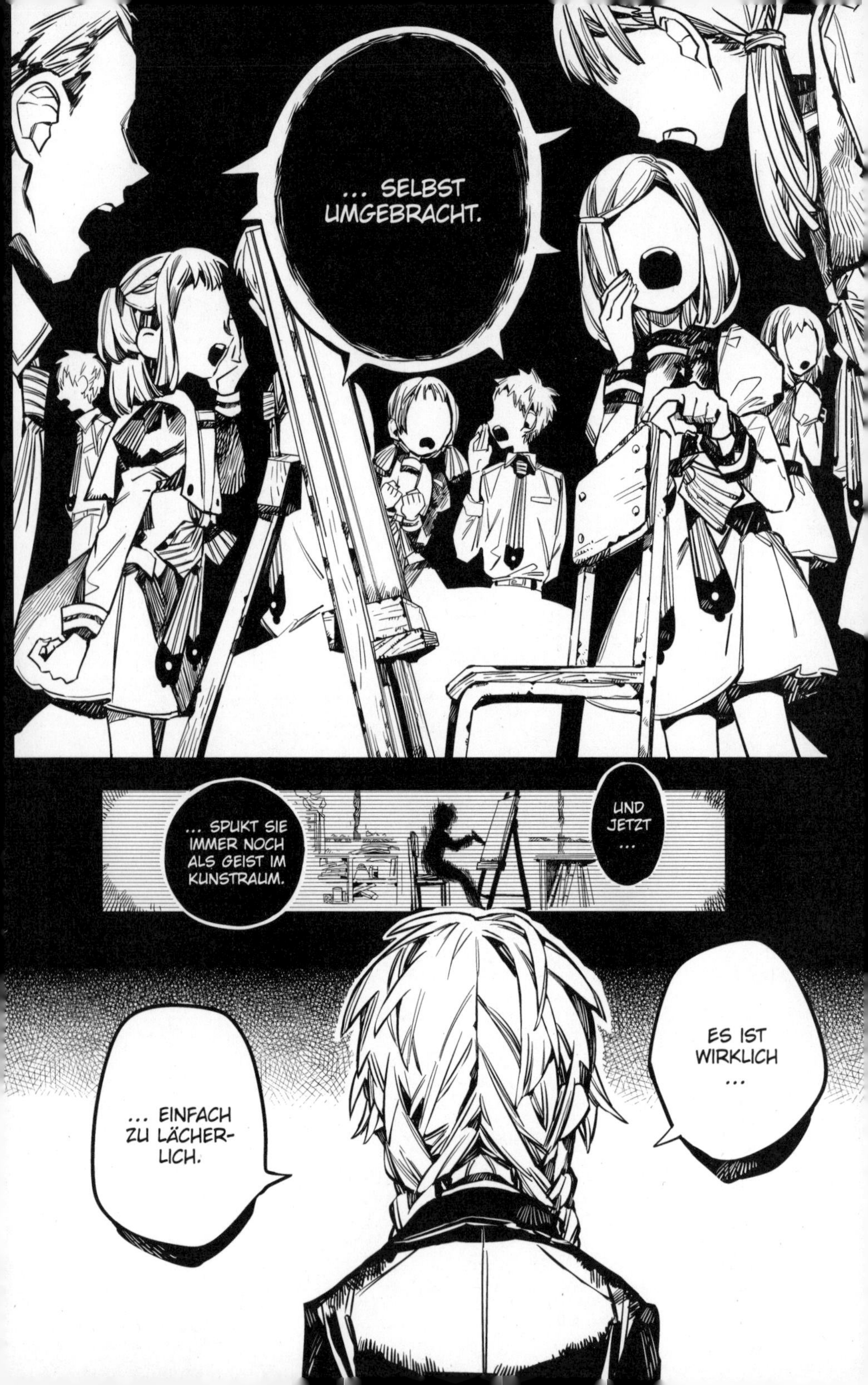
... SELBST UMGEBRACHT.
UND JETZT ...
... SPUKT SIE IMMER NOCH ALS GEIST IM KUNSTRAUM.
ES IST WIRKLICH ...
... EINFACH ZU LÄCHERLICH.

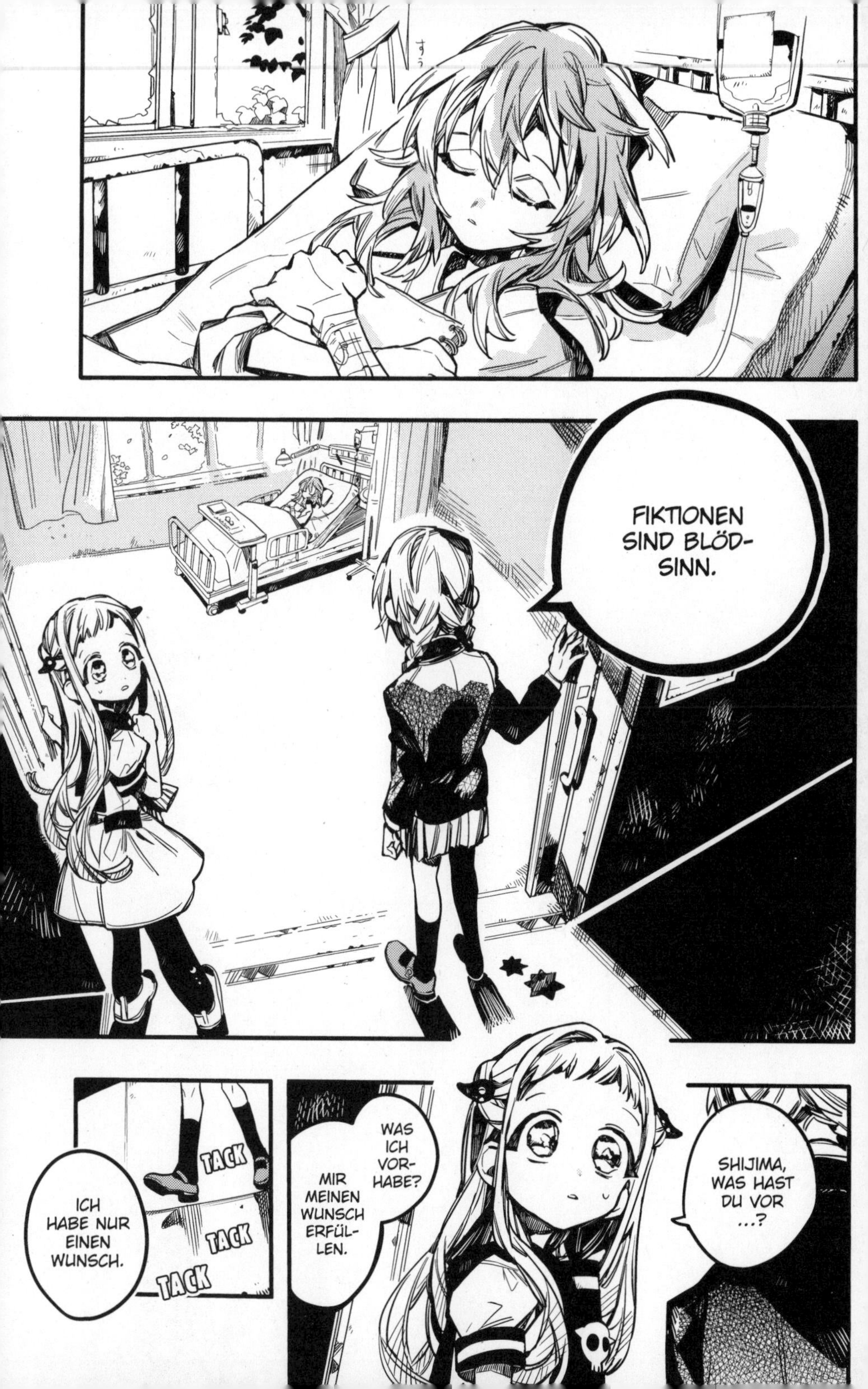
FIKTIONEN SIND BLÖD-SINN.
SHIJIMA, WAS HAST DU VOR ...?
WAS ICH VOR-HABE?
MIR MEINEN WUNSCH ERFÜL-LEN.
TACK
TACK
TACK
ICH HABE NUR EINEN WUNSCH.

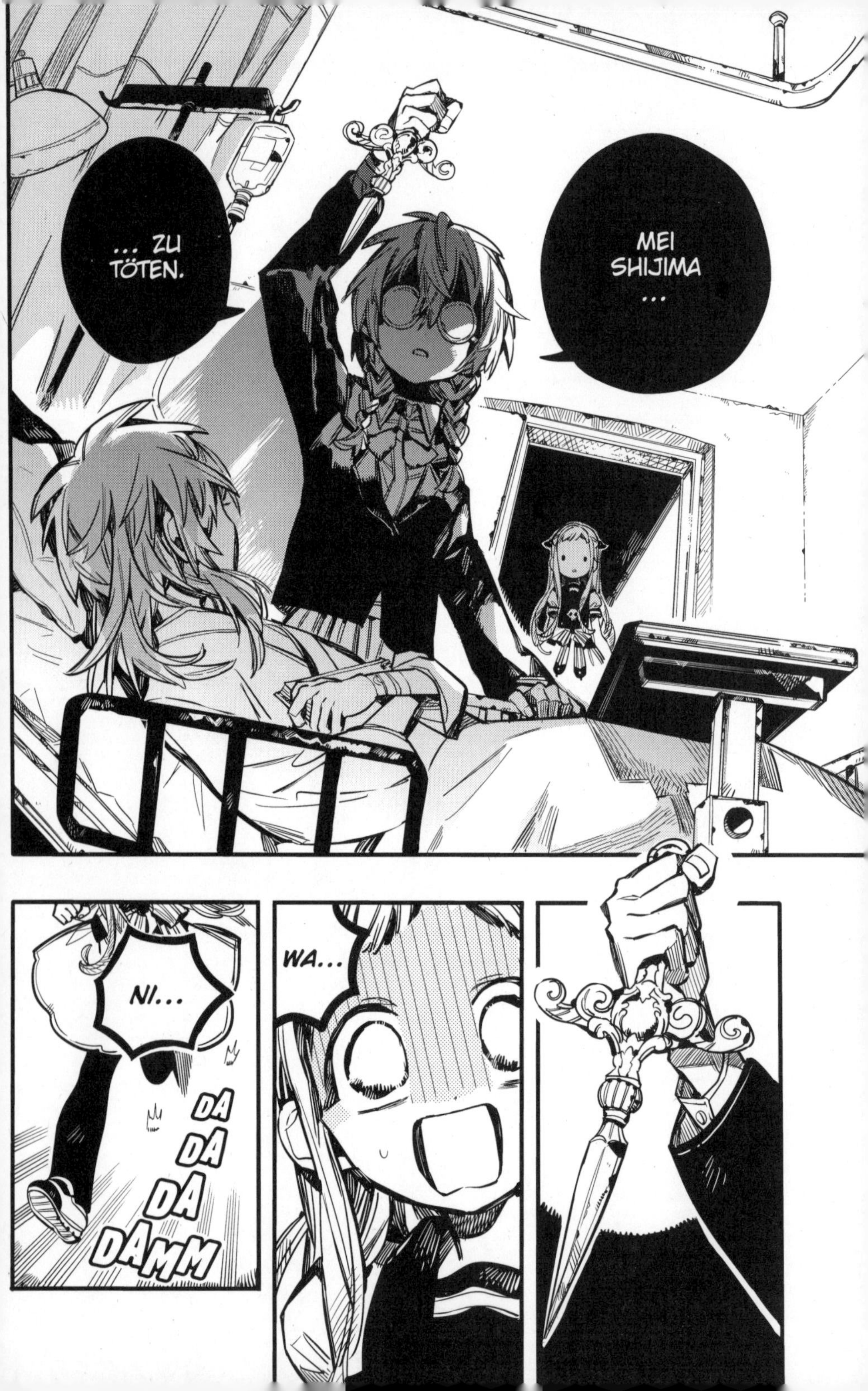
MEI SHIJIMA ...
... ZU TÖTEN.
WA...
NI...
DA DA DA DAMM

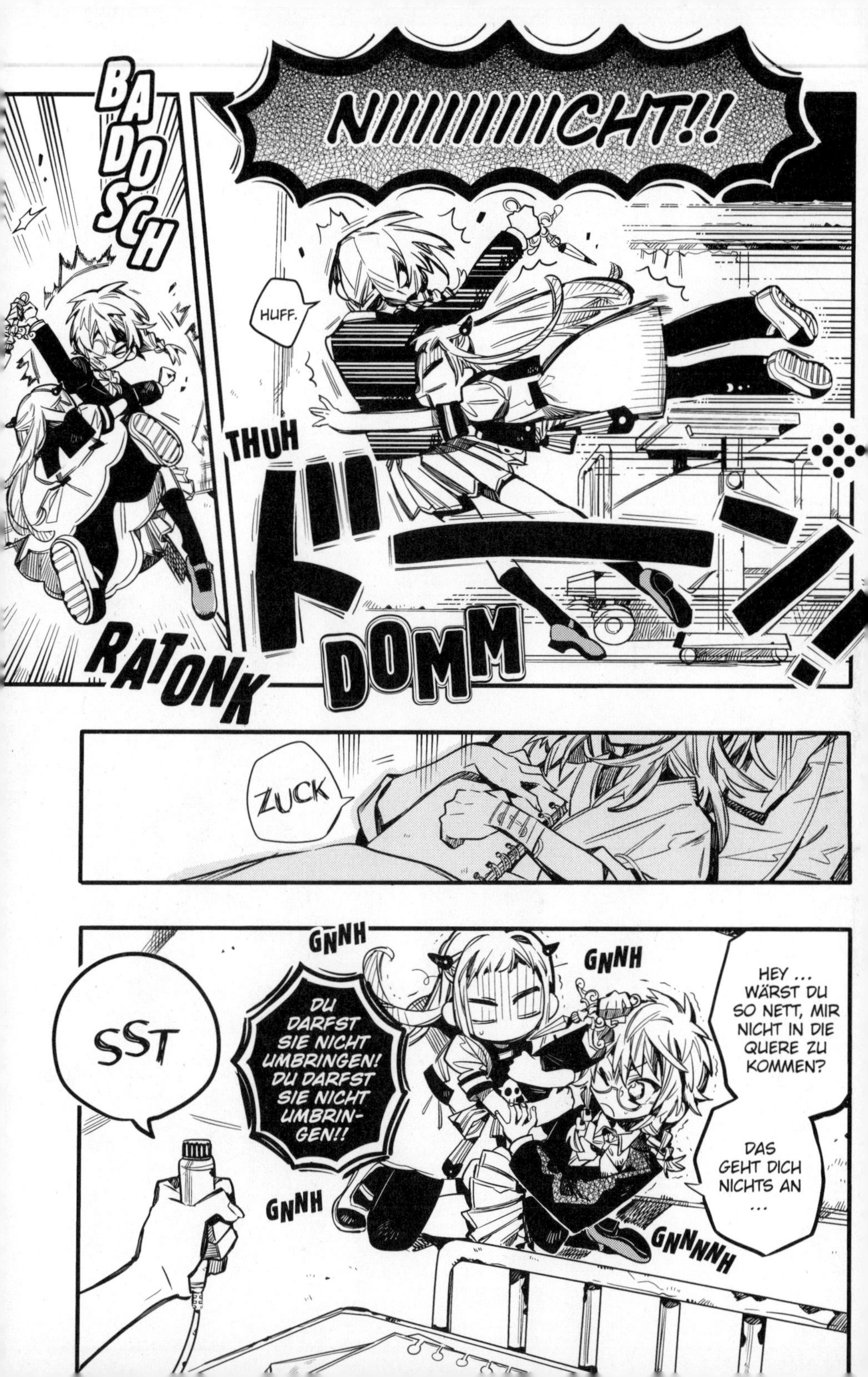
NIIIIIIIIICHT!!
HUFF.
THUH
ドーン!
DOMM
BADOSCH
RATONK
ZUCK
HEY ... WÄRST DU SO NETT, MIR NICHT IN DIE QUERE ZU KOMMEN?
DAS GEHT DICH NICHTS AN ...
GNNH
GNNH
DU DARFST SIE NICHT UMBRINGEN! DU DARFST SIE NICHT UMBRIN-GEN!!
GNNH
GNNNNH
SST

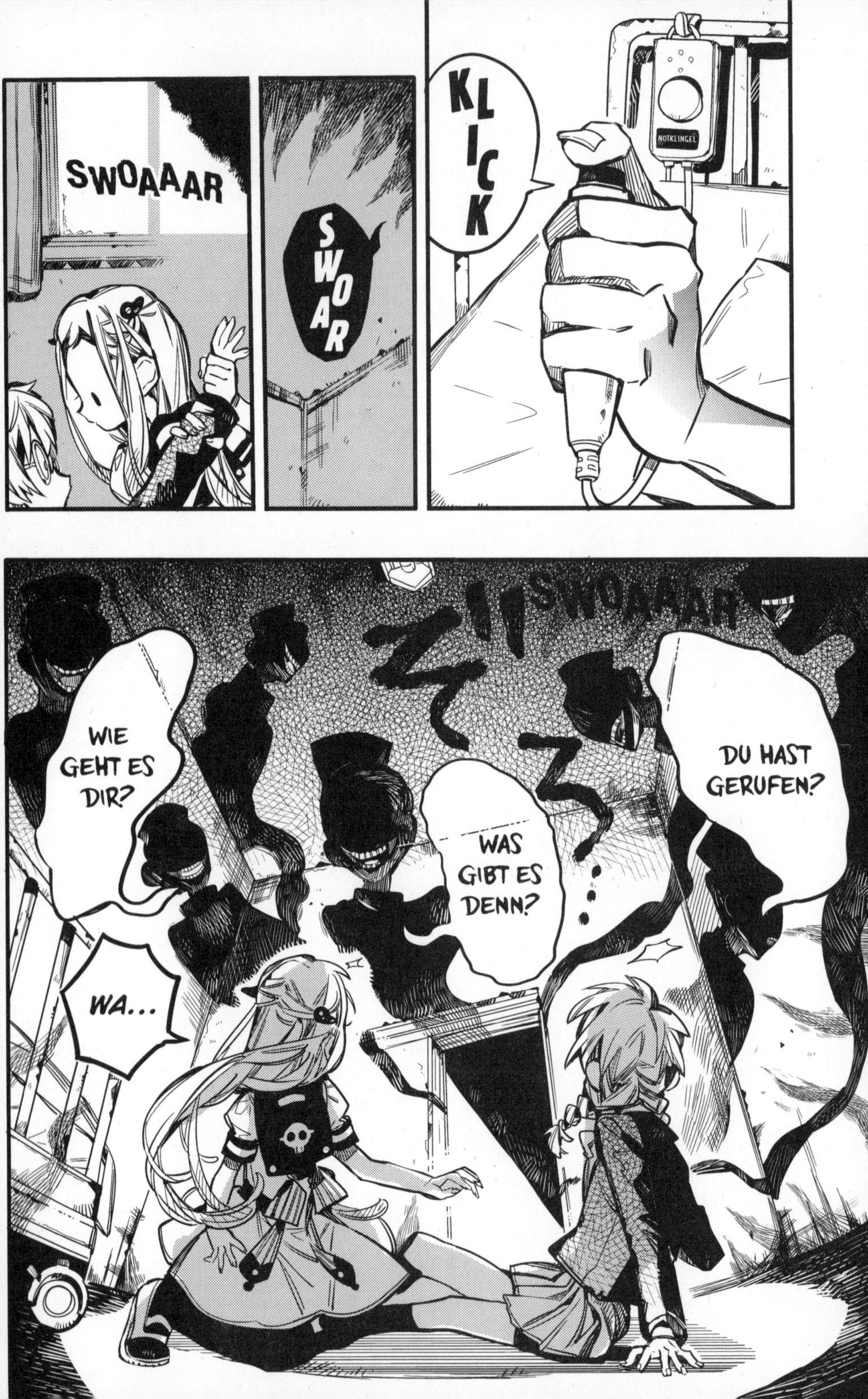
NOTKLINGEL
KLICK
SWOAR
SWOAAAR
SWOAAAR
DU HAST GERUFEN?
WAS GIBT ES DENN?
WIE GEHT ES DIR?
WA...

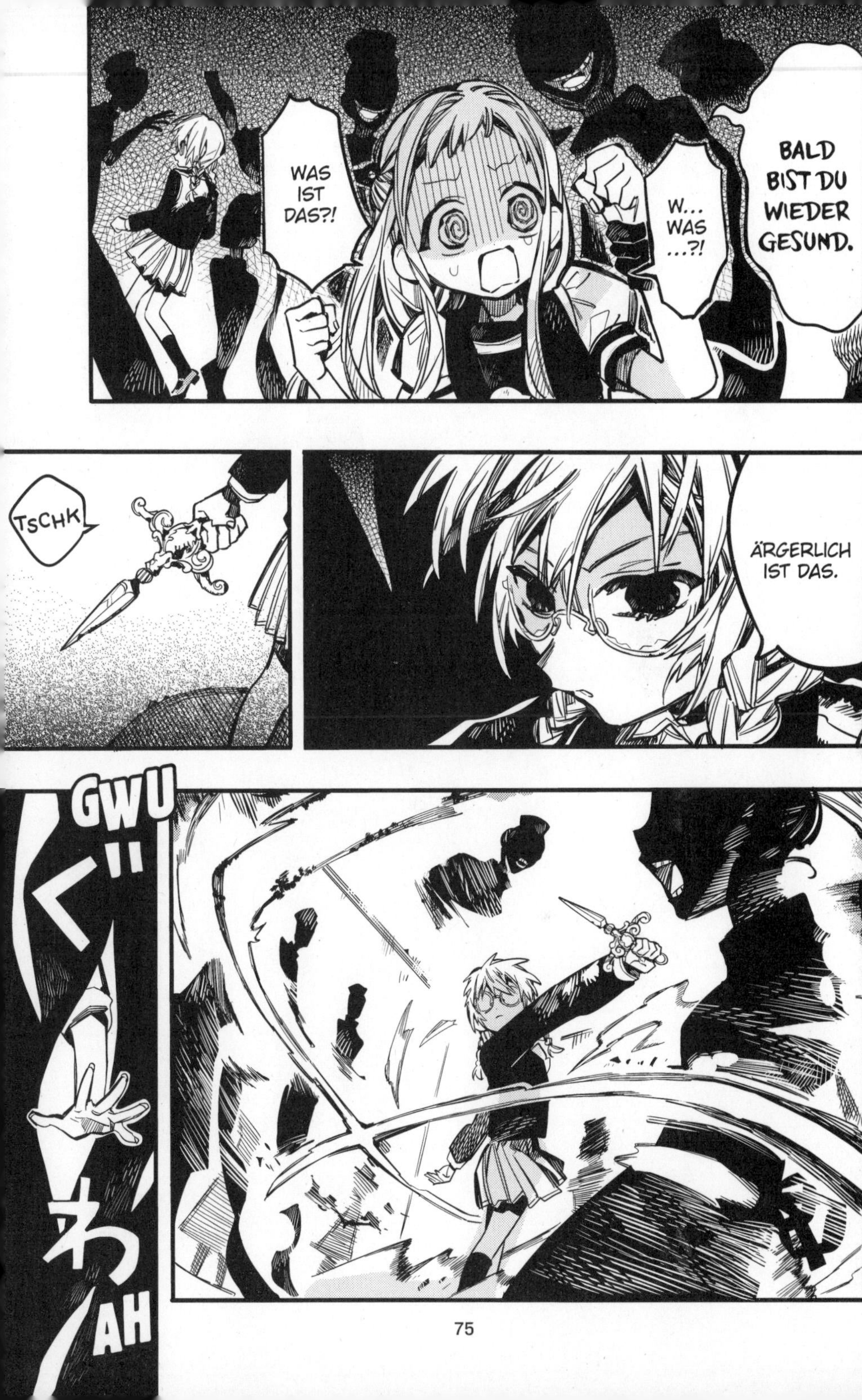
BALD BIST DU WIEDER GESUND.
W… WAS …?!
WAS IST DAS?!
ÄRGERLICH IST DAS.
TSCHK
GWU
ぐわ
AH

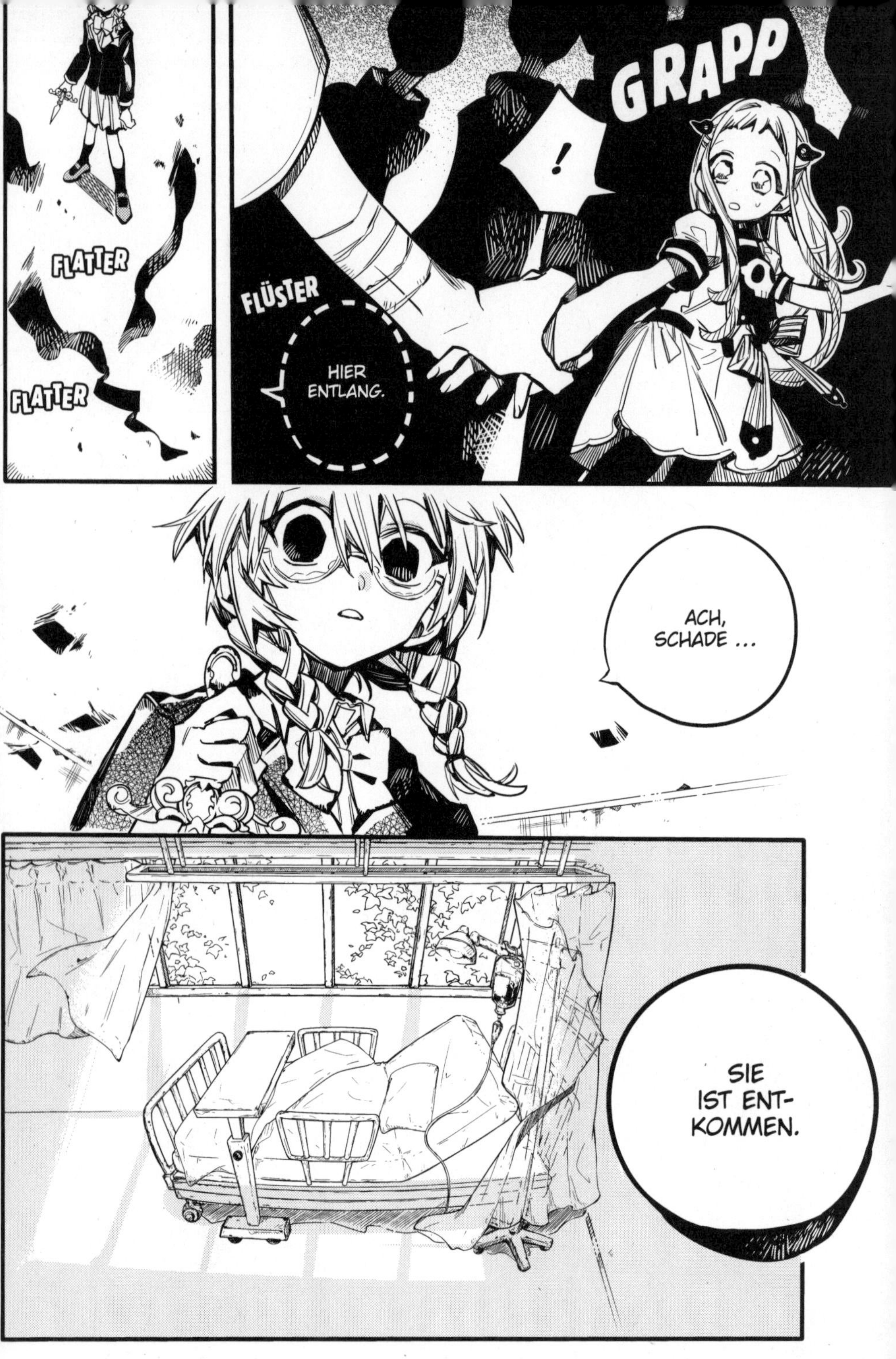
GRAPP
!
FLÜSTER
HIER ENTLANG.
FLATTER
FLATTER
ACH, SCHADE …
SIE IST ENT-KOMMEN.

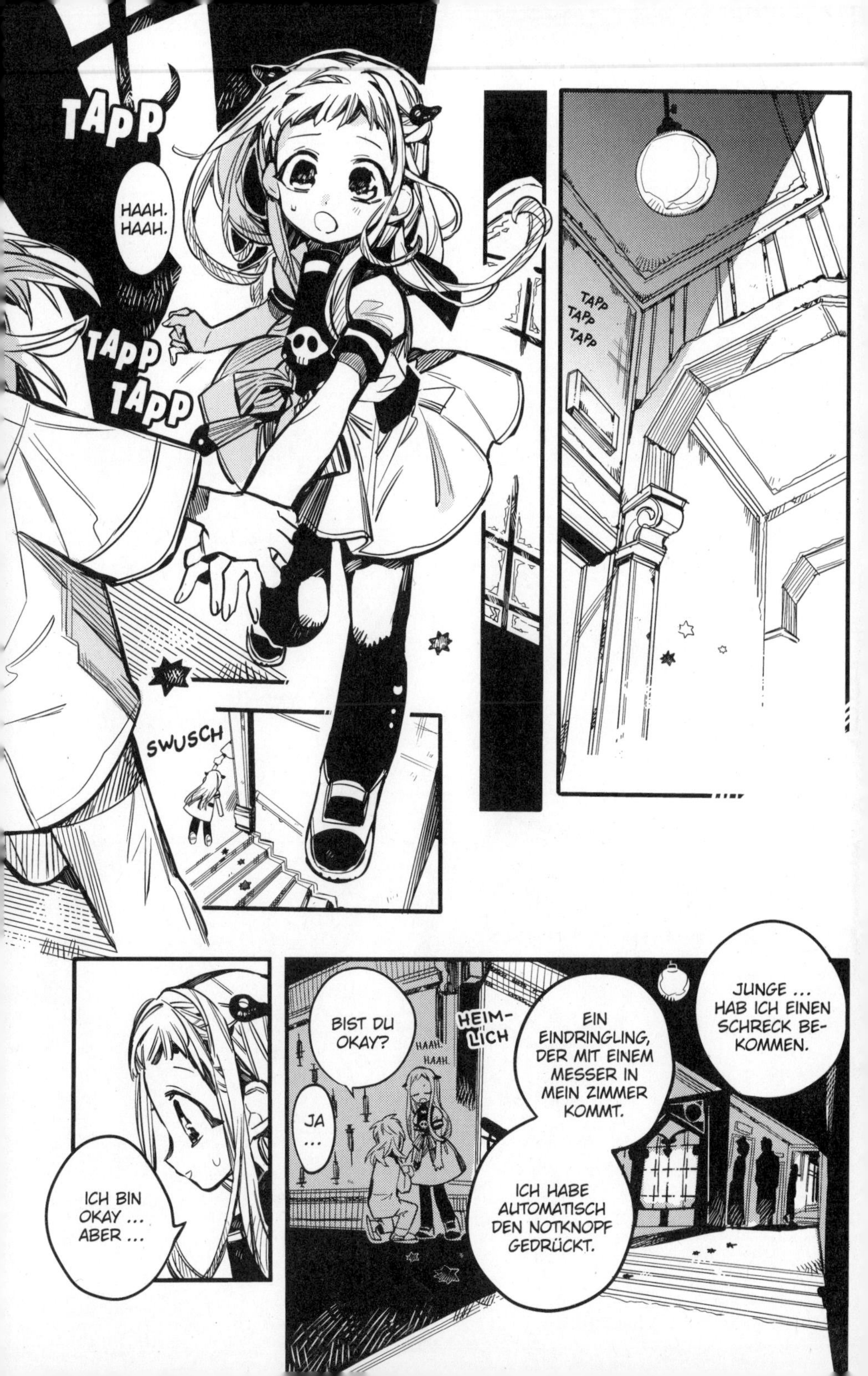
TAPP
TAPP
TAPP
TAPP
HAAH. HAAH.
TAPP
TAPP
SWUSCH
JUNGE … HAB ICH EINEN SCHRECK BE-KOMMEN.
EIN EINDRINGLING, DER MIT EINEM MESSER IN MEIN ZIMMER KOMMT.
ICH HABE AUTOMATISCH DEN NOTKNOPF GEDRÜCKT.
HEIM-LICH
BIST DU OKAY?
HAAH. HAAH.
JA …
ICH BIN OKAY … ABER …

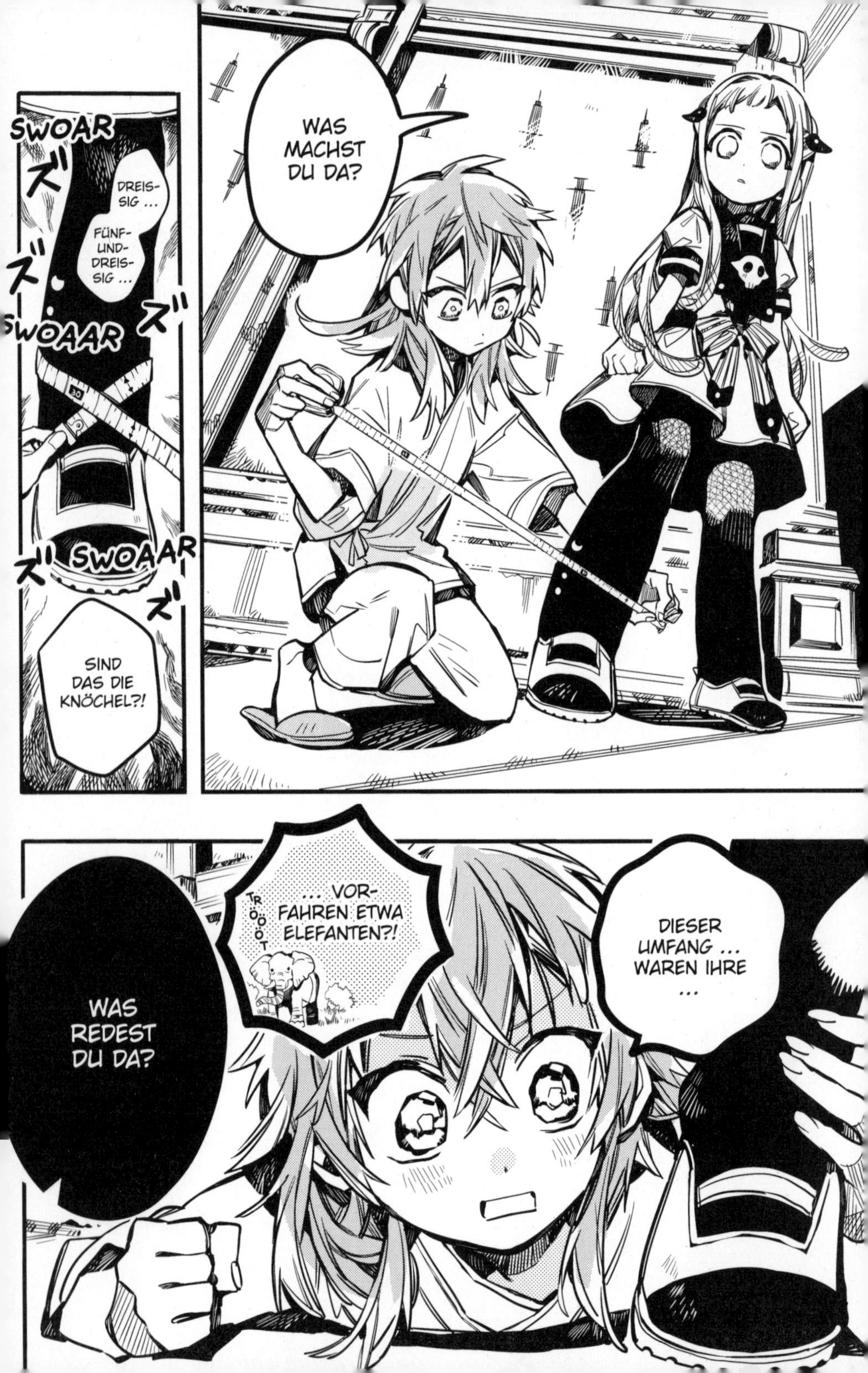
WAS MACHST DU DA?
SWOAR
DREISSIG …
FÜNFUNDDREISSIG …
SWOAAR
SWOAAR
SIND DAS DIE KNÖCHEL?!
DIESER UMFANG … WAREN IHRE …
… VORFAHREN ETWA ELEFANTEN?!
TRÖÖÖT
WAS REDEST DU DA?

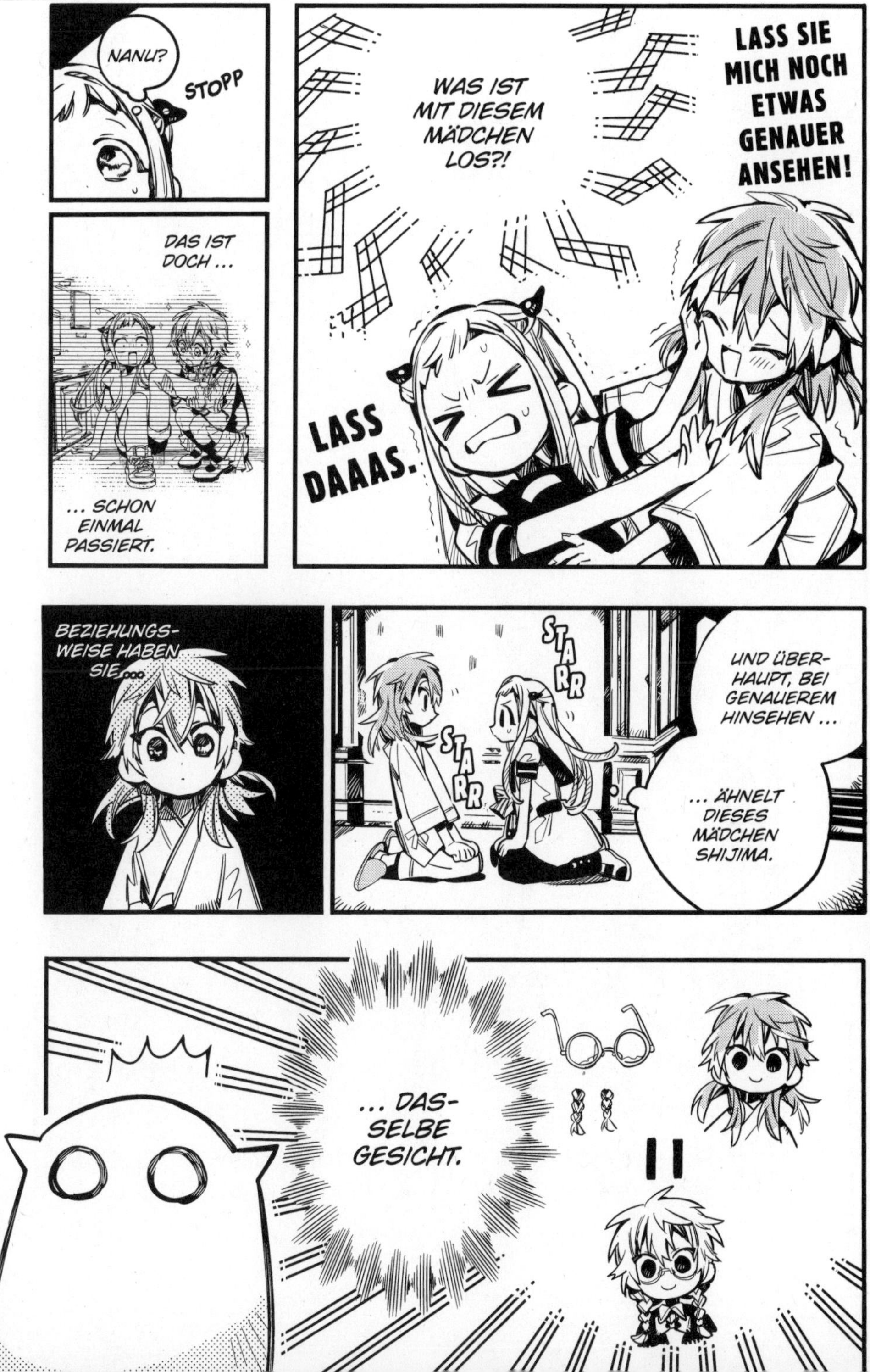
LASS SIE MICH NOCH ETWAS GENAUER ANSEHEN!
WAS IST MIT DIESEM MÄDCHEN LOS?!
LASS DAAAS.
NANU?
STOPP
DAS IST DOCH …
… SCHON EINMAL PASSIERT.
UND ÜBER-HAUPT, BEI GENAUEREM HINSEHEN …
… ÄHNELT DIESES MÄDCHEN SHIJIMA.
STARR
STARR
BEZIEHUNGS-WEISE HABEN SIE …
… DAS-SELBE GESICHT.

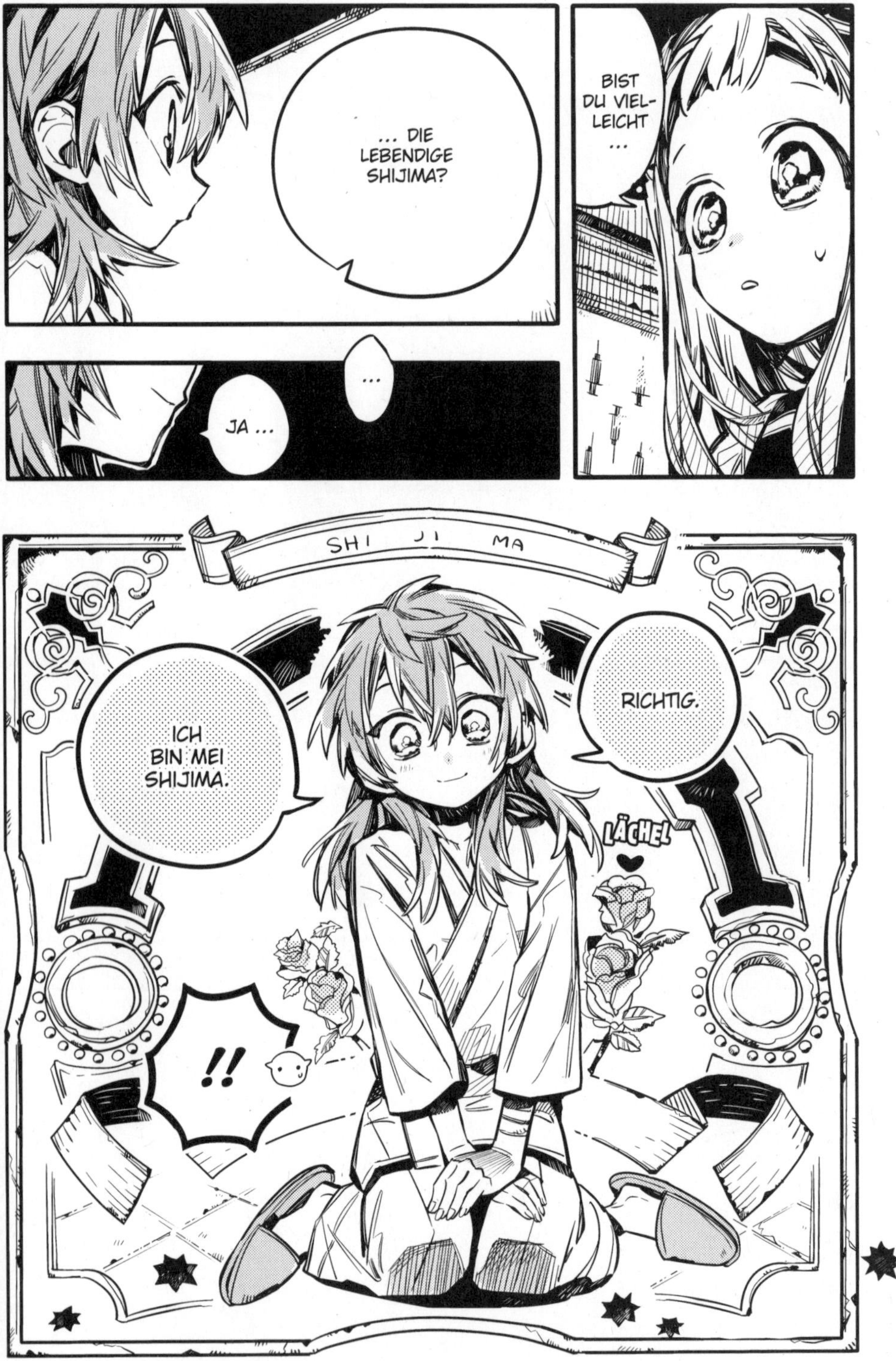
BIST DU VIEL-LEICHT …
… DIE LEBENDIGE SHIJIMA?
…
JA …
SHI JI MA
RICHTIG.
ICH BIN MEI SHIJIMA.
LÄCHEL
!!

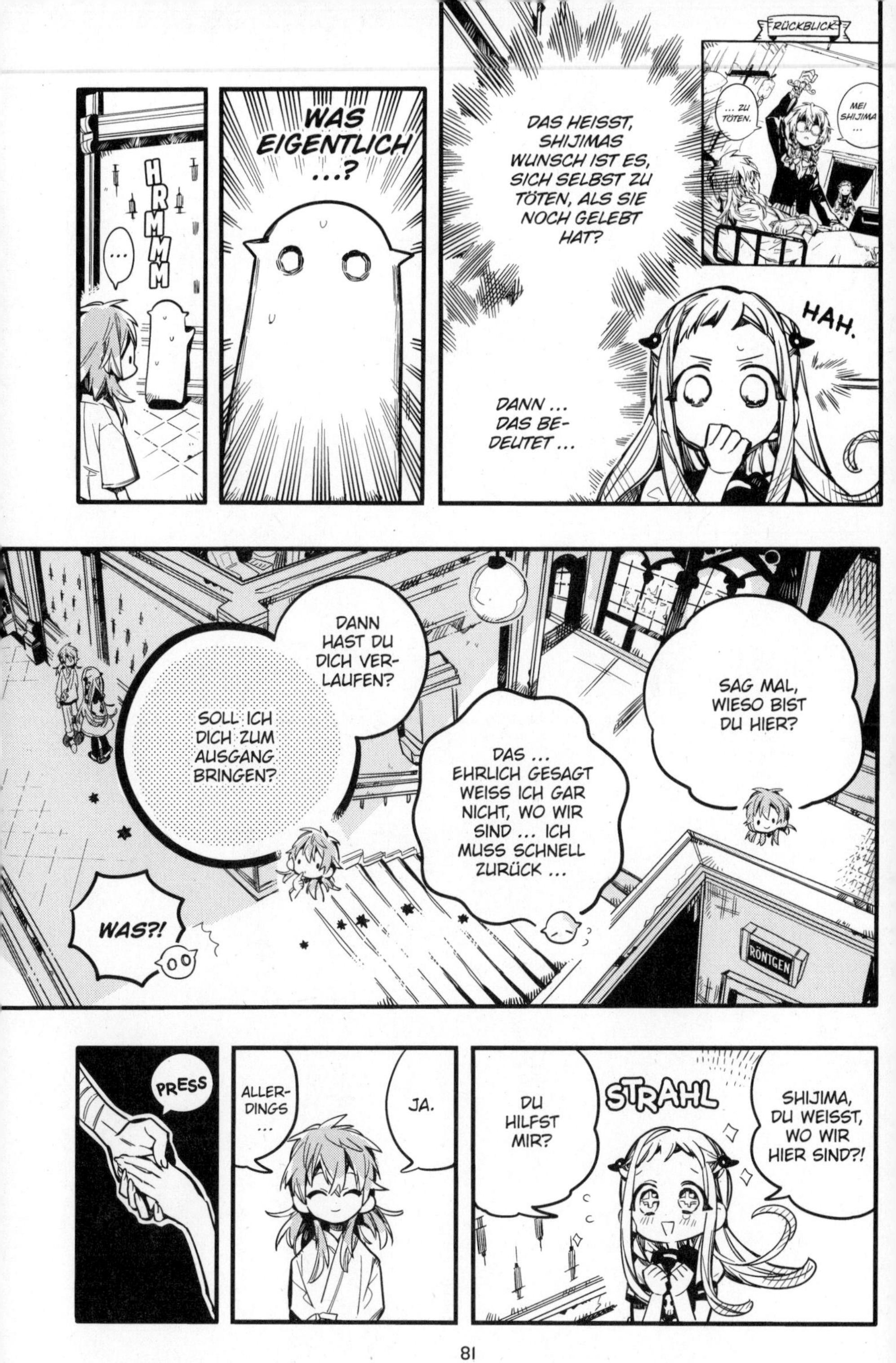

RÜCKBLICK
MEI SHIJIMA ...
... ZU TÖTEN.
DAS HEISST, SHIJIMAS WUNSCH IST ES, SICH SELBST ZU TÖTEN, ALS SIE NOCH GELEBT HAT?
HAH.
DANN ... DAS BE-DEUTET ...
WAS EIGENTLICH ...?
HRMMM
...
SAG MAL, WIESO BIST DU HIER?
DAS ... EHRLICH GESAGT WEISS ICH GAR NICHT, WO WIR SIND ... ICH MUSS SCHNELL ZURÜCK ...
DANN HAST DU DICH VER-LAUFEN?
SOLL ICH DICH ZUM AUSGANG BRINGEN?
WAS?!
RÖNTGEN
SHIJIMA, DU WEISST, WO WIR HIER SIND?!
STRAHL
DU HILFST MIR?
JA.
ALLER-DINGS ...
PRESS

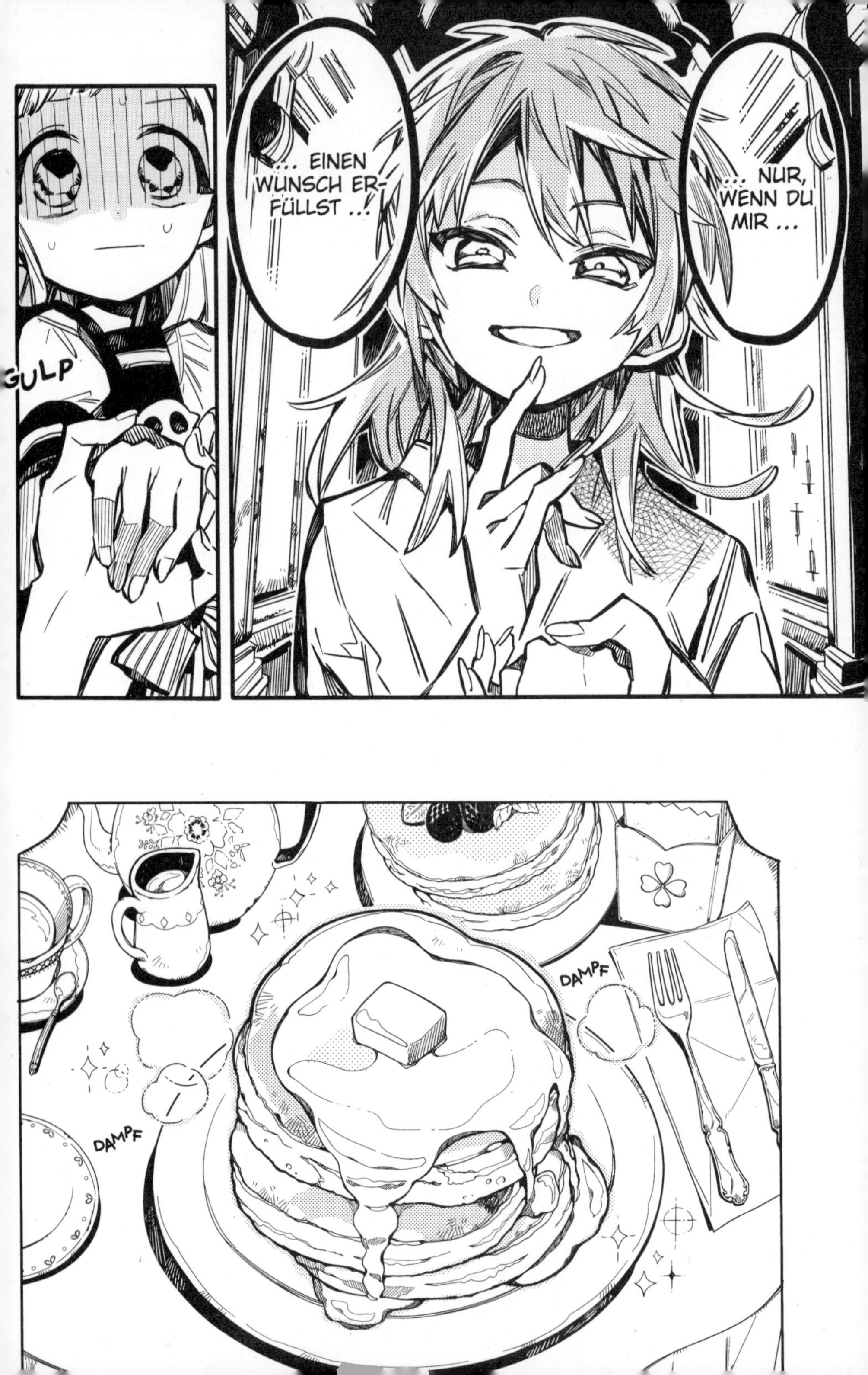

... NUR, WENN DU MIR ...
... EINEN WUNSCH ERFÜLLST ...!
GULP
DAMPF
DAMPF

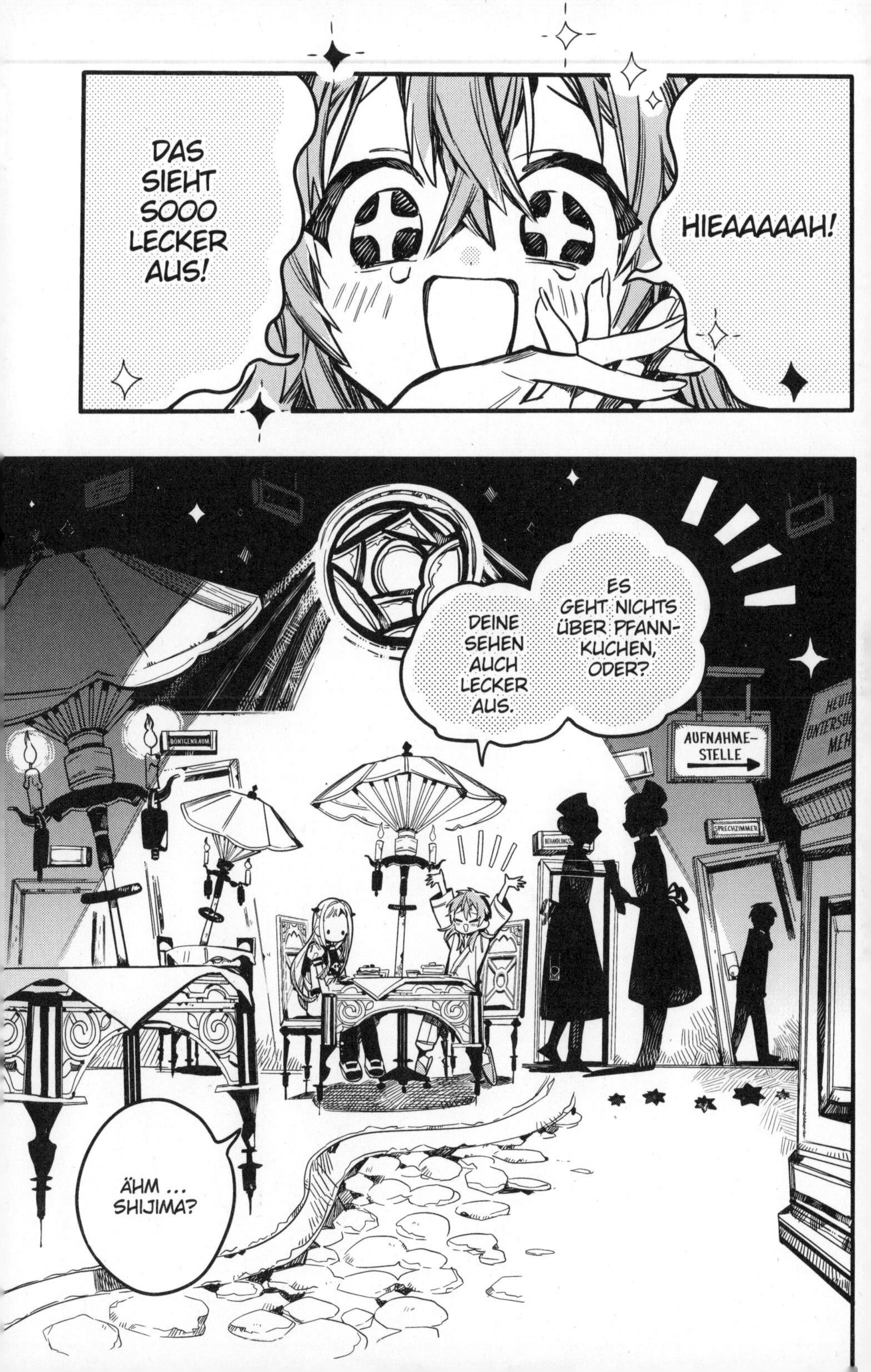
HIEAAAAAH!
DAS SIEHT SOOO LECKER AUS!
ES GEHT NICHTS ÜBER PFANN-KUCHEN, ODER?
DEINE SEHEN AUCH LECKER AUS.
AUFNAHME-STELLE
ÄHM ... SHIJIMA?

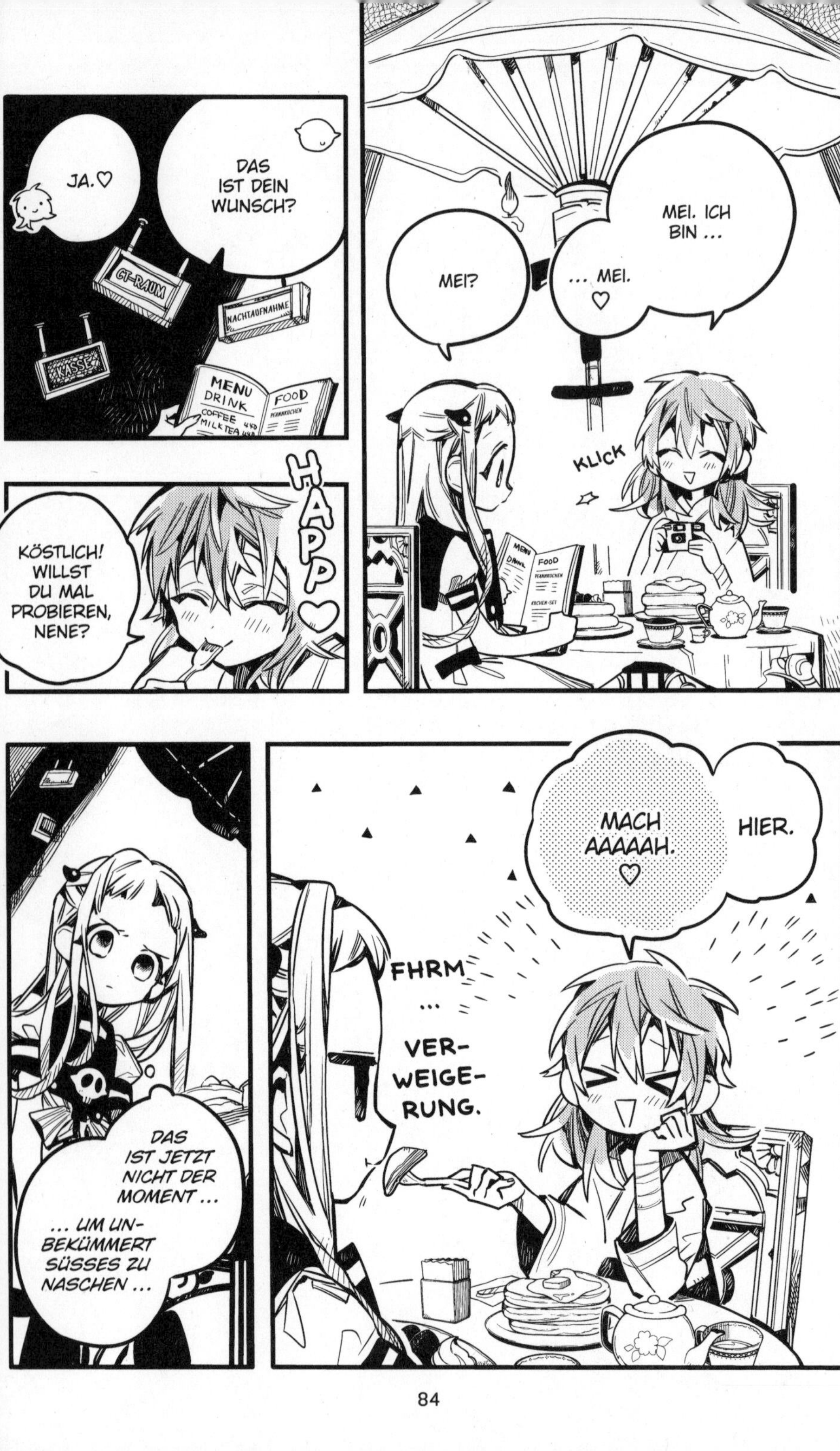
MEI. ICH BIN …
… MEI. ♡
MEI?
KLICK
DAS IST DEIN WUNSCH?
JA.♡
CT-RAUM
NACHTAUFNAHME
KASSE
MENU
DRINK
COFFEE
MILK TEA
FOOD
PFANNKUCHEN
HAPP♡
KÖSTLICH! WILLST DU MAL PROBIEREN, NENE?
HIER.
MACH AAAAAH. ♡
FHRM …
VER-WEIGE-RUNG.
DAS IST JETZT NICHT DER MOMENT …
… UM UN-BEKÜMMERT SÜSSES ZU NASCHEN …

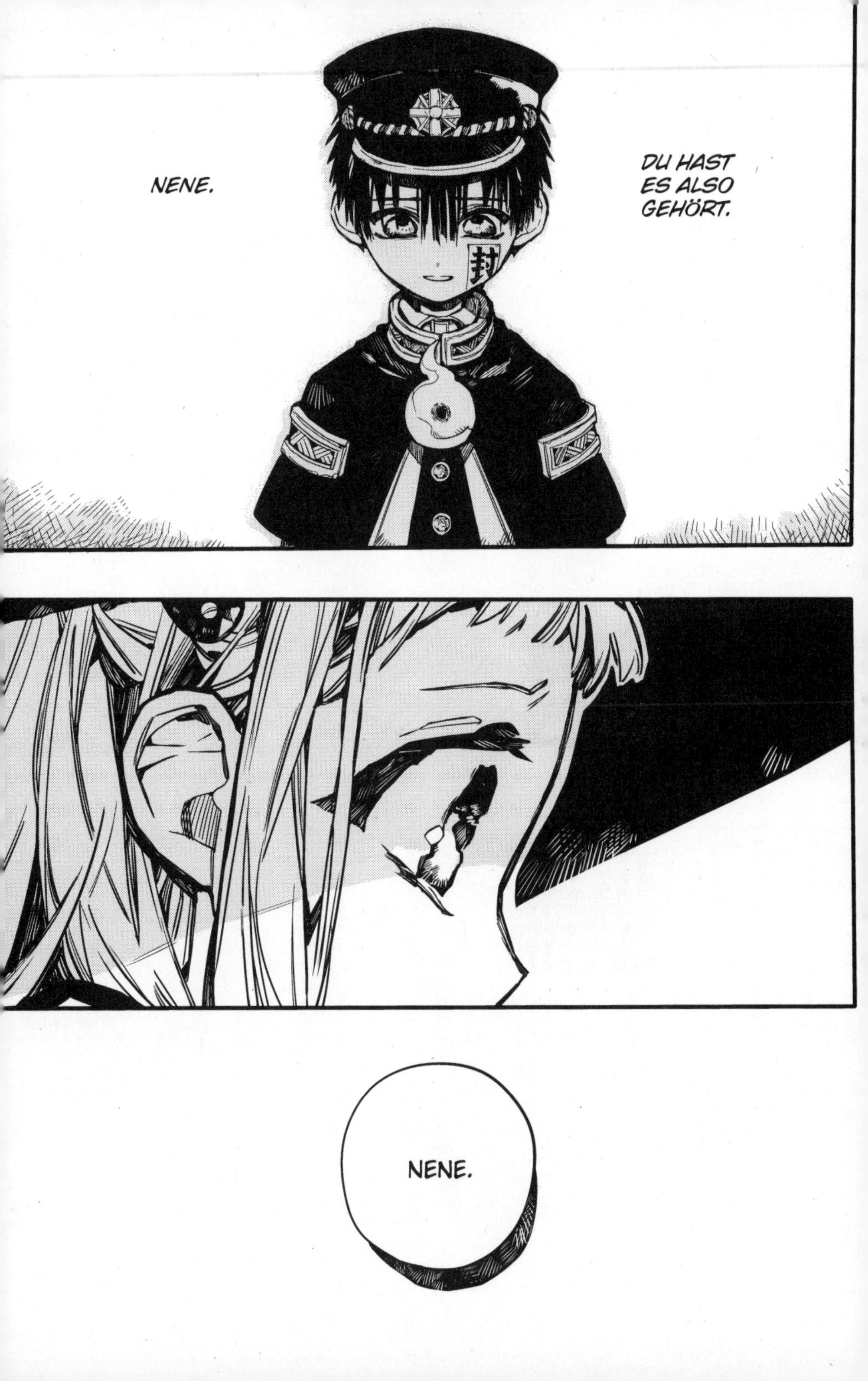
DU HAST ES ALSO GEHÖRT.
NENE.
NENE.

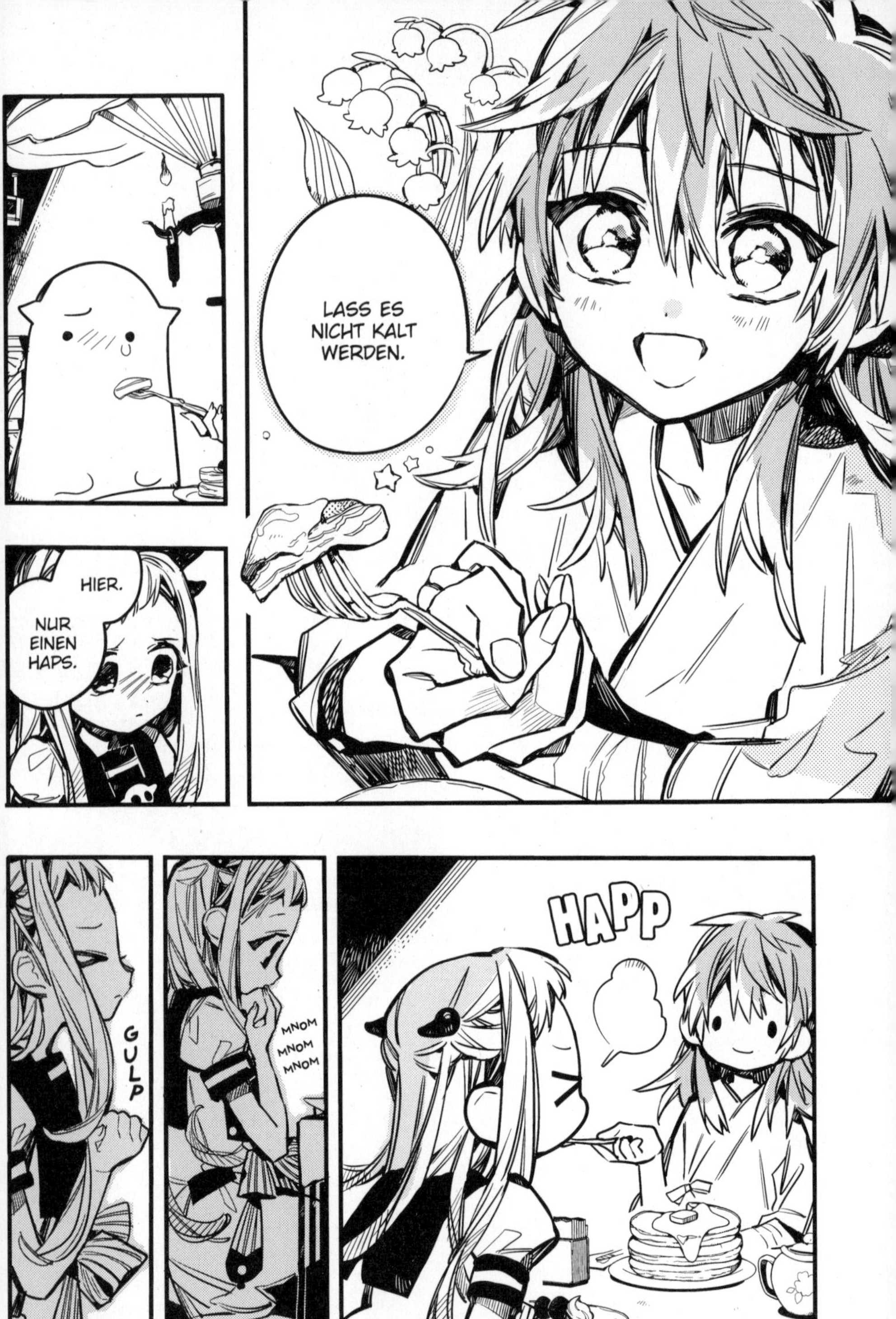
LASS ES NICHT KALT WERDEN.
HIER.
NUR EINEN HAPS.
HAPP
MNOM MNOM MNOM
GULP

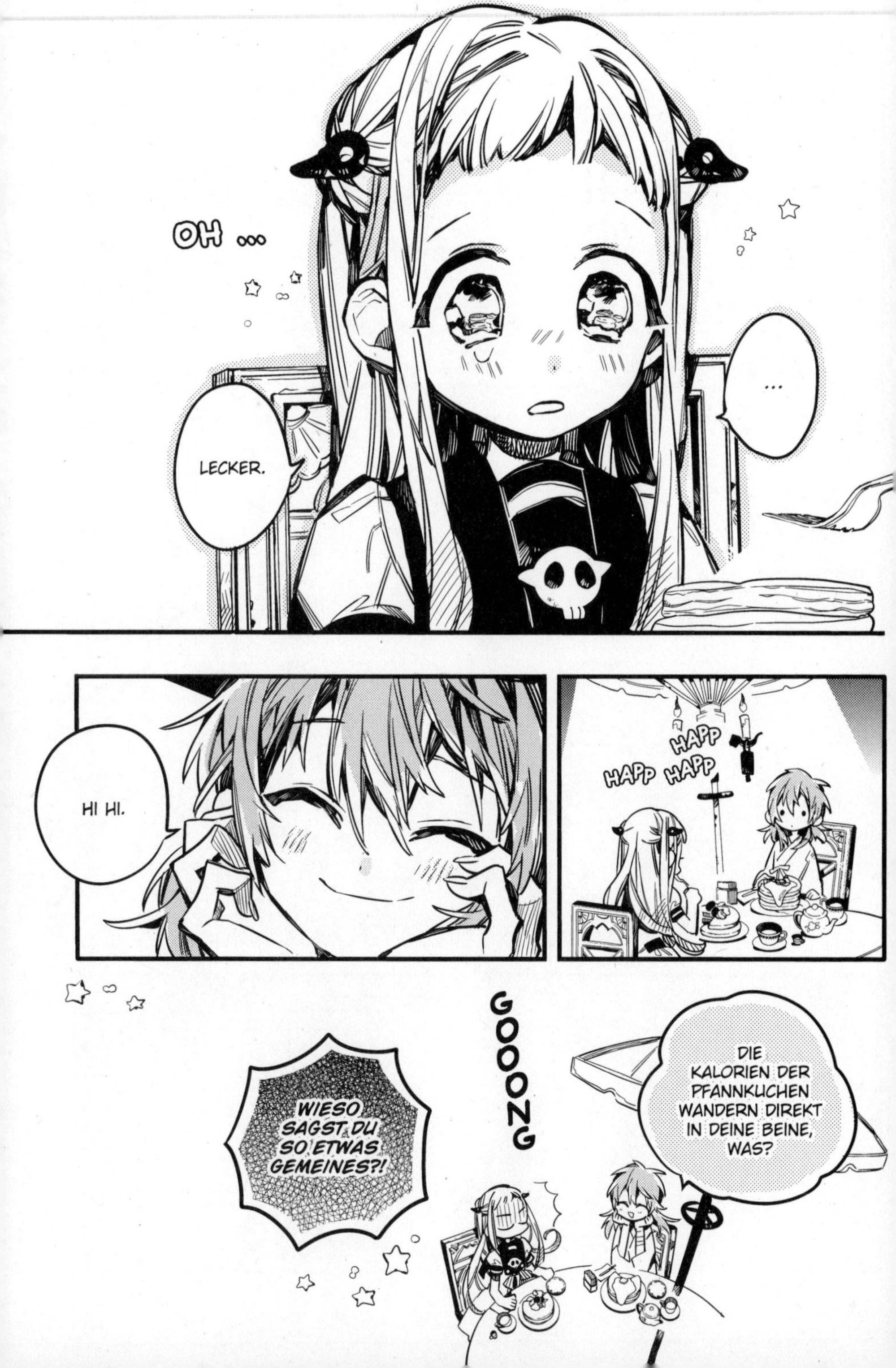
OH ...
...
LECKER.
HAPP HAPP HAPP
HI HI.
DIE KALORIEN DER PFANNKUCHEN WANDERN DIREKT IN DEINE BEINE, WAS?
GOOOONG
WIESO SAGST DU SO ETWAS GEMEINES?!

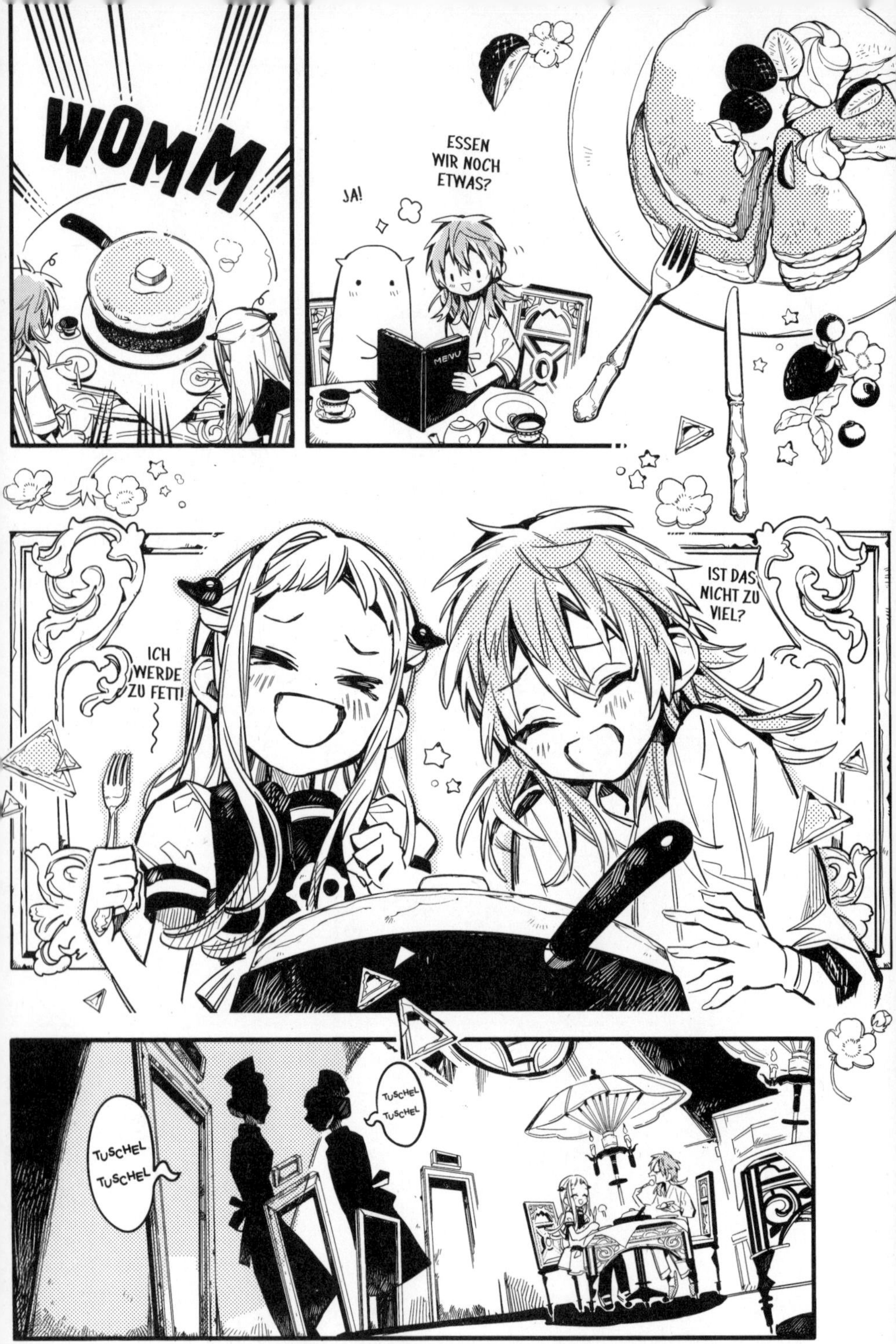
ESSEN WIR NOCH ETWAS?
JA!
MENU
WOMM
IST DAS NICHT ZU VIEL?
ICH WERDE ZU FETT!
TUSCHEL TUSCHEL
TUSCHEL TUSCHEL

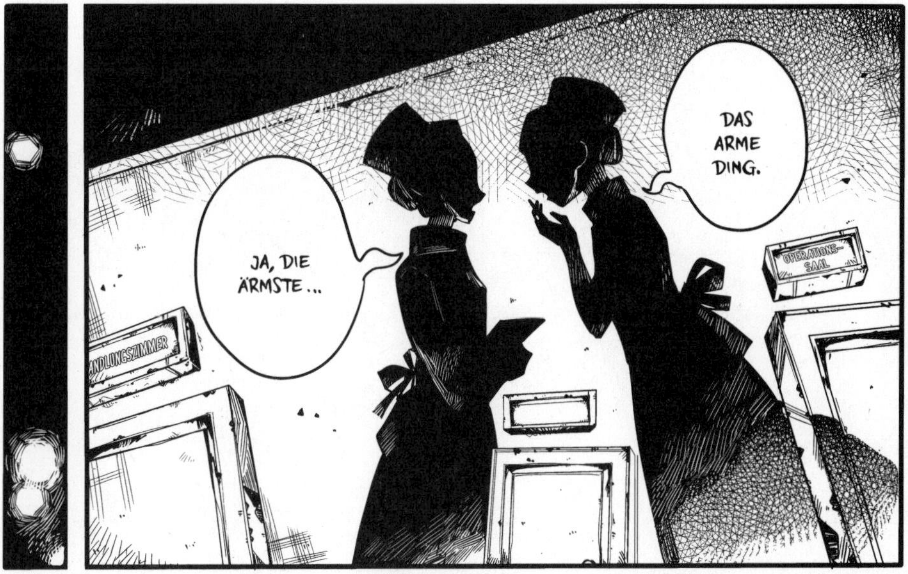
DAS ARME DING.
JA, DIE ÄRMSTE ...
OPERATIONS-SAAL
ANDLUNGSZIMMER

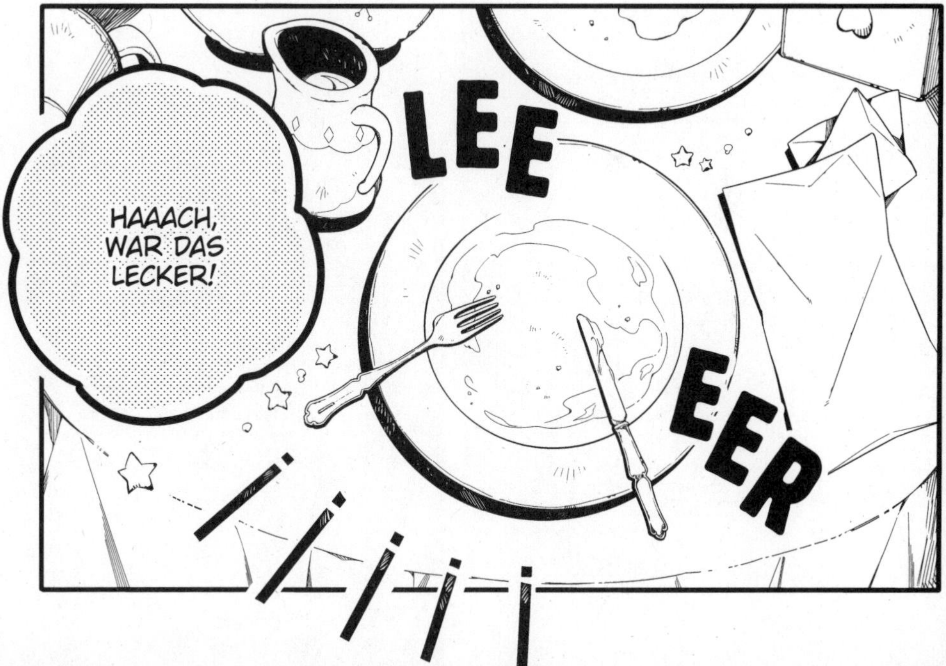
LEE EER
HAAACH, WAR DAS LECKER!

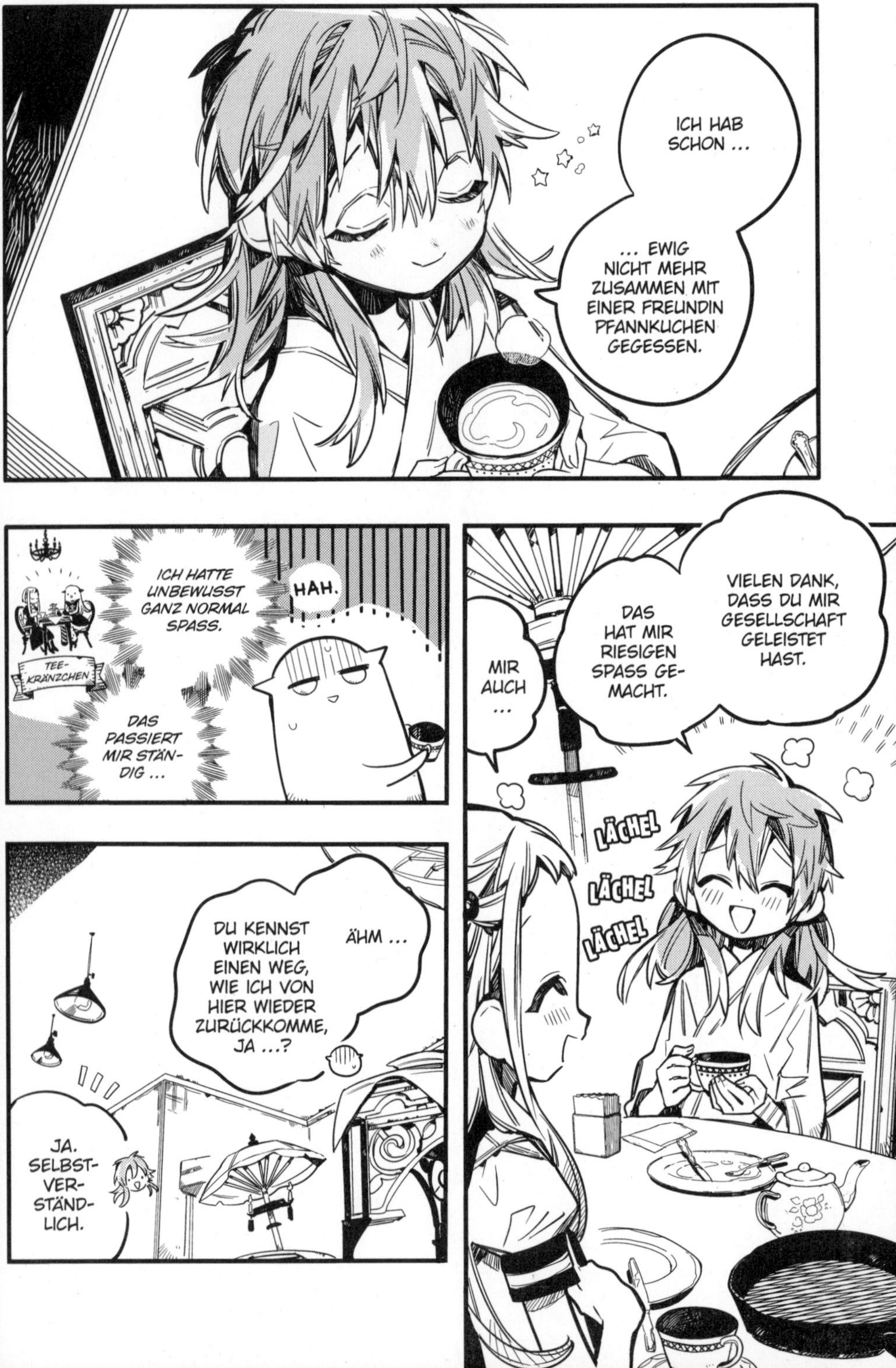
ICH HAB SCHON …
… EWIG NICHT MEHR ZUSAMMEN MIT EINER FREUNDIN PFANNKUCHEN GEGESSEN.
VIELEN DANK, DASS DU MIR GESELLSCHAFT GELEISTET HAST.
DAS HAT MIR RIESIGEN SPASS GEMACHT.
MIR AUCH …
LÄCHEL
LÄCHEL
LÄCHEL
HAH.
ICH HATTE UNBEWUSST GANZ NORMAL SPASS.
TEE-KRÄNZCHEN
DAS PASSIERT MIR STÄNDIG …
ÄHM …
DU KENNST WIRKLICH EINEN WEG, WIE ICH VON HIER WIEDER ZURÜCKKOMME, JA …?
JA. SELBSTVERSTÄNDLICH.

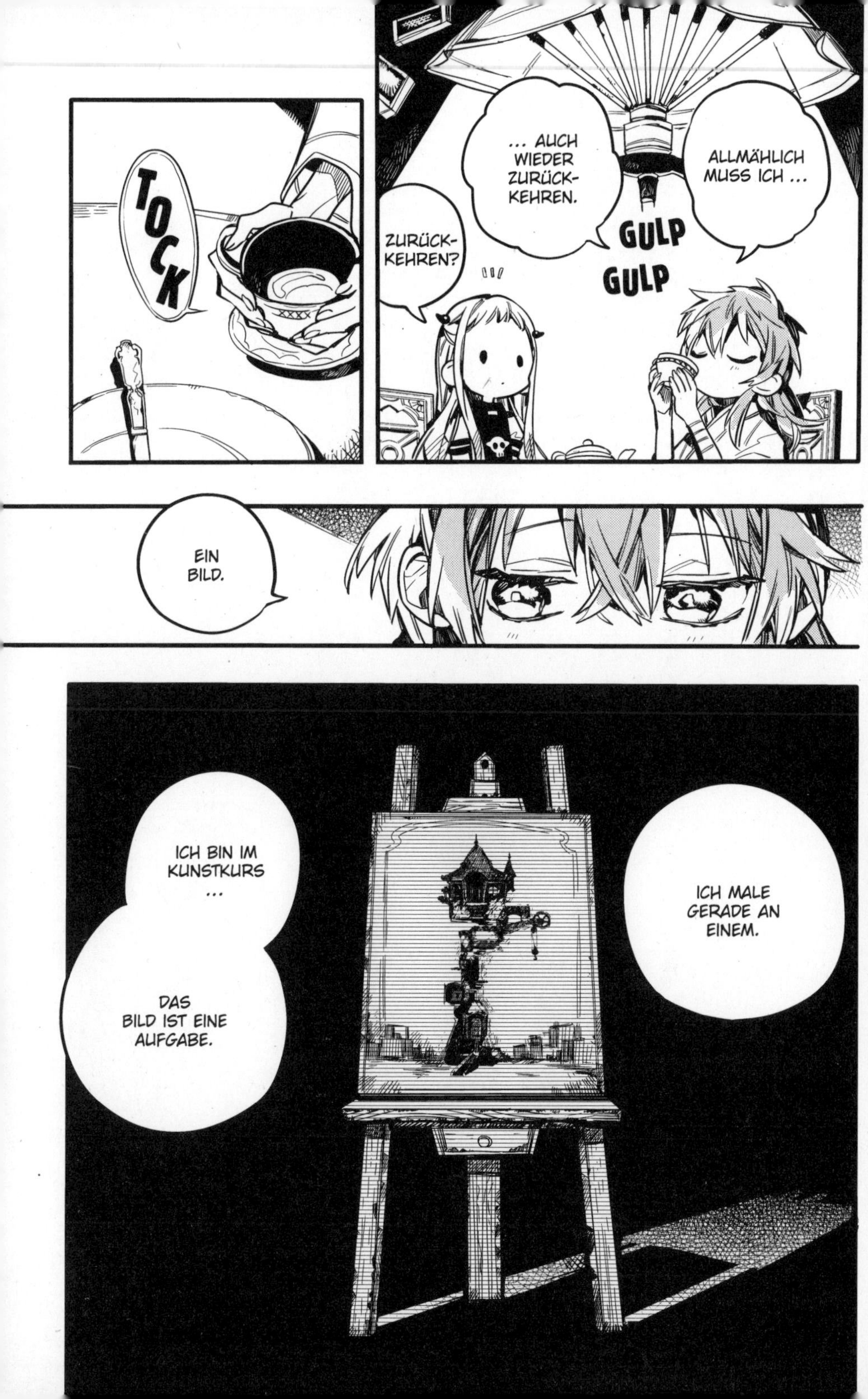
ALLMÄHLICH MUSS ICH …
GULP GULP
… AUCH WIEDER ZURÜCK-KEHREN.
ZURÜCK-KEHREN?
TOCK
EIN BILD.
ICH MALE GERADE AN EINEM.
ICH BIN IM KUNSTKURS …
DAS BILD IST EINE AUFGABE.

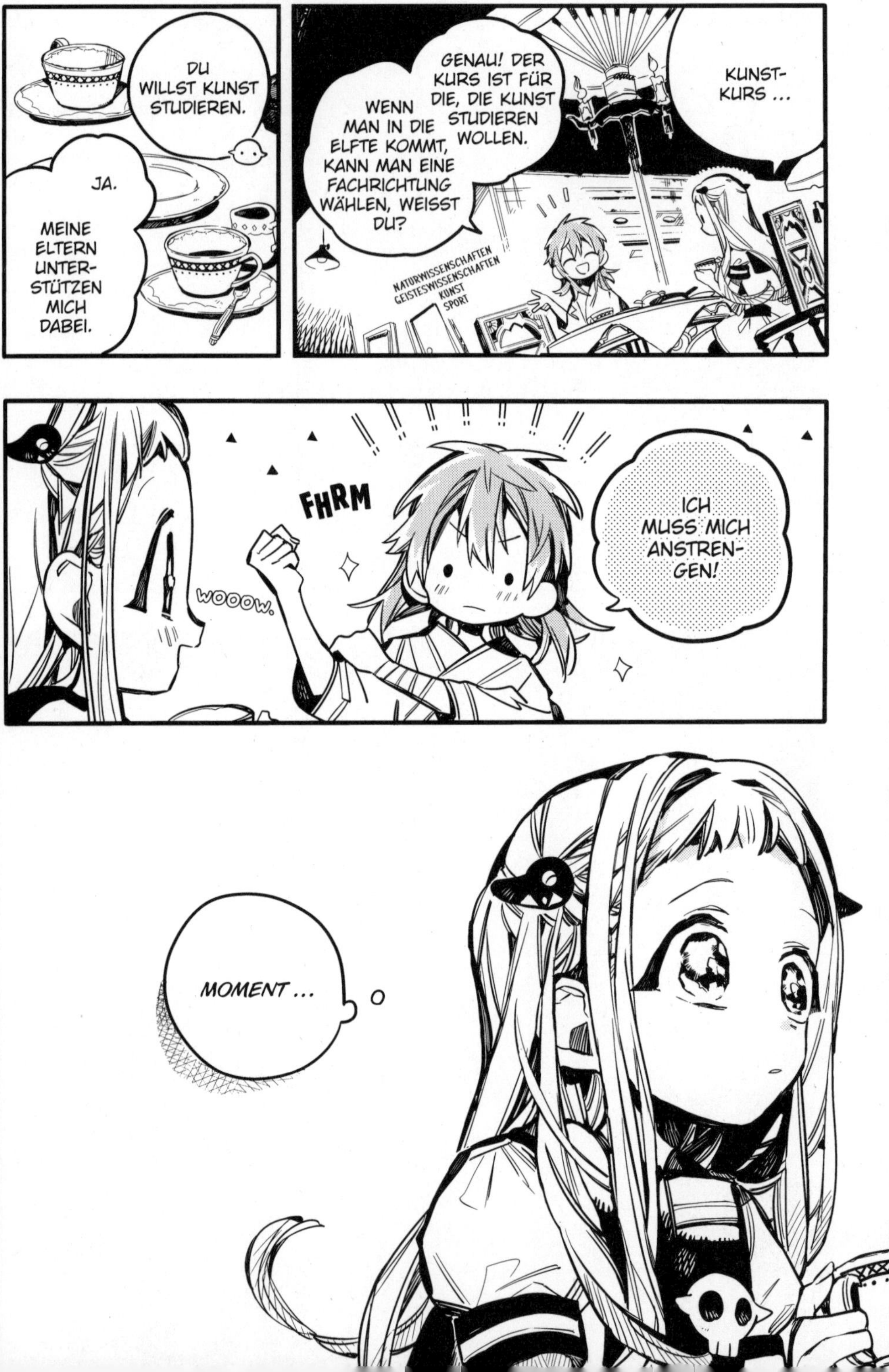
KUNST-KURS …
GENAU! DER KURS IST FÜR DIE, DIE KUNST STUDIEREN WOLLEN.
WENN MAN IN DIE ELFTE KOMMT, KANN MAN EINE FACHRICHTUNG WÄHLEN, WEISST DU?
NATURWISSENSCHAFTEN
GEISTESWISSENSCHAFTEN
KUNST
SPORT
DU WILLST KUNST STUDIEREN.
JA.
MEINE ELTERN UNTER-STÜTZEN MICH DABEI.
ICH MUSS MICH ANSTREN-GEN!
FHRM
WOOOW.
MOMENT …

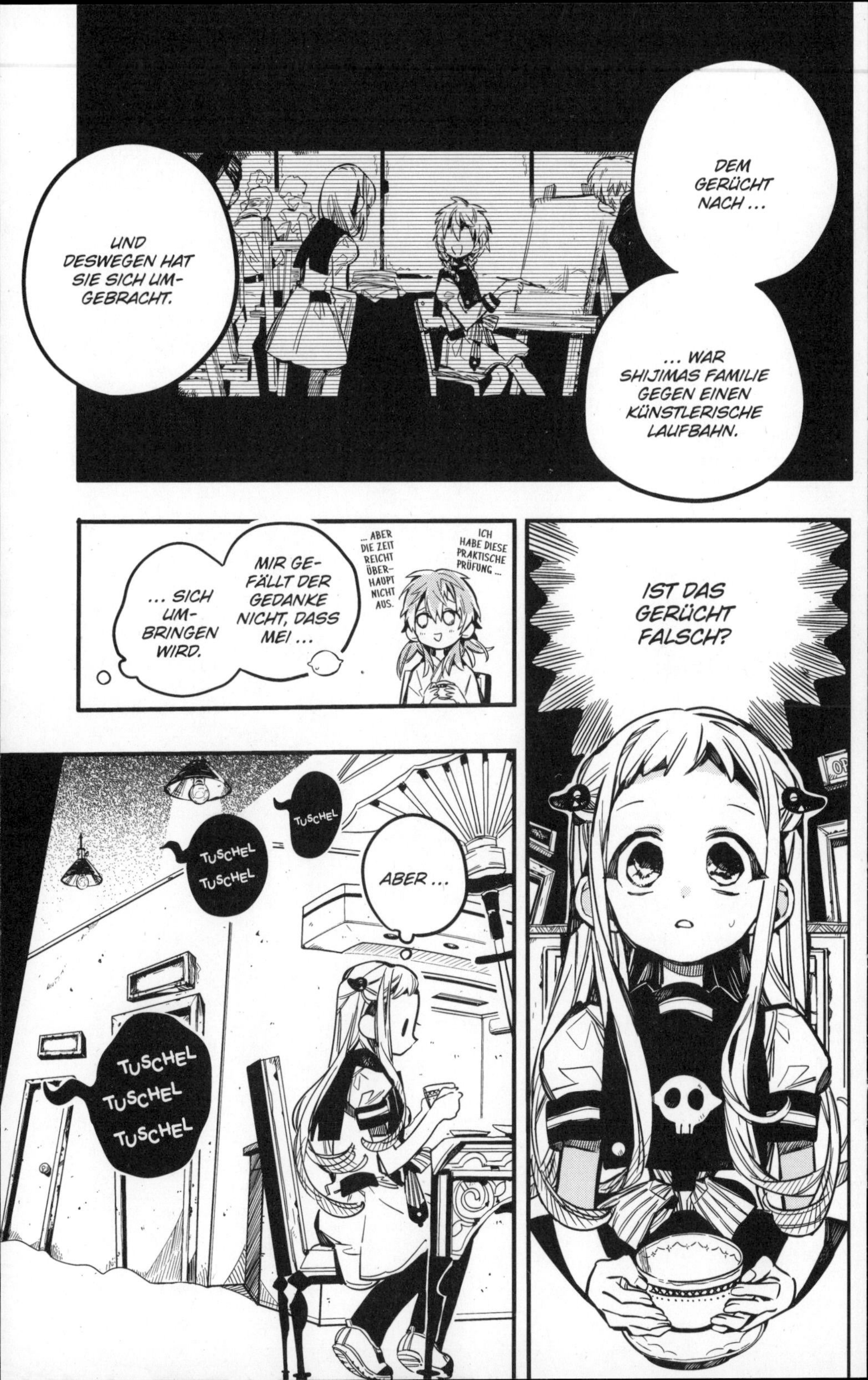

DEM GERÜCHT NACH …
… WAR SHIJIMAS FAMILIE GEGEN EINEN KÜNSTLERISCHE LAUFBAHN.
UND DESWEGEN HAT SIE SICH UM-GEBRACHT.
IST DAS GERÜCHT FALSCH?
ICH HABE DIESE PRAKTISCHE PRÜFUNG …
… ABER DIE ZEIT REICHT ÜBER-HAUPT NICHT AUS.
MIR GE-FÄLLT DER GEDANKE NICHT, DASS MEI …
… SICH UM-BRINGEN WIRD.
ABER …
TUSCHEL
TUSCHEL TUSCHEL
TUSCHEL TUSCHEL TUSCHEL

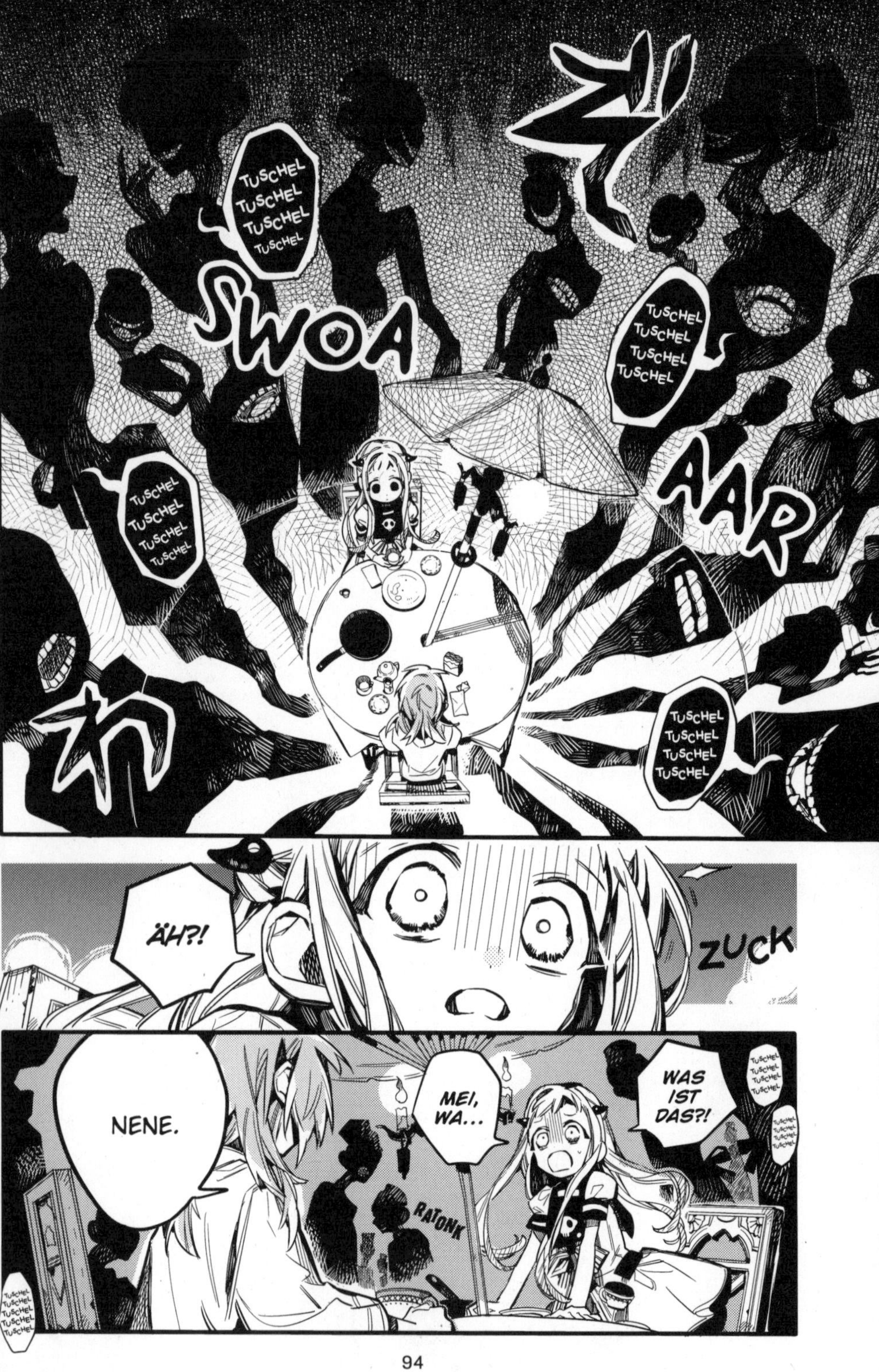
ズ
TUSCHEL TUSCHEL TUSCHEL TUSCHEL
AAR
TUSCHEL TUSCHEL TUSCHEL TUSCHEL
TUSCHEL TUSCHEL TUSCHEL TUSCHEL
SWOA
TUSCHEL TUSCHEL TUSCHEL TUSCHEL
わ
ZUCK
ÄH?!
TUSCHEL TUSCHEL TUSCHEL TUSCHEL
TUSCHEL TUSCHEL TUSCHEL TUSCHEL
WAS IST DAS?!
MEI, WA...
RATONK
NENE.
TUSCHEL TUSCHEL TUSCHEL TUSCHEL TUSCHEL

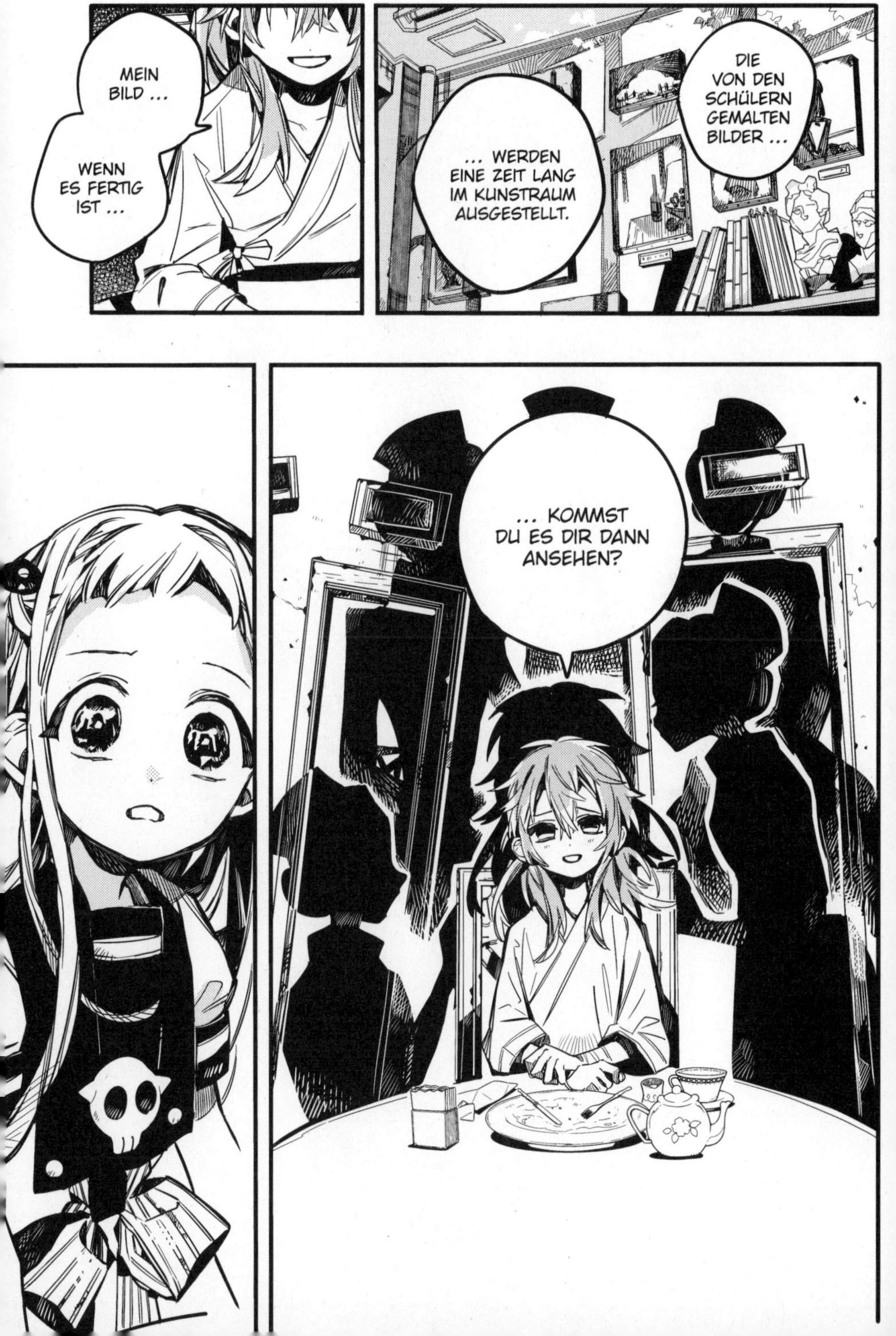
DIE VON DEN SCHÜLERN GEMALTEN BILDER …
… WERDEN EINE ZEIT LANG IM KUNSTRAUM AUSGESTELLT.
MEIN BILD …
WENN ES FERTIG IST …
… KOMMST DU ES DIR DANN ANSEHEN?

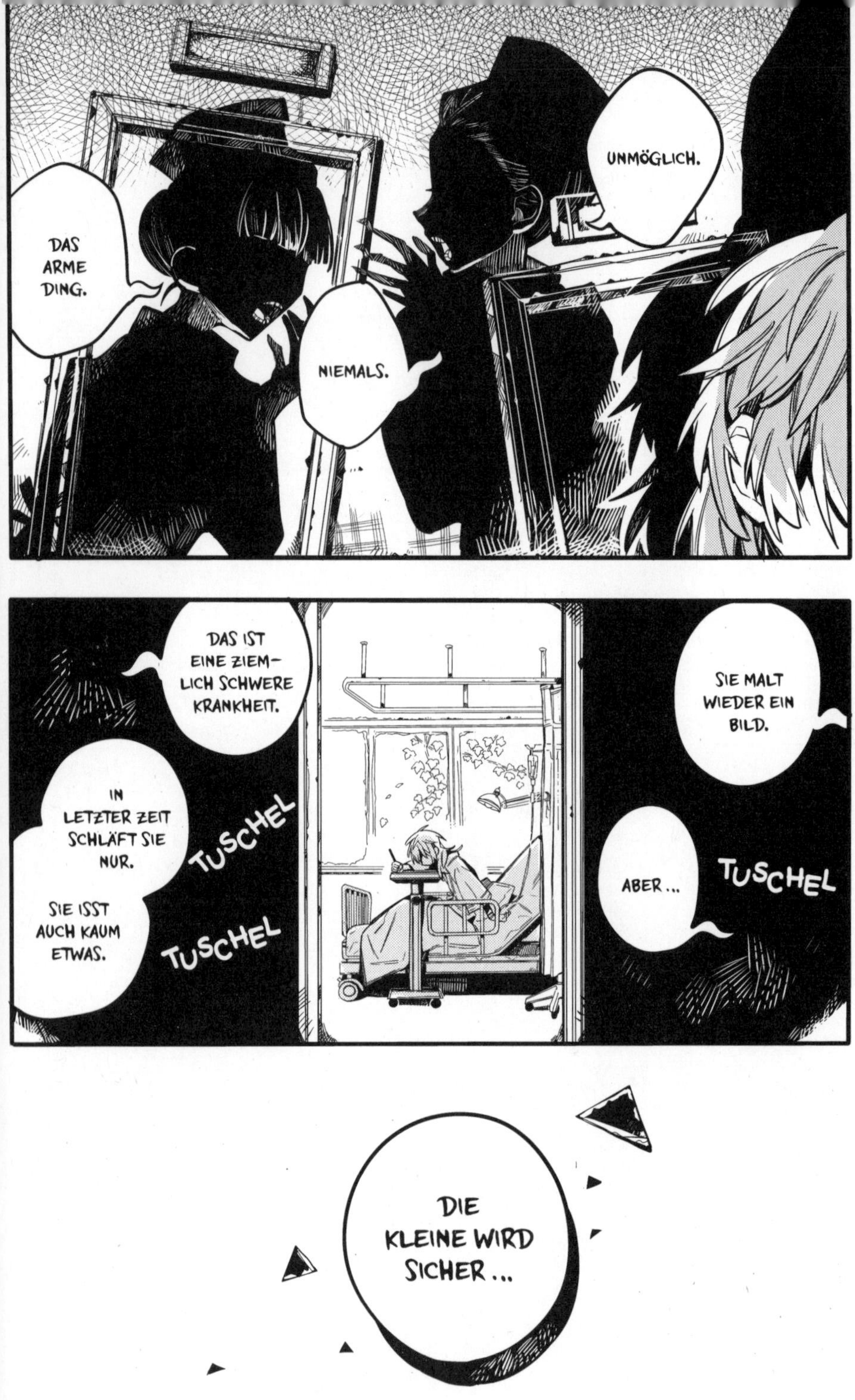
UNMÖGLICH.
NIEMALS.
DAS ARME DING.
SIE MALT WIEDER EIN BILD.
ABER ...
TUSCHEL
DAS IST EINE ZIEM-LICH SCHWERE KRANKHEIT.
IN LETZTER ZEIT SCHLÄFT SIE NUR.
TUSCHEL
SIE ISST AUCH KAUM ETWAS.
TUSCHEL
DIE KLEINE WIRD SICHER ...

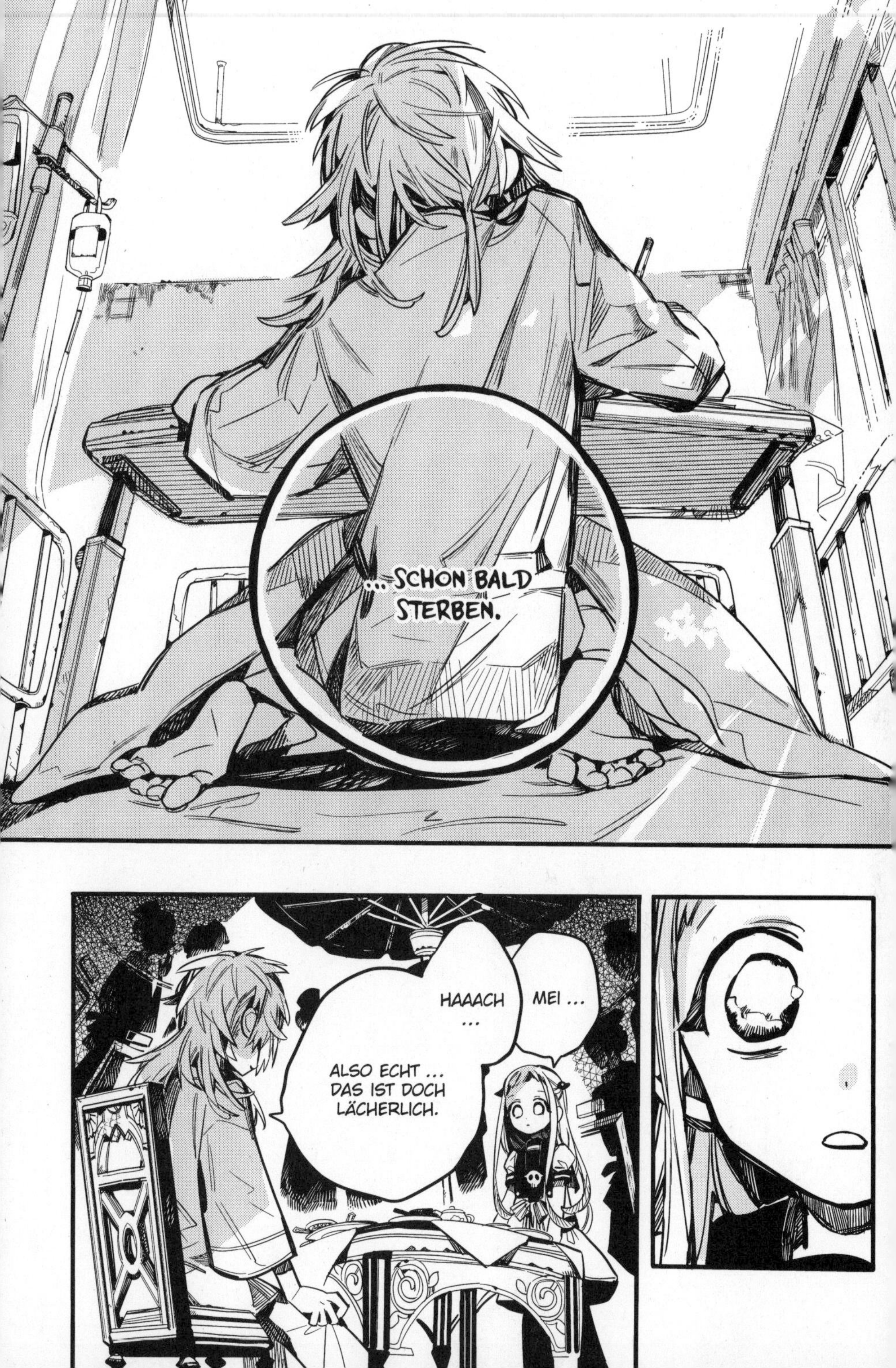
... SCHON BALD STERBEN.
HAAACH ...
MEI ...
ALSO ECHT ... DAS IST DOCH LÄCHERLICH.

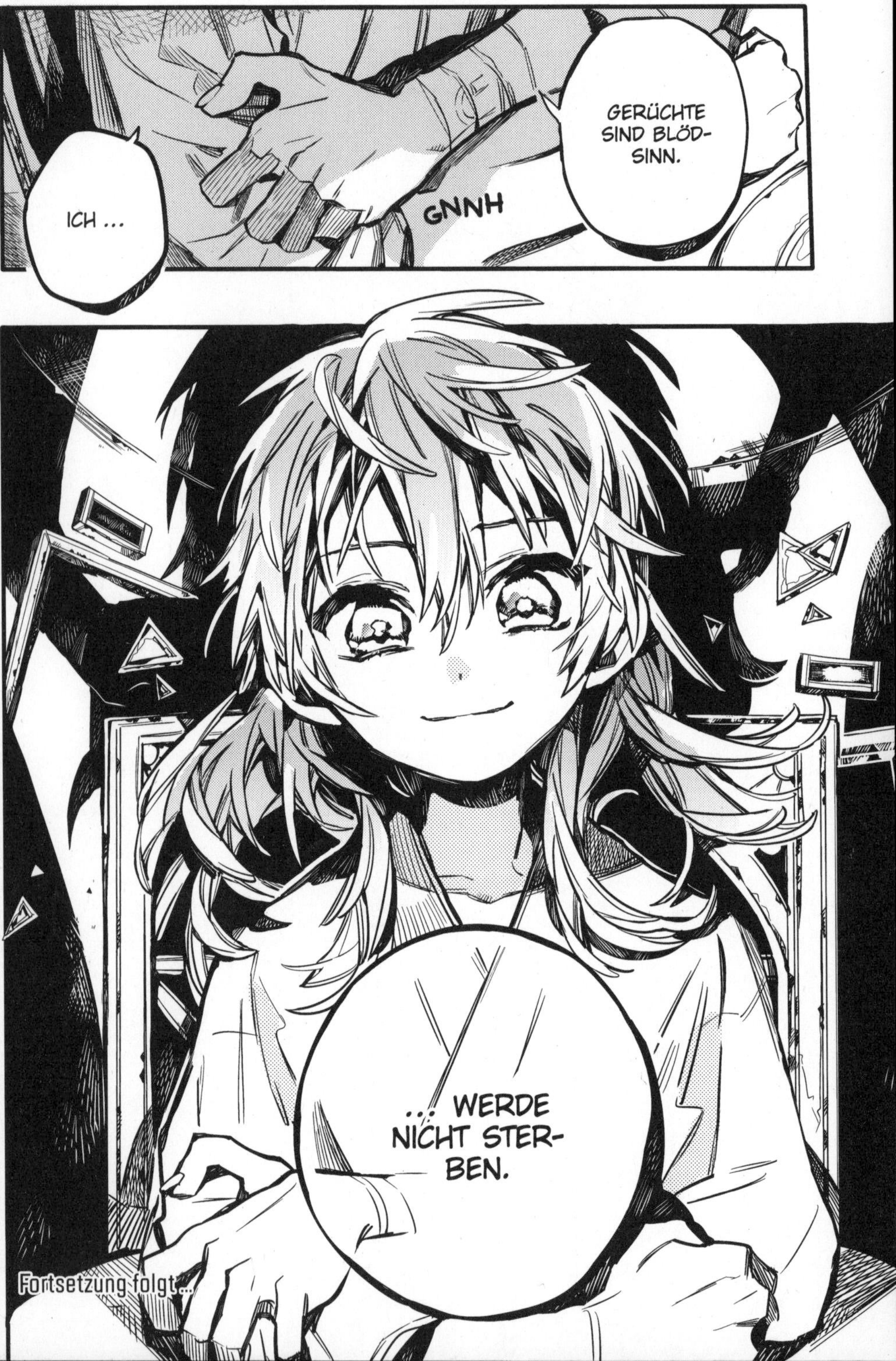
GERÜCHTE SIND BLÖD-SINN.
GNNH
ICH …
… WERDE NICHT STER-BEN.
Fortsetzung folgt …

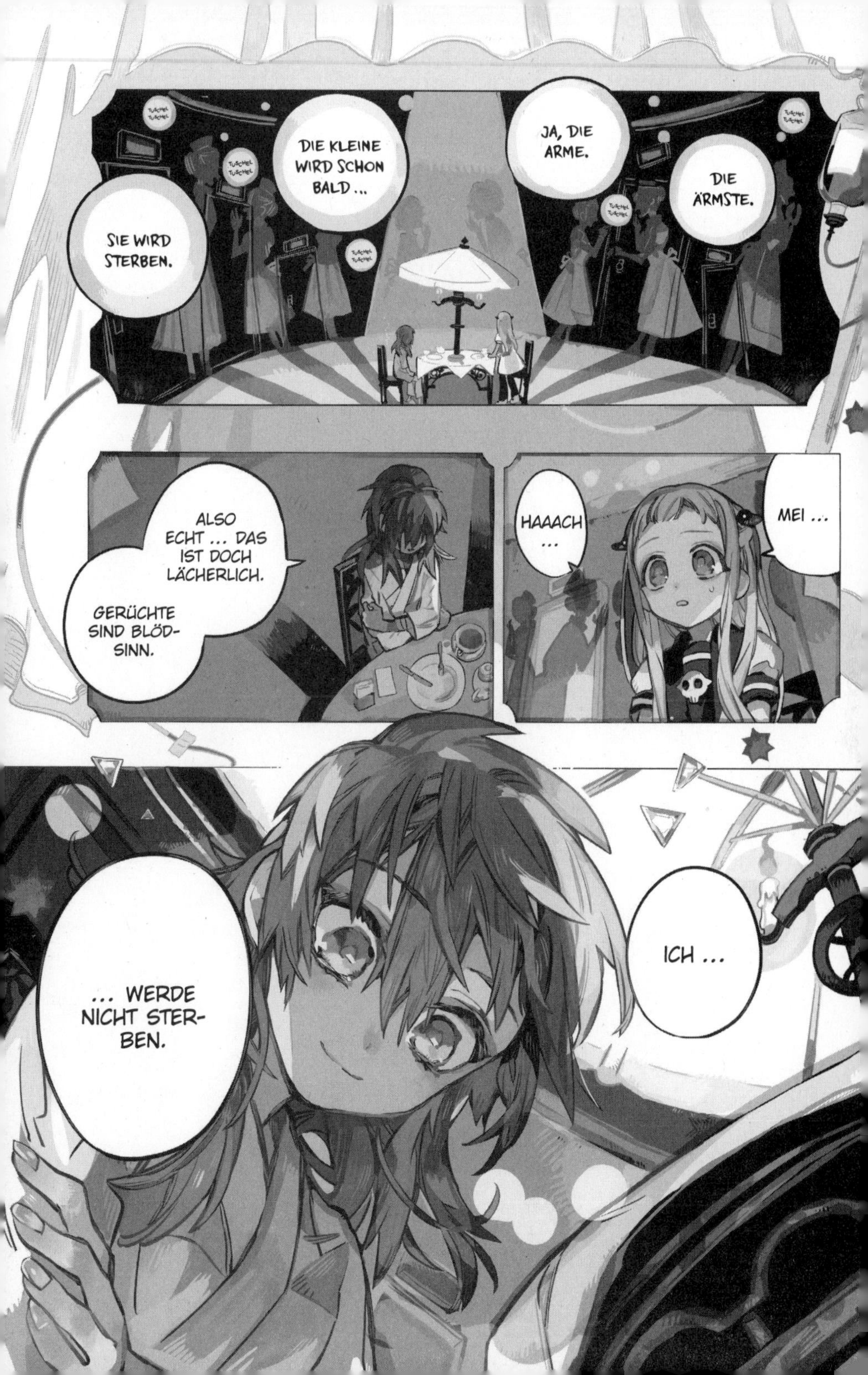
TUSCHEL TUSCHEL
DIE ÄRMSTE.
TUSCHEL TUSCHEL
JA, DIE ARME.
DIE KLEINE WIRD SCHON BALD ...
TUSCHEL TUSCHEL
TUSCHEL TUSCHEL
TUSCHEL TUSCHEL
SIE WIRD STERBEN.
MEI ...
HAAACH ...
ALSO ECHT ... DAS IST DOCH LÄCHERLICH.
GERÜCHTE SIND BLÖD-SINN.
ICH ...
... WERDE NICHT STER-BEN.

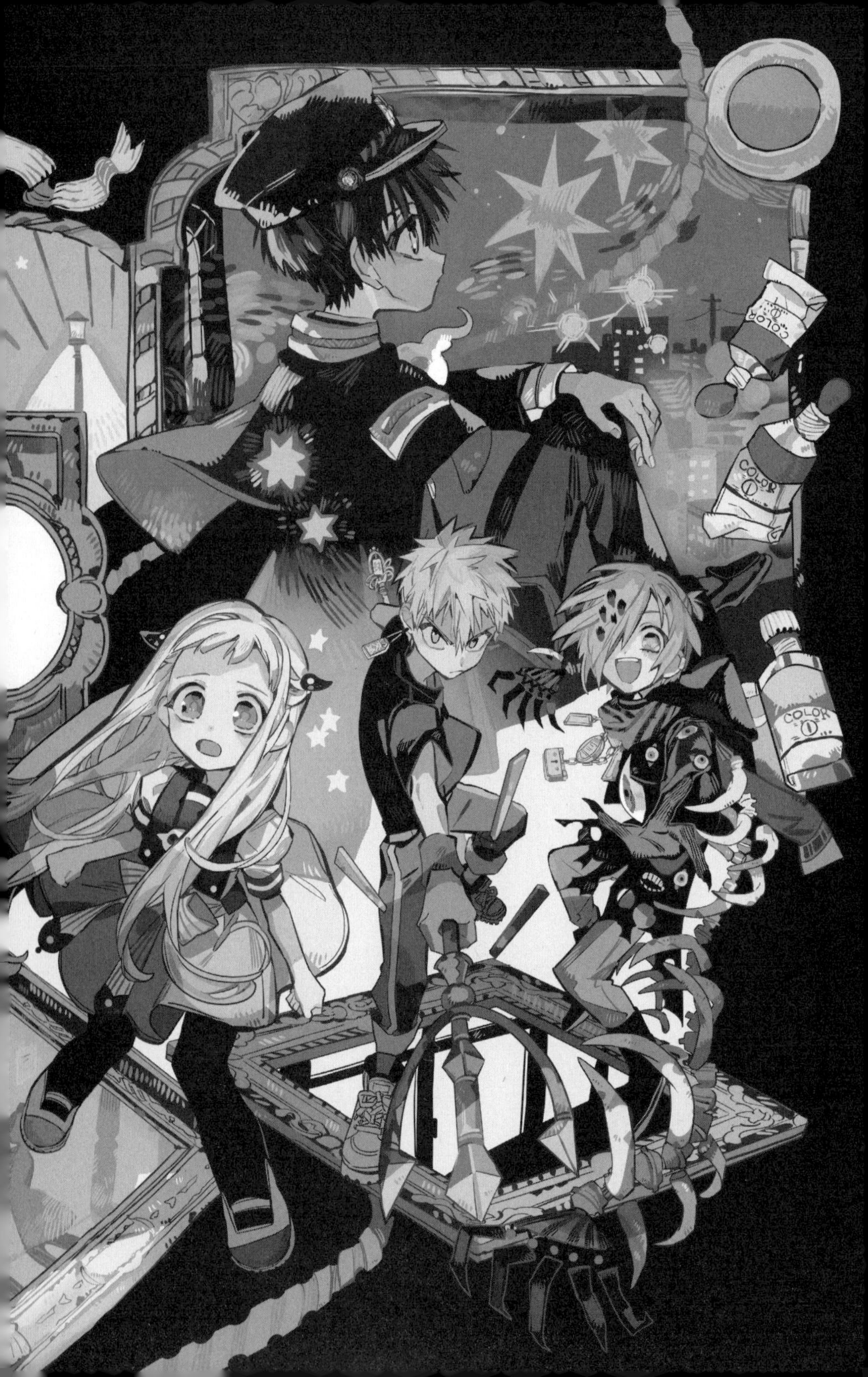
COLOR
COLOR
COLOR
COLOR

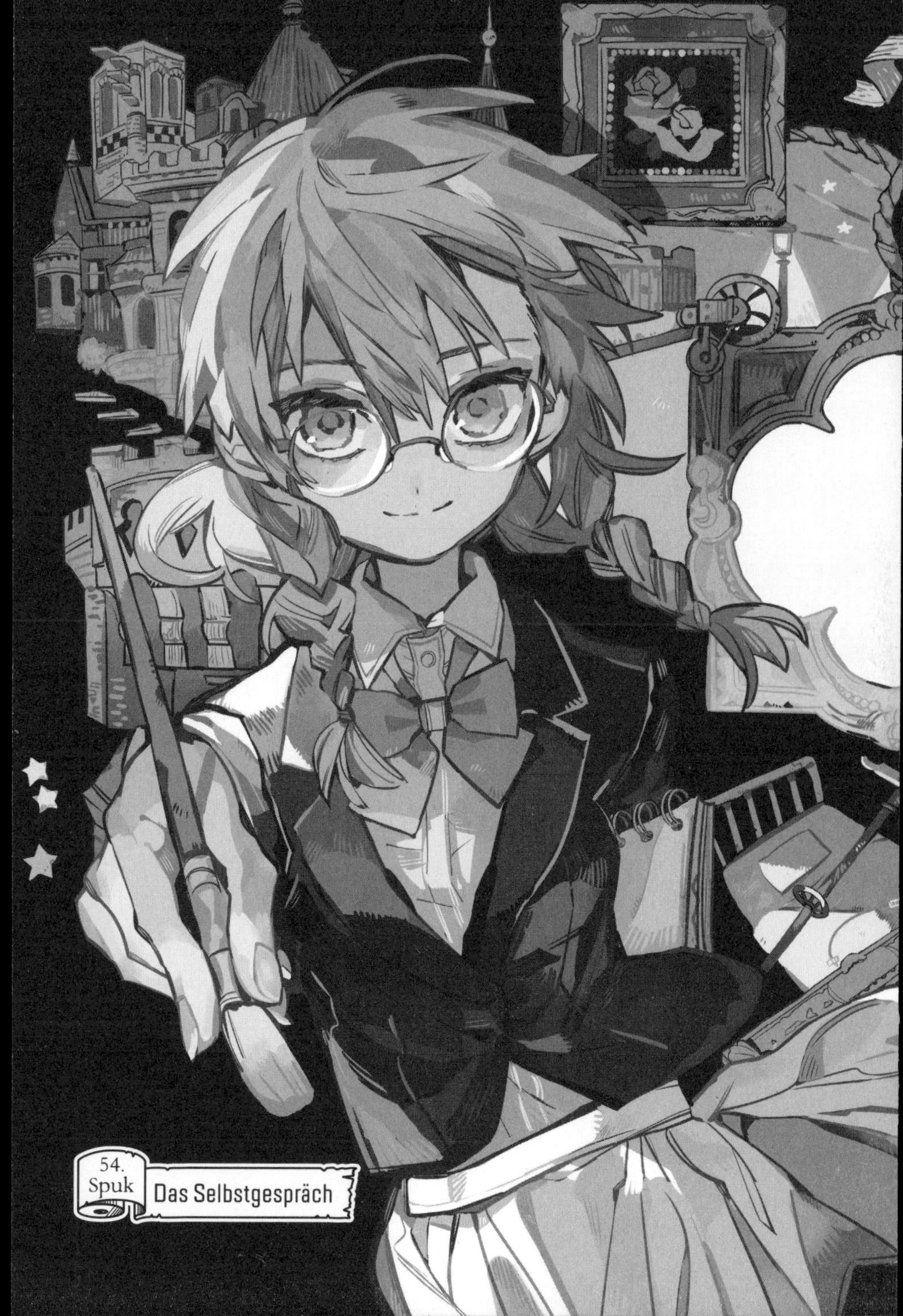
54.
Spuk
Das Selbstgespräch

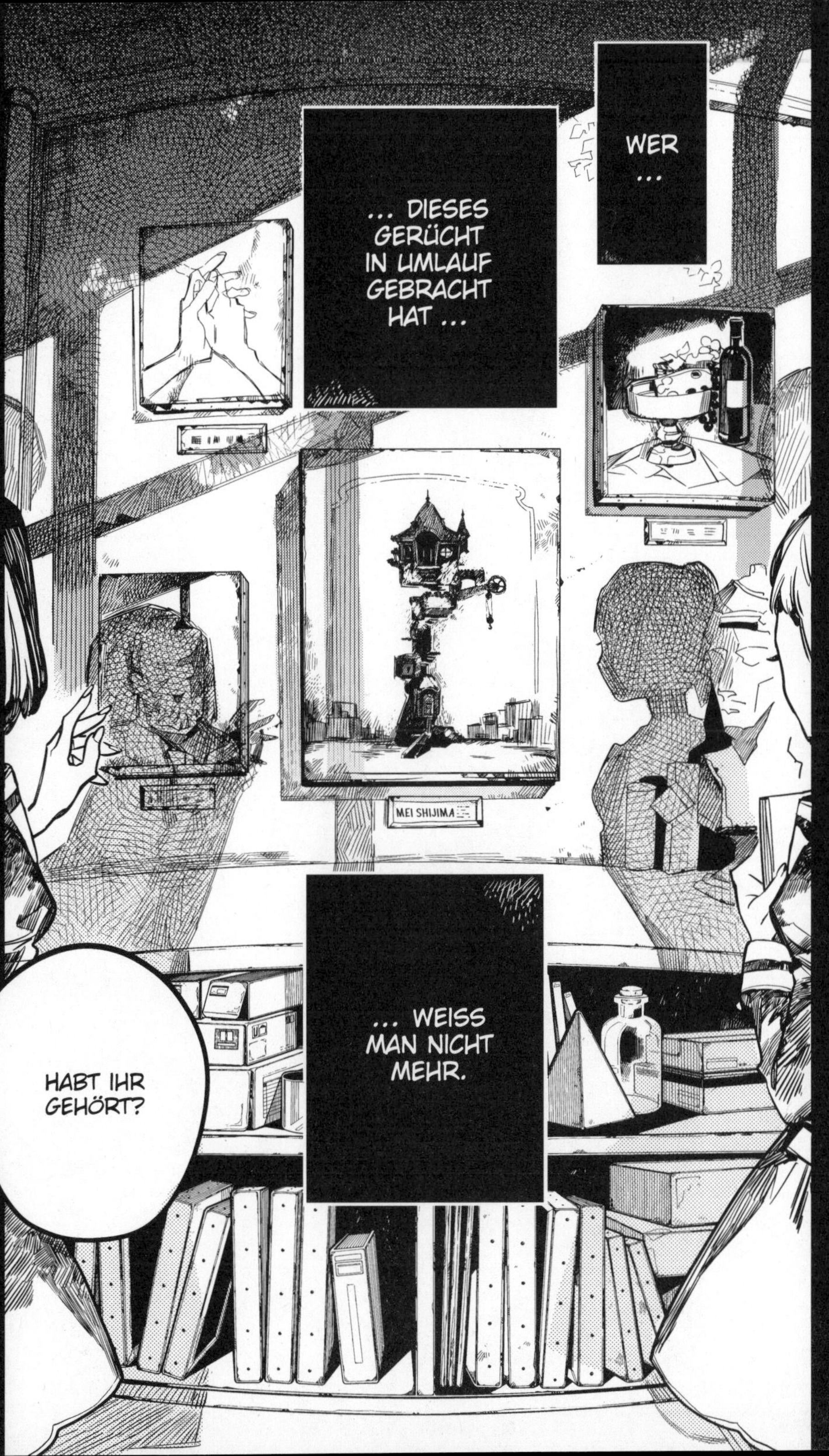
WER ...
... DIESES GERÜCHT IN UMLAUF GEBRACHT HAT ...
MEI SHIJIMA
... WEISS MAN NICHT MEHR.
HABT IHR GEHÖRT?

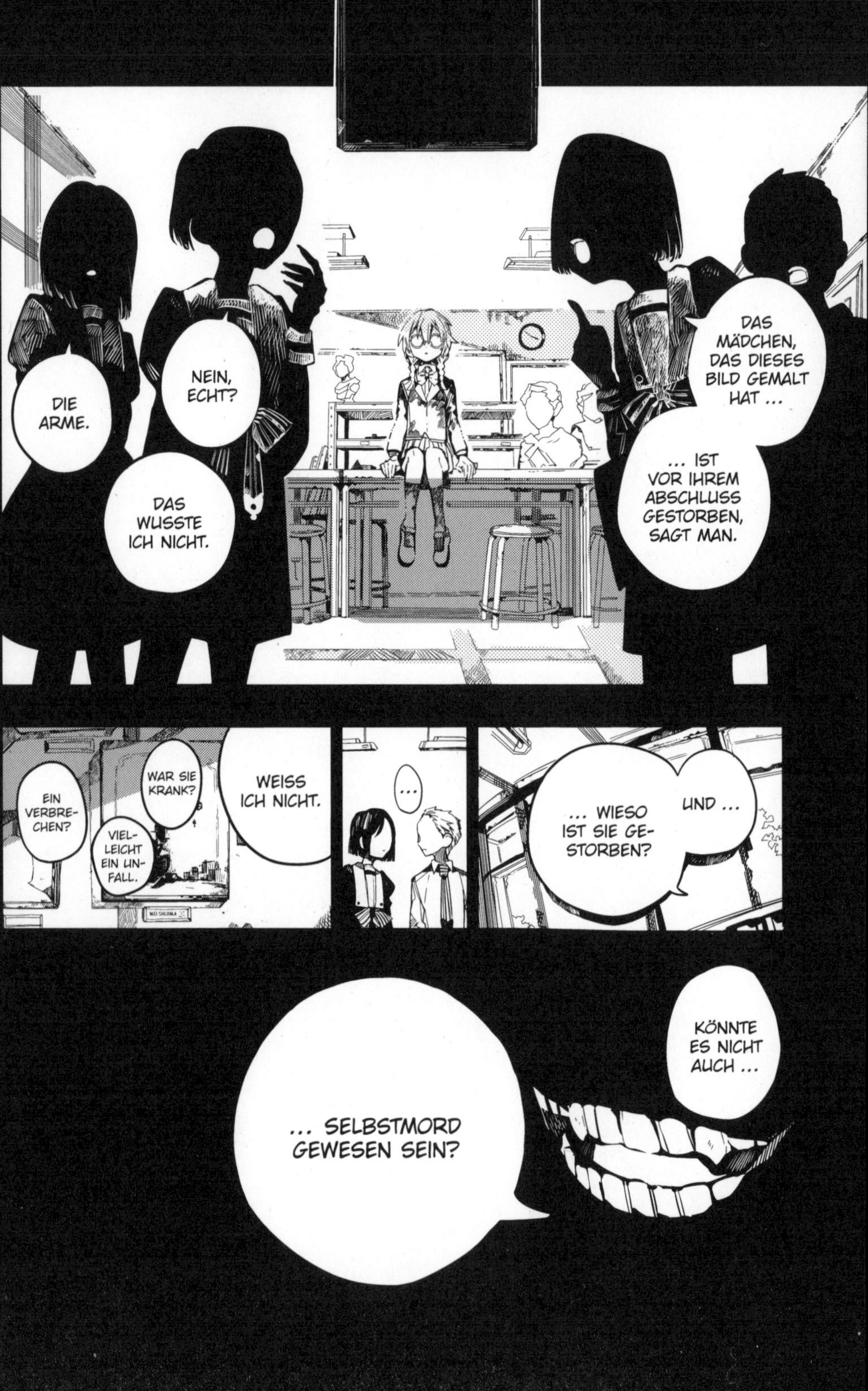
DAS MÄDCHEN, DAS DIESES BILD GEMALT HAT …
… IST VOR IHREM ABSCHLUSS GESTORBEN, SAGT MAN.
NEIN, ECHT?
DIE ARME.
DAS WUSSTE ICH NICHT.
UND …
… WIESO IST SIE GE-STORBEN?
…
WEISS ICH NICHT.
WAR SIE KRANK?
EIN VERBRE-CHEN?
VIEL-LEICHT EIN UN-FALL.
KÖNNTE ES NICHT AUCH …
… SELBSTMORD GEWESEN SEIN?

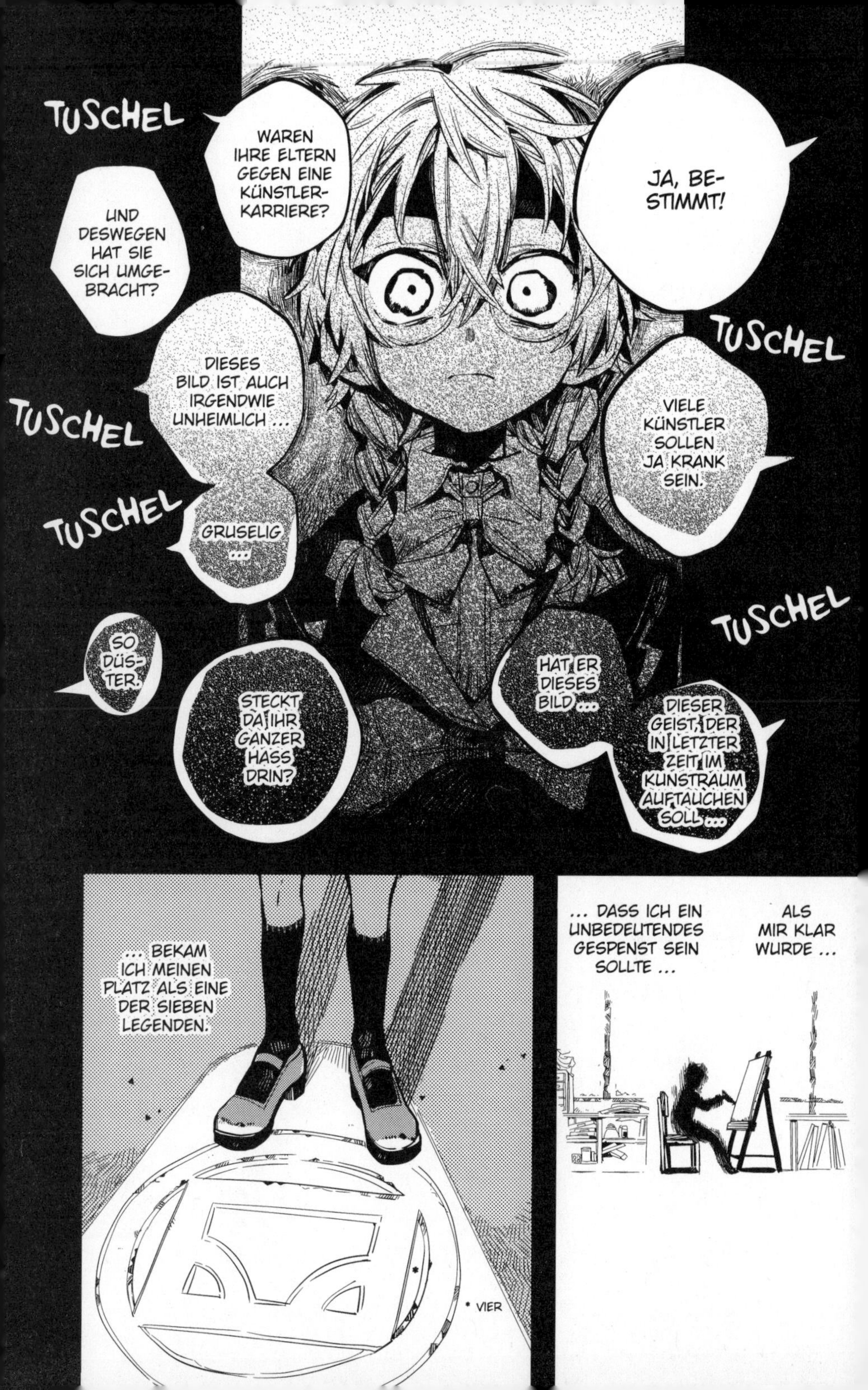

JA, BESTIMMT!
WAREN IHRE ELTERN GEGEN EINE KÜNSTLERKARRIERE?
TUSCHEL
UND DESWEGEN HAT SIE SICH UMGEBRACHT?
TUSCHEL
VIELE KÜNSTLER SOLLEN JA KRANK SEIN.
DIESES BILD IST AUCH IRGENDWIE UNHEIMLICH …
TUSCHEL
TUSCHEL
GRUSELIG …
TUSCHEL
DIESER GEIST, DER IN LETZTER ZEIT IM KUNSTRAUM AUFTAUCHEN SOLL …
HAT ER DIESES BILD …
STECKT DA IHR GANZER HASS DRIN?
SO DÜSTER.
ALS MIR KLAR WURDE …
… DASS ICH EIN UNBEDEUTENDES GESPENST SEIN SOLLTE …
… BEKAM ICH MEINEN PLATZ ALS EINE DER SIEBEN LEGENDEN.
* VIER

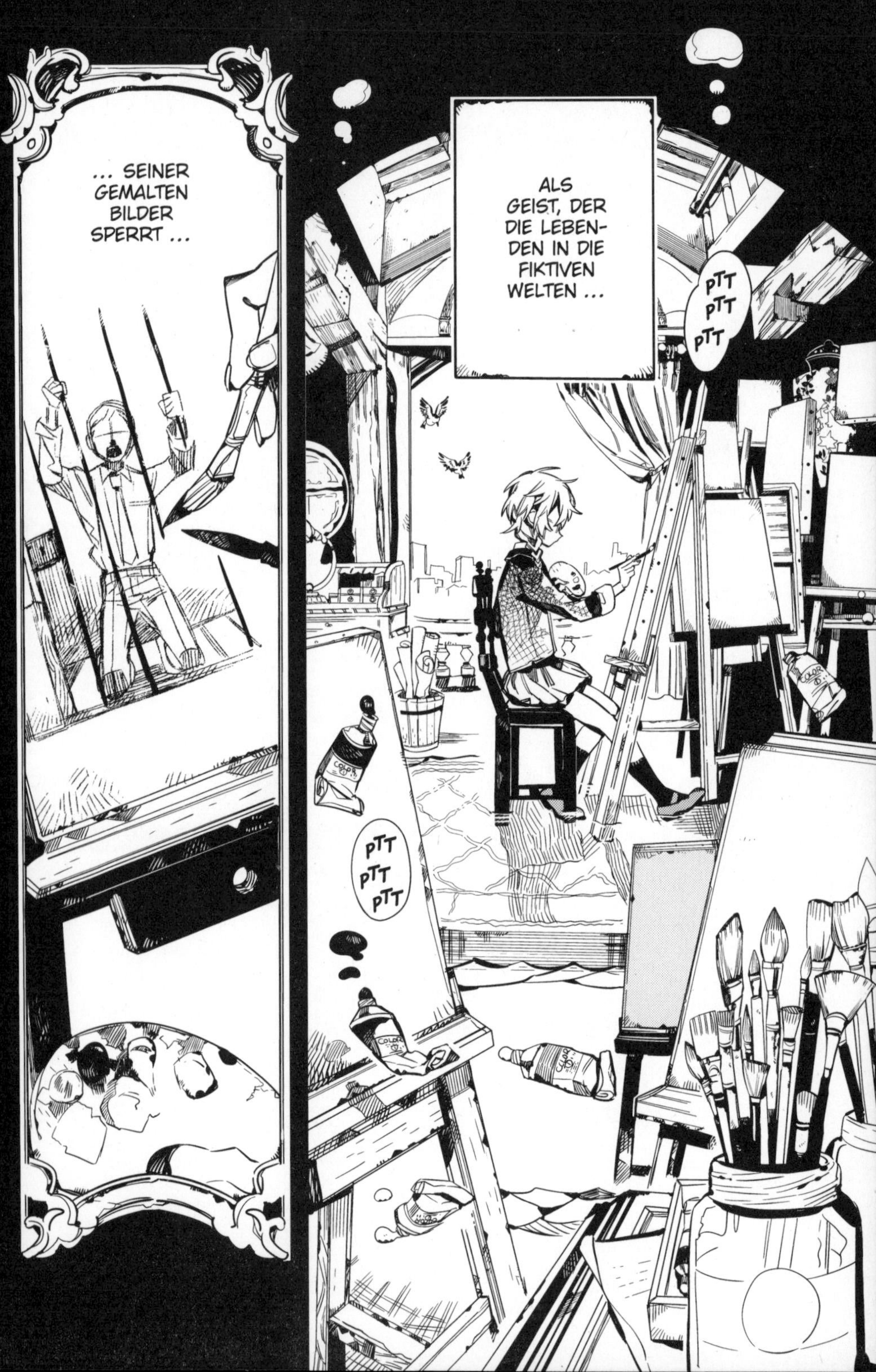
ALS GEIST, DER DIE LEBENDEN IN DIE FIKTIVEN WELTEN …
PTT PTT PTT
… SEINER GEMALTEN BILDER SPERRT …
PTT PTT PTT

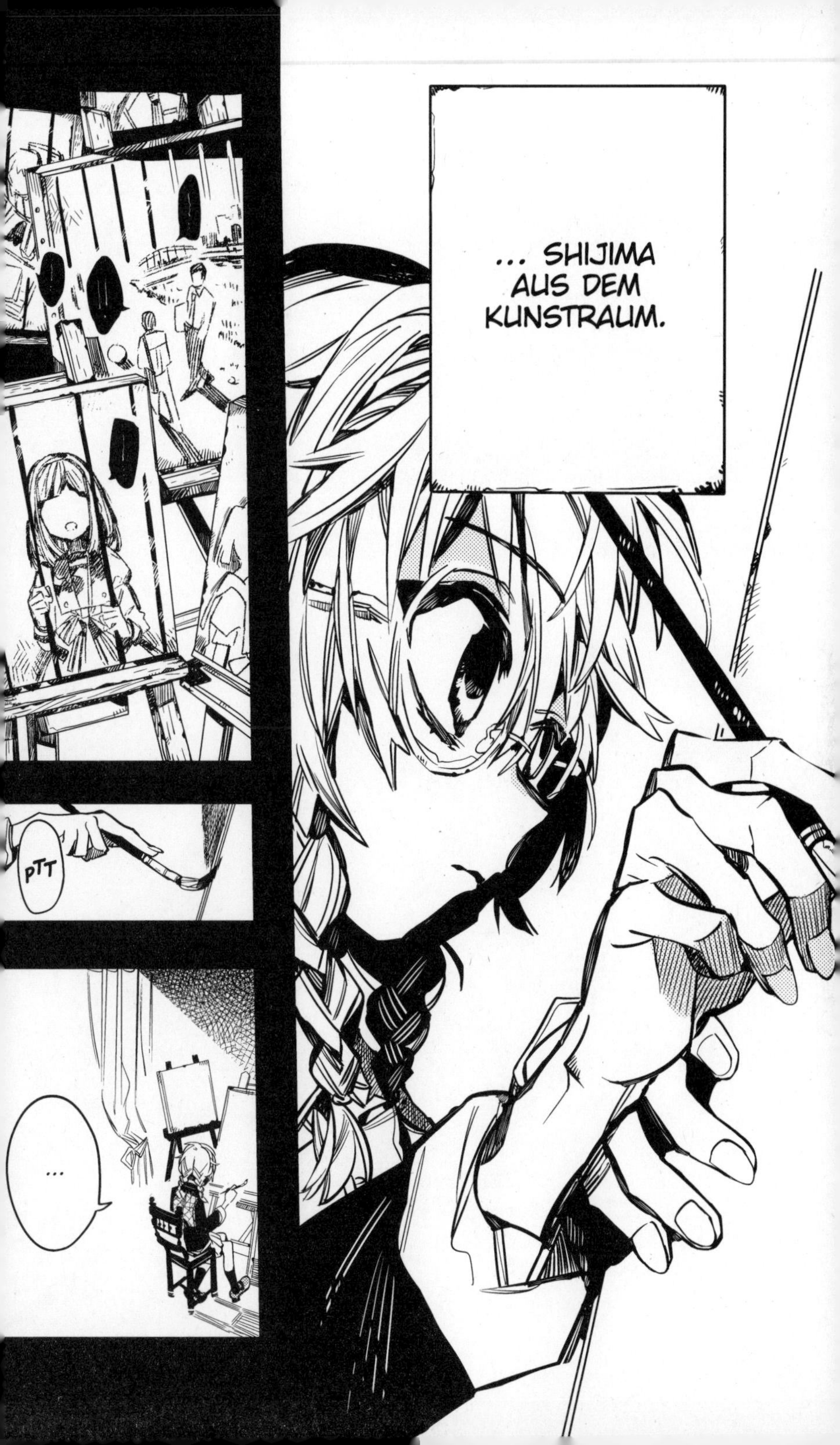
... SHIJIMA AUS DEM KUNSTRAUM.
PTT
...

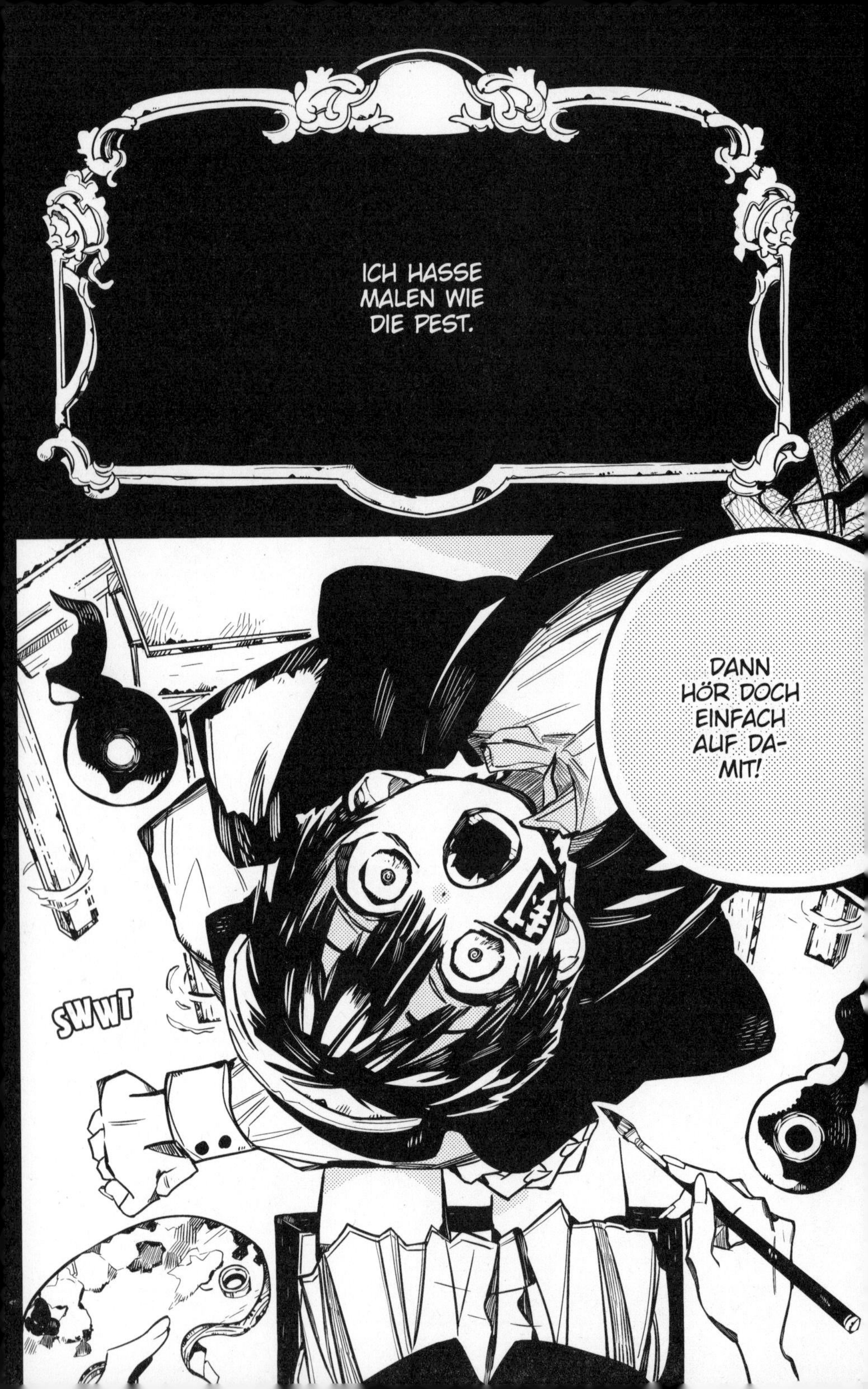

ICH HASSE MALEN WIE DIE PEST.
DANN HÖR DOCH EINFACH AUF DA-MIT!
SWWT

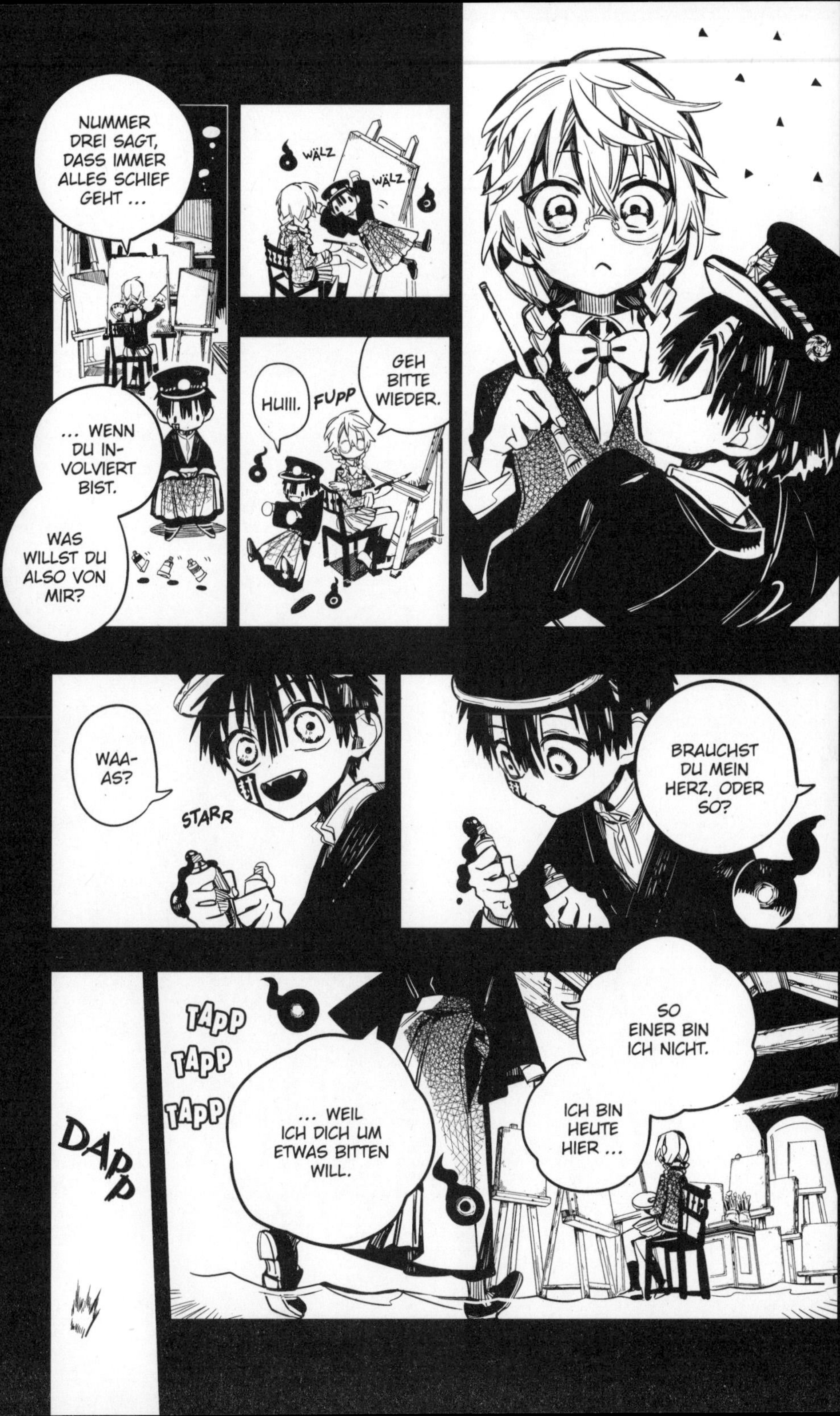
WÄLZ
WÄLZ
GEH BITTE WIEDER.
FUPP
HUIII.
NUMMER DREI SAGT, DASS IMMER ALLES SCHIEF GEHT …
… WENN DU IN-VOLVIERT BIST.
WAS WILLST DU ALSO VON MIR?
BRAUCHST DU MEIN HERZ, ODER SO?
WAA-AS?
STARR
SO EINER BIN ICH NICHT.
ICH BIN HEUTE HIER …
… WEIL ICH DICH UM ETWAS BITTEN WILL.
TAPP
TAPP
TAPP
DAPP

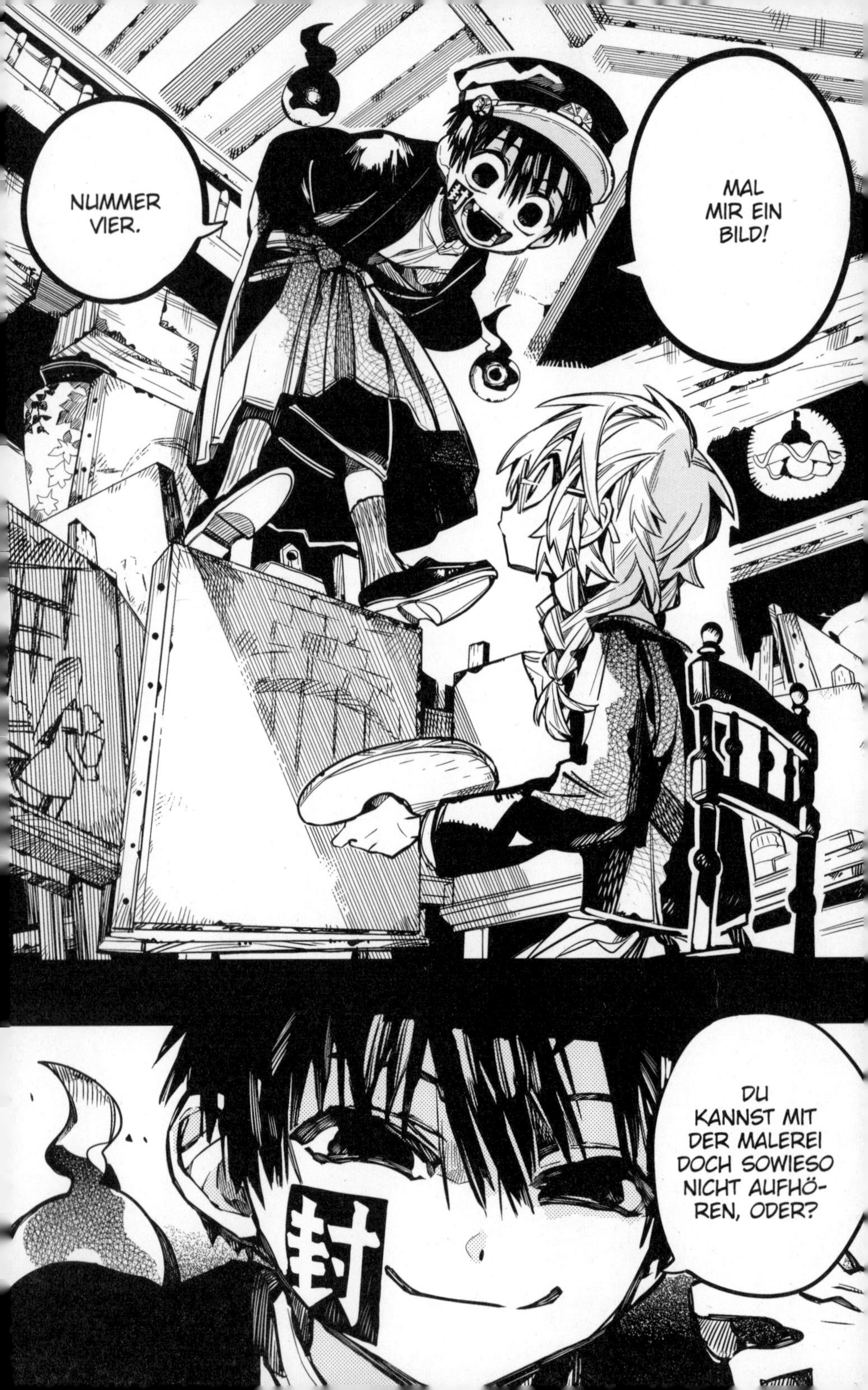

MAL MIR EIN BILD!
NUMMER VIER.
DU KANNST MIT DER MALEREI DOCH SOWIESO NICHT AUFHÖREN, ODER?

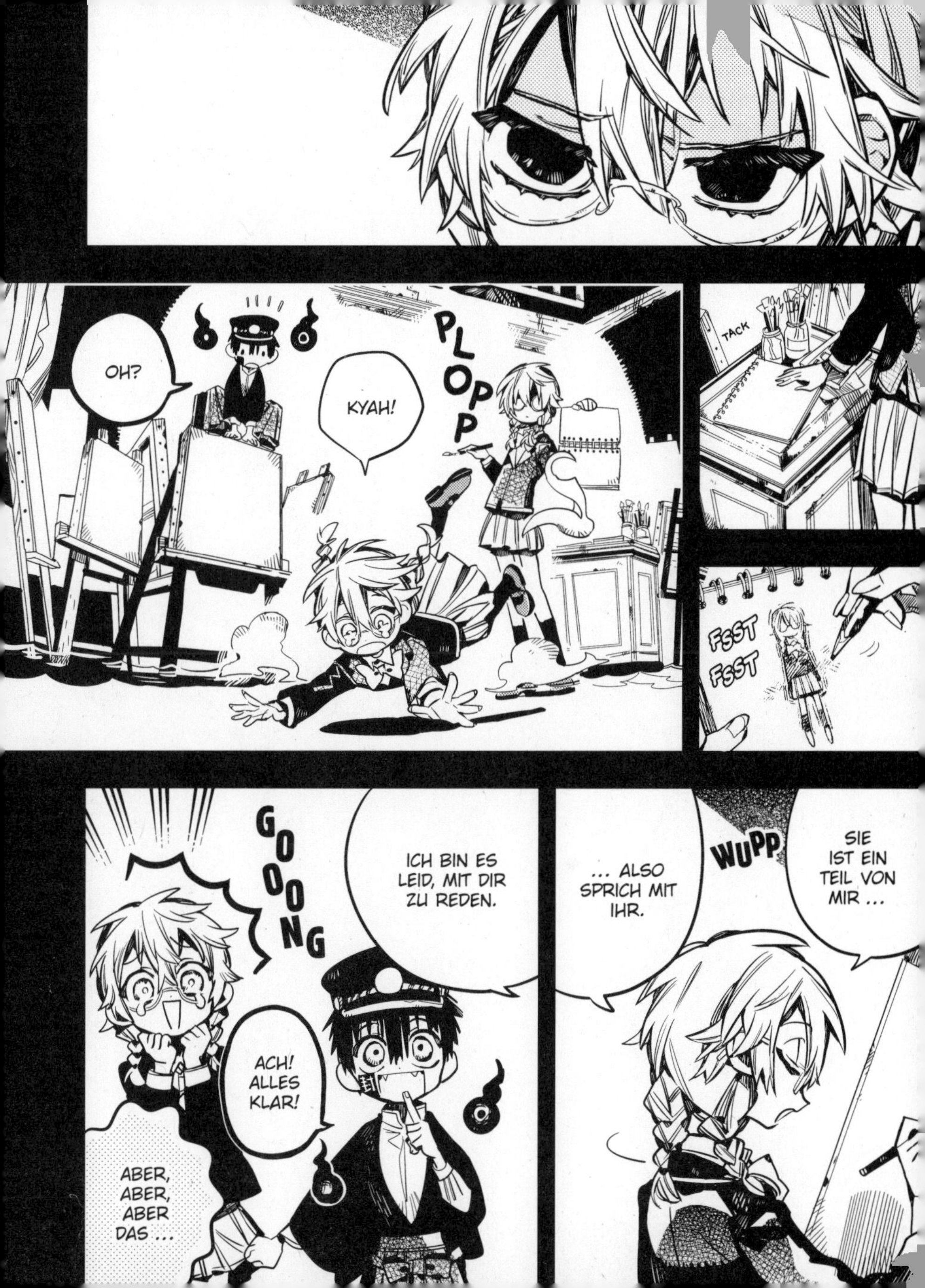
TACK
FSST
FSST
PLOPP
KYAH!
OH?
SIE IST EIN TEIL VON MIR ...
WUPP
... ALSO SPRICH MIT IHR.
ICH BIN ES LEID, MIT DIR ZU REDEN.
GOOONG
ACH! ALLES KLAR!
ABER, ABER, ABER DAS ...

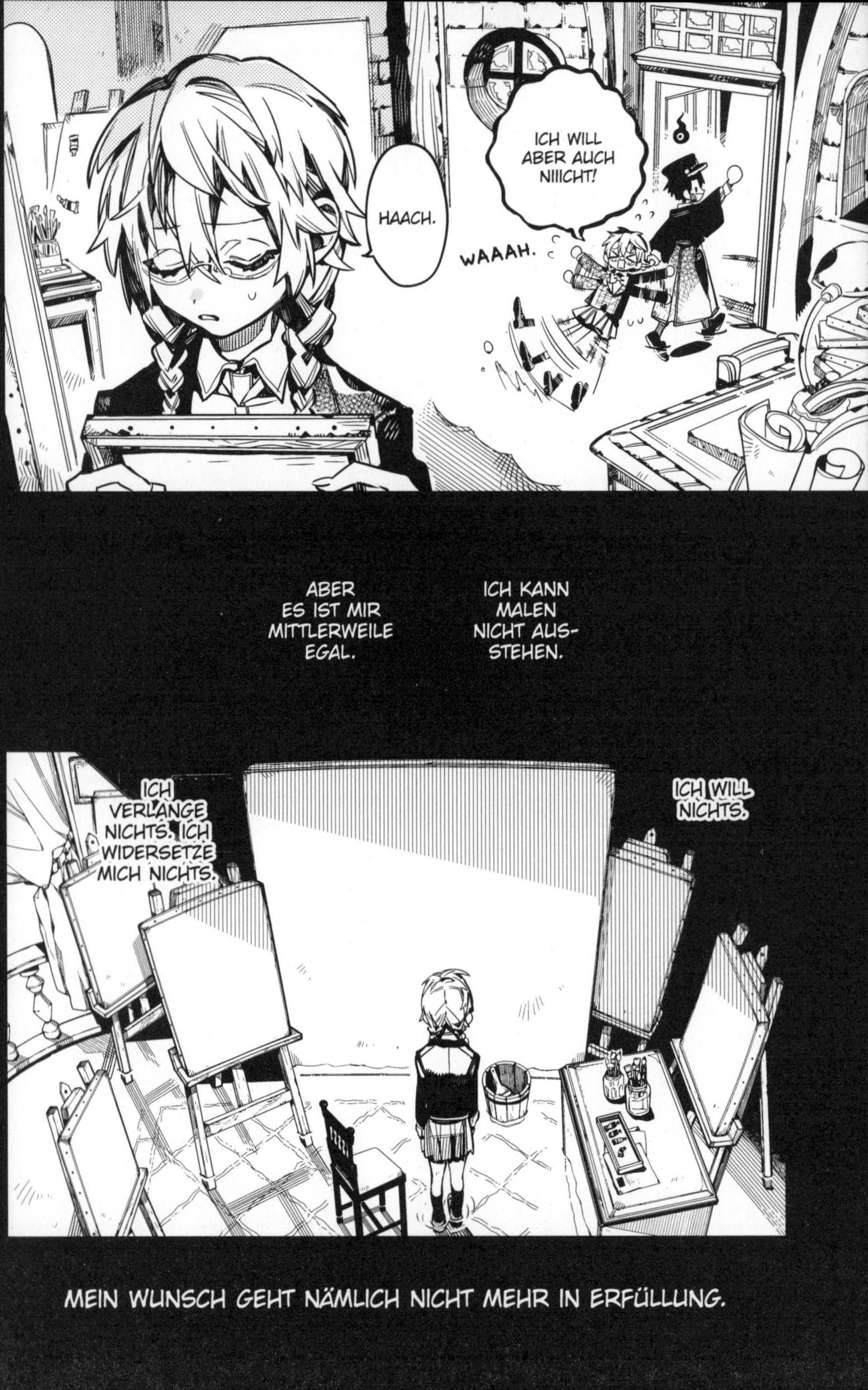
ICH WILL ABER AUCH NIIICHT!
WAAAH.
HAACH.
ICH KANN MALEN NICHT AUS-STEHEN.
ABER ES IST MIR MITTLERWEILE EGAL.
ICH WILL NICHTS.
ICH VERLANGE NICHTS. ICH WIDERSETZE MICH NICHTS.
MEIN WUNSCH GEHT NÄMLICH NICHT MEHR IN ERFÜLLUNG.

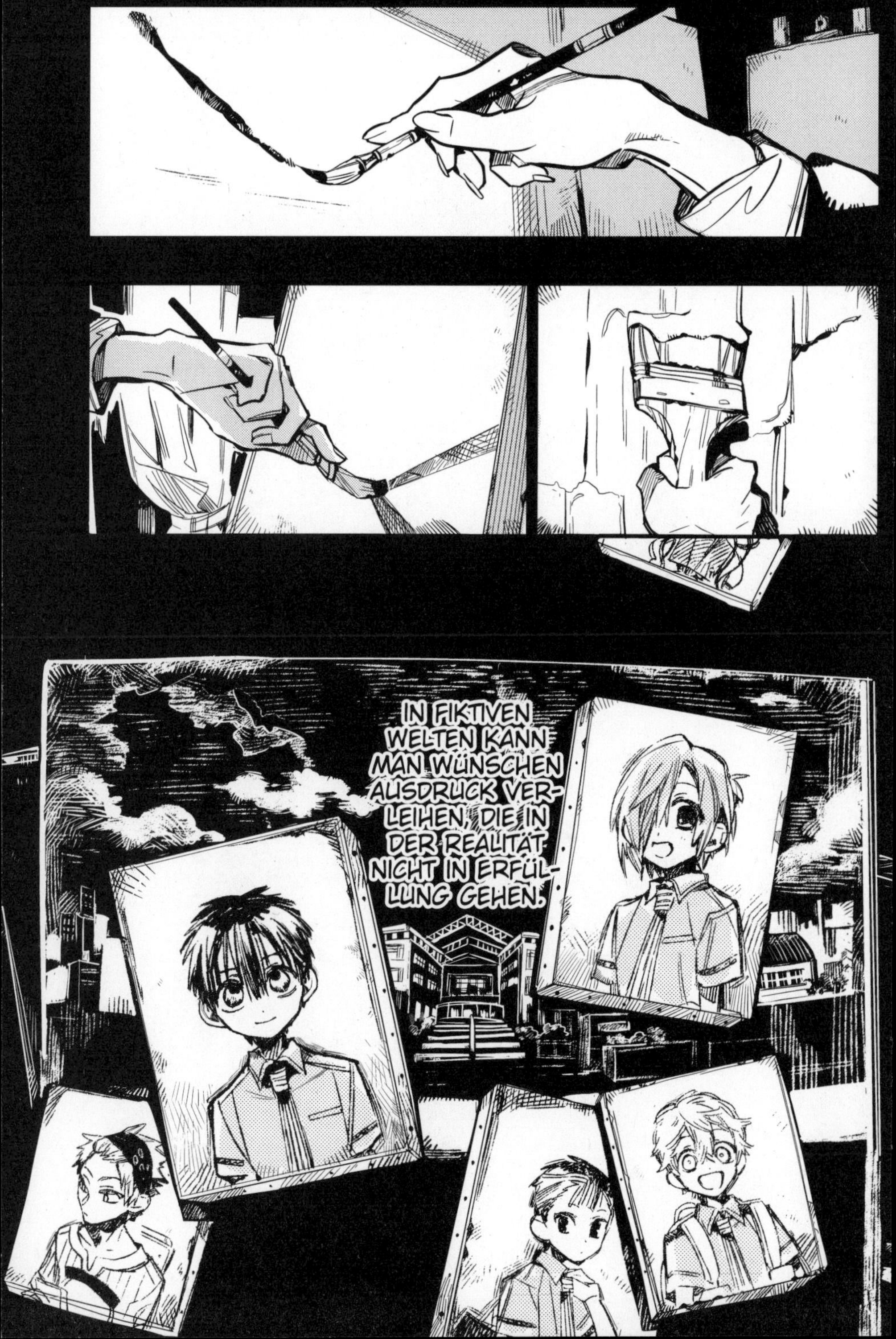
IN FIKTIVEN WELTEN KANN MAN WÜNSCHEN AUSDRUCK VERLEIHEN, DIE IN DER REALITÄT NICHT IN ERFÜLLUNG GEHEN.

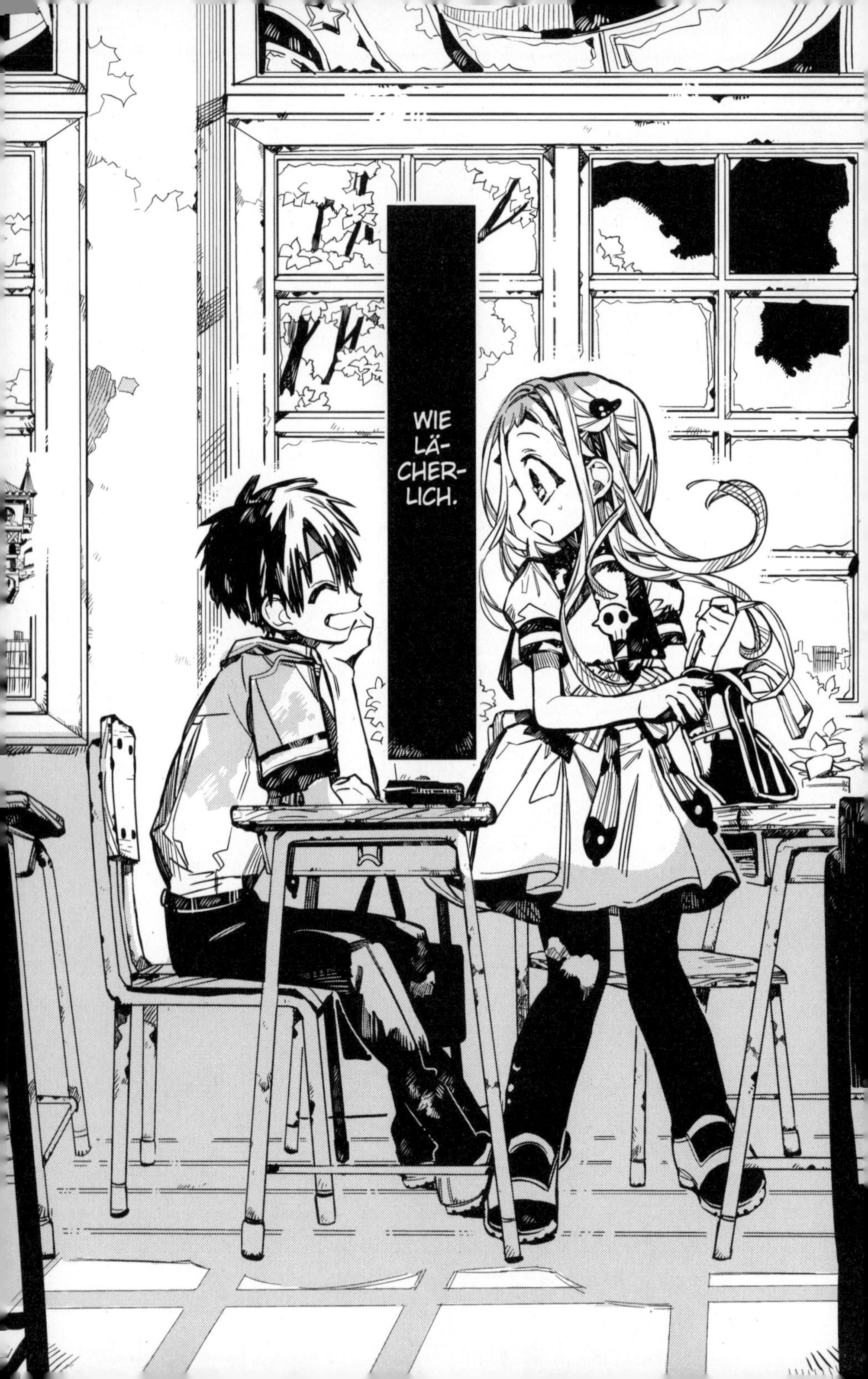
WIE LÄ-CHER-LICH.

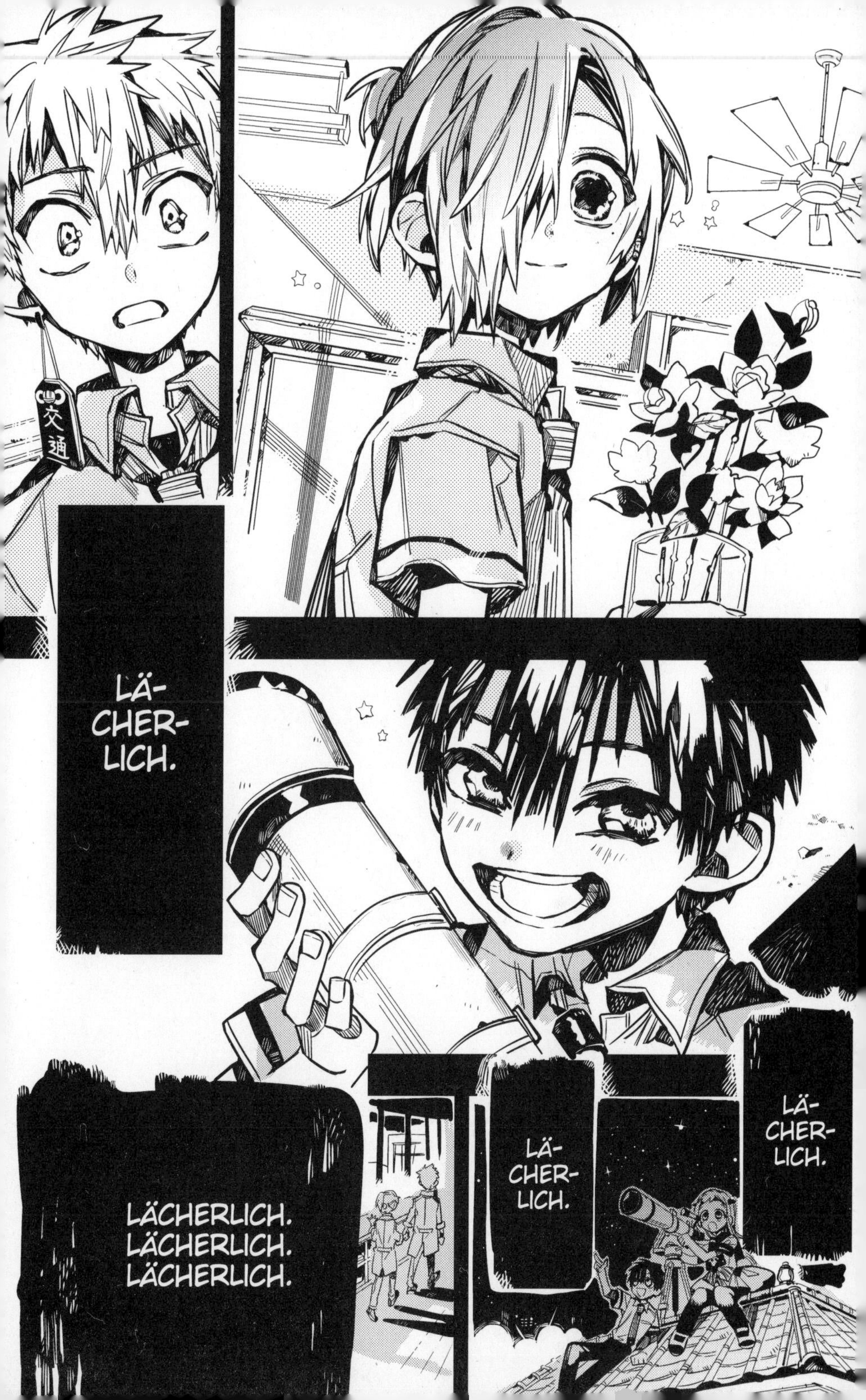
交通
LÄ-CHER-LICH.
LÄ-CHER-LICH.
LÄ-CHER-LICH.
LÄCHERLICH. LÄCHERLICH. LÄCHERLICH.

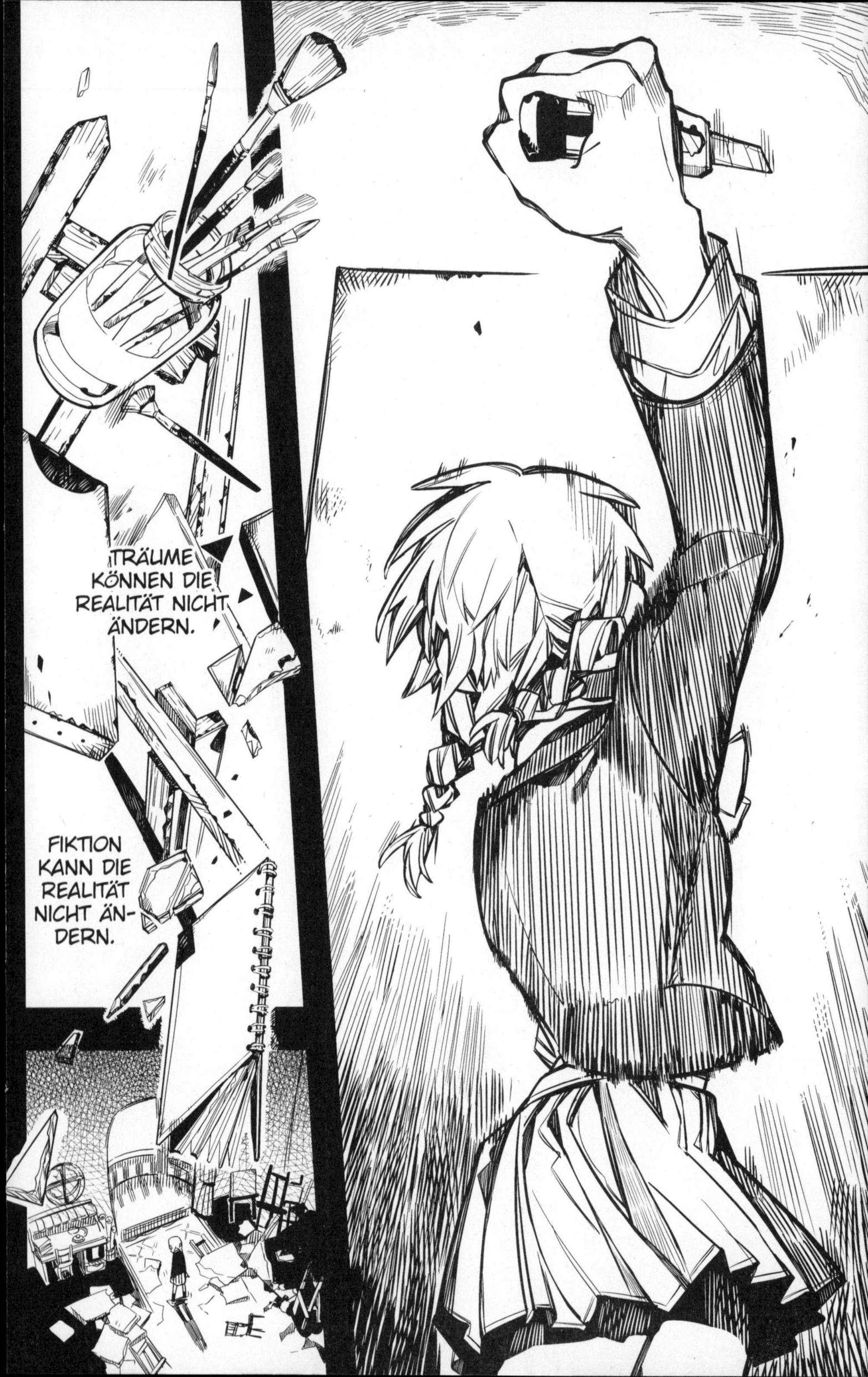

TRÄUME KÖNNEN DIE REALITÄT NICHT ÄNDERN.
FIKTION KANN DIE REALITÄT NICHT ÄN-DERN.

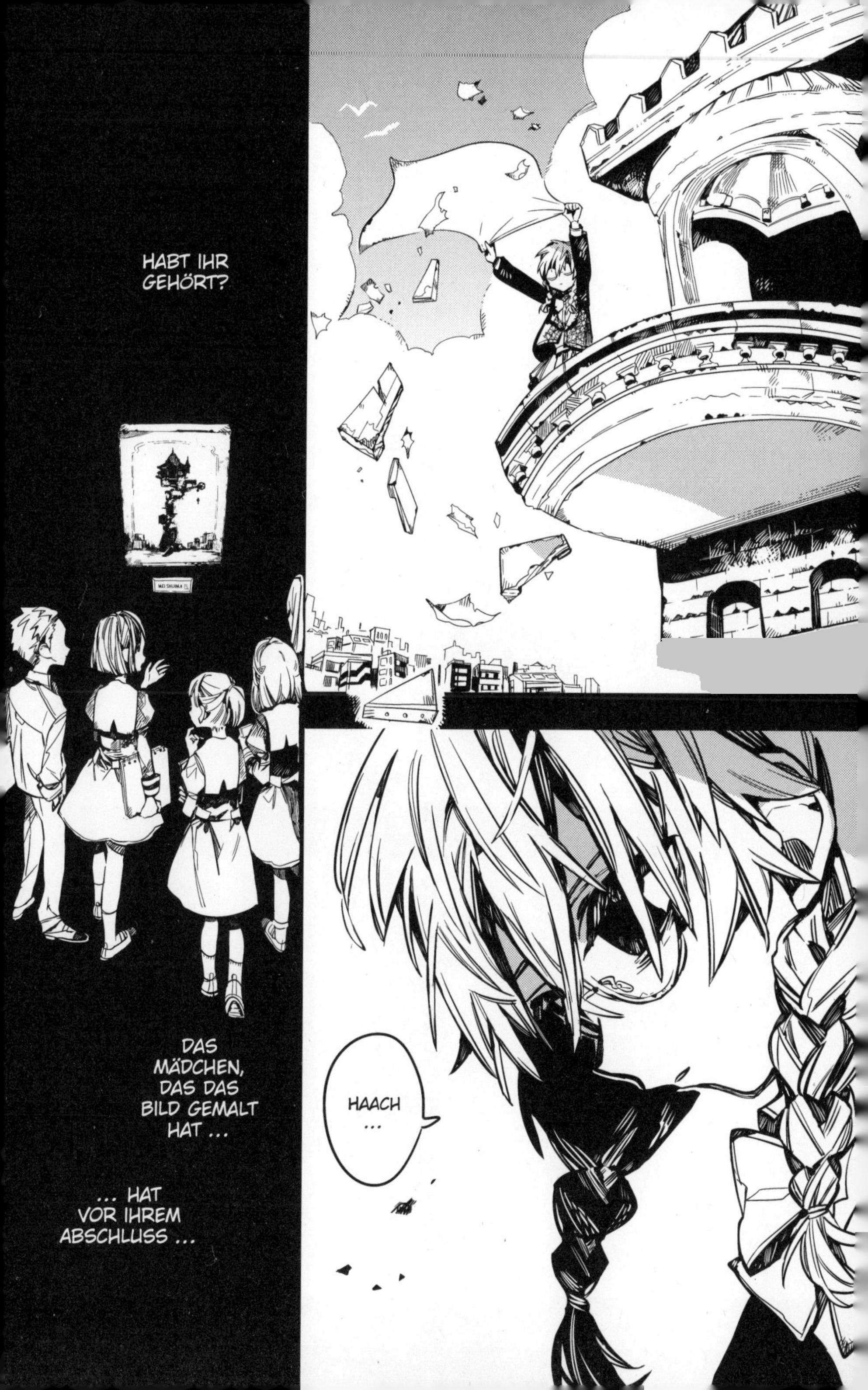
HABT IHR GEHÖRT?
DAS MÄDCHEN, DAS DAS BILD GEMALT HAT …
… HAT VOR IHREM ABSCHLUSS …
HAACH …

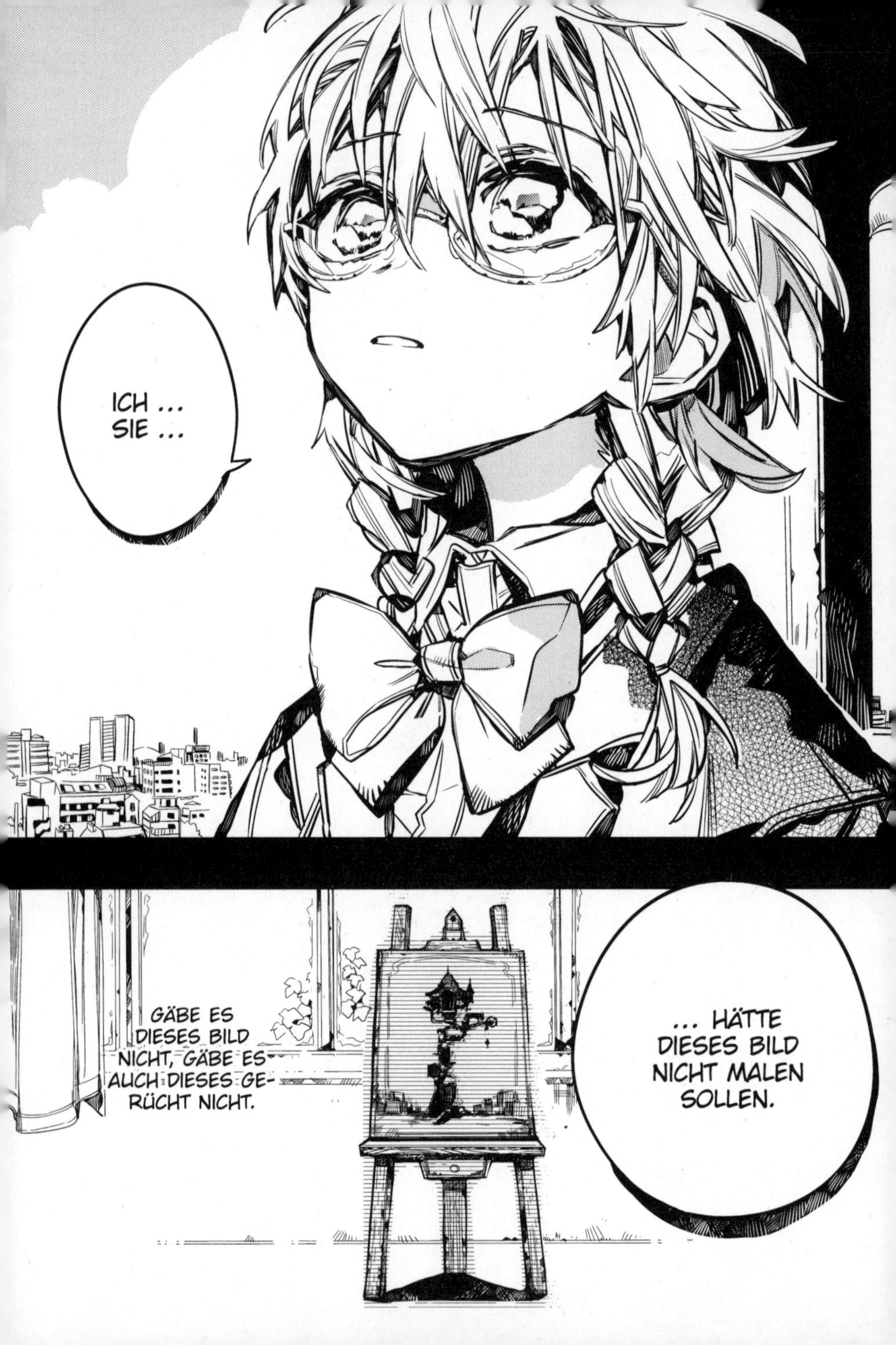
ICH ...
SIE ...
... HÄTTE DIESES BILD NICHT MALEN SOLLEN.
GÄBE ES DIESES BILD NICHT, GÄBE ES AUCH DIESES GERÜCHT NICHT.

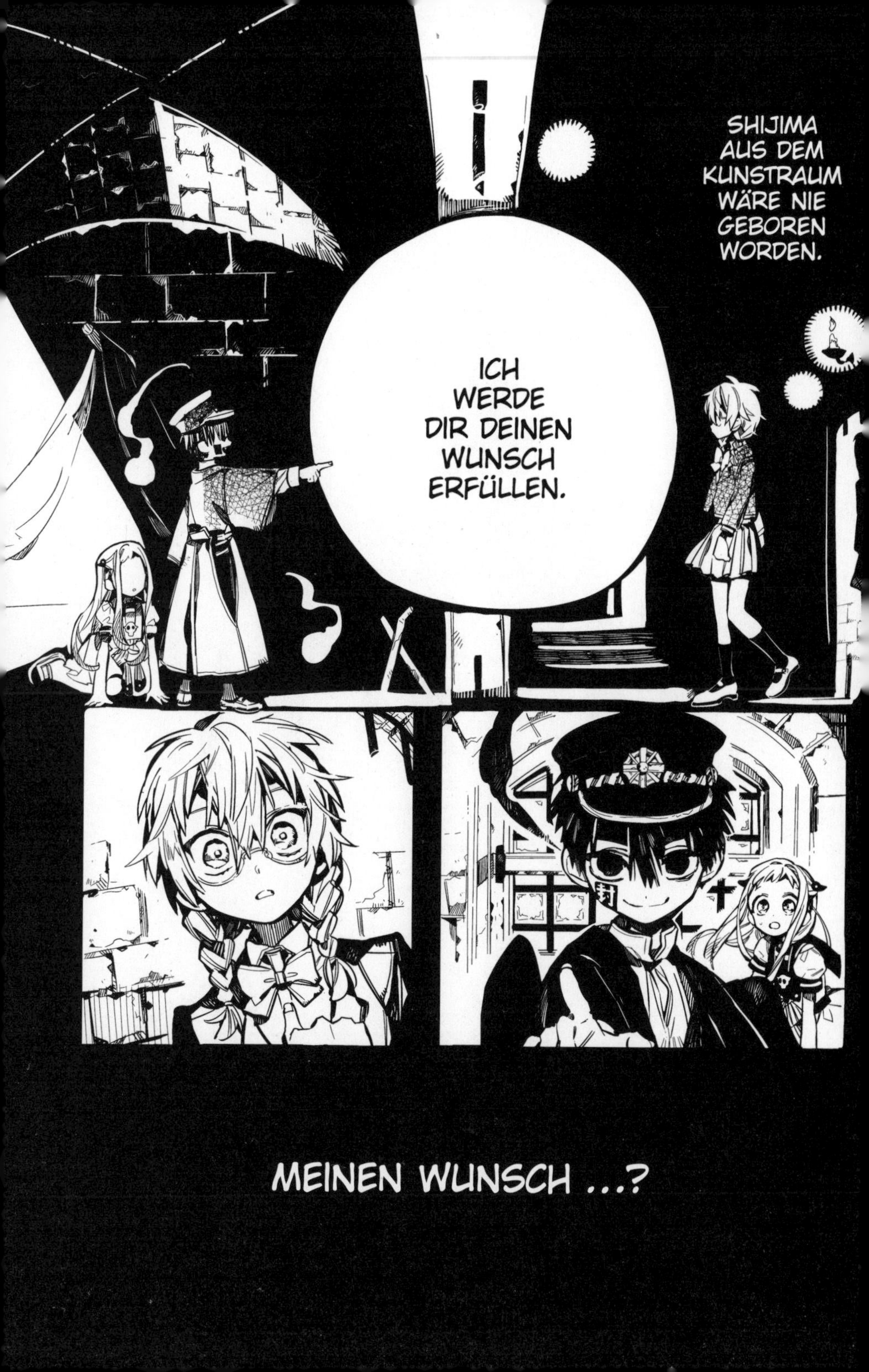
SHIJIMA AUS DEM KUNSTRAUM WÄRE NIE GEBOREN WORDEN.
ICH WERDE DIR DEINEN WUNSCH ERFÜLLEN.
MEINEN WUNSCH ...?

MEIN WUNSCH IST ...

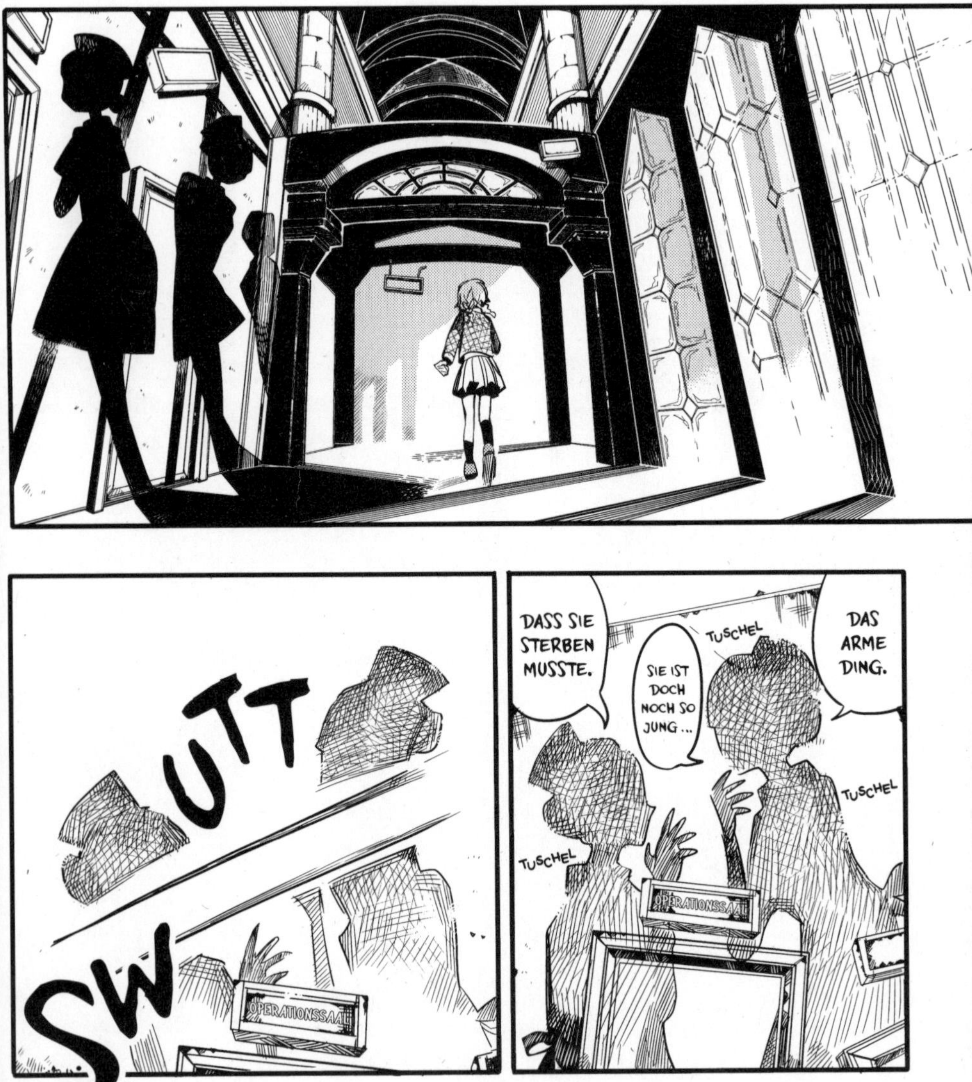

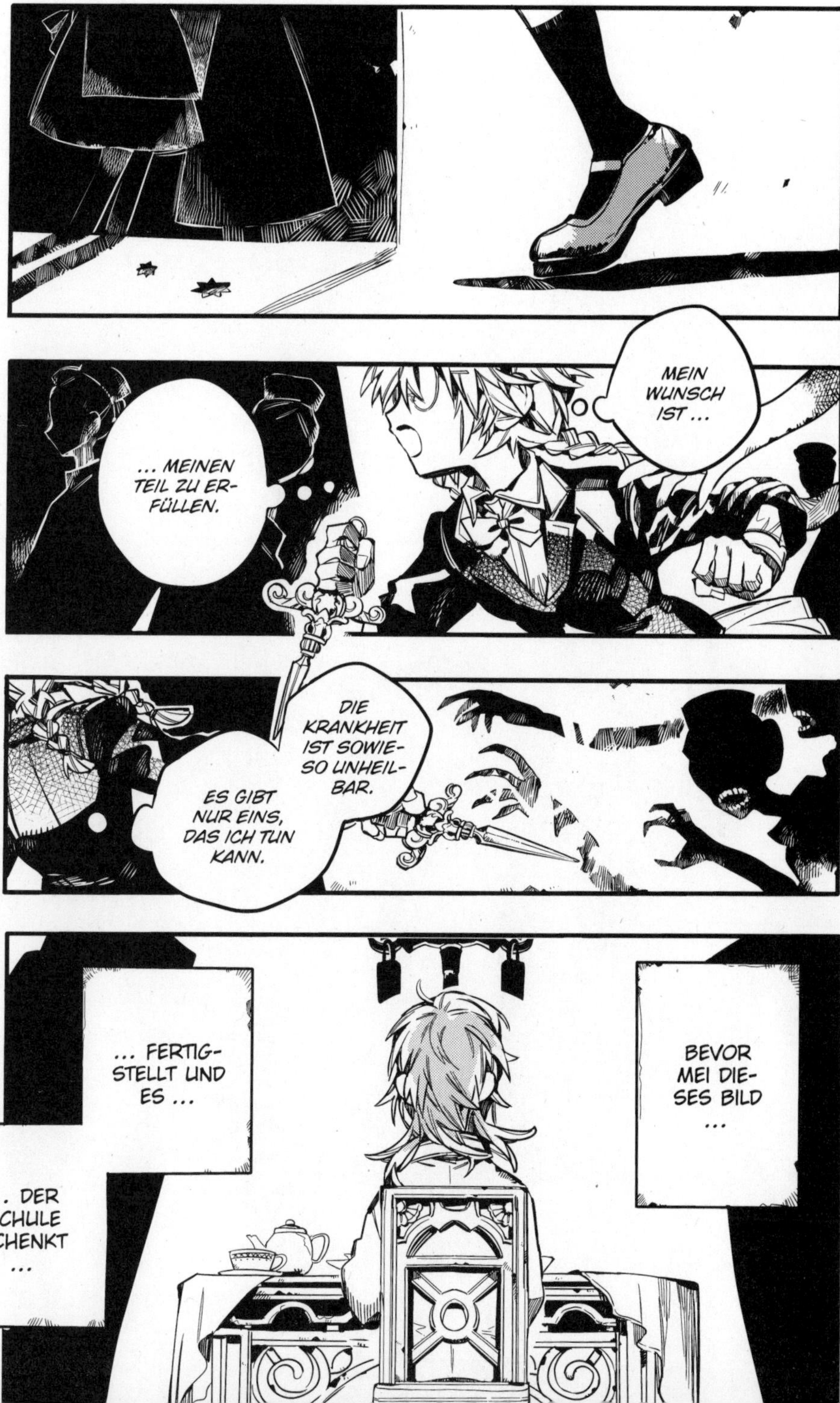

MEIN WUNSCH IST …
… MEINEN TEIL ZU ERFÜLLEN.
DIE KRANKHEIT IST SOWIESO UNHEILBAR.
ES GIBT NUR EINS, DAS ICH TUN KANN.
BEVOR MEI DIESES BILD …
… FERTIGSTELLT UND ES …
… DER SCHULE SCHENKT …

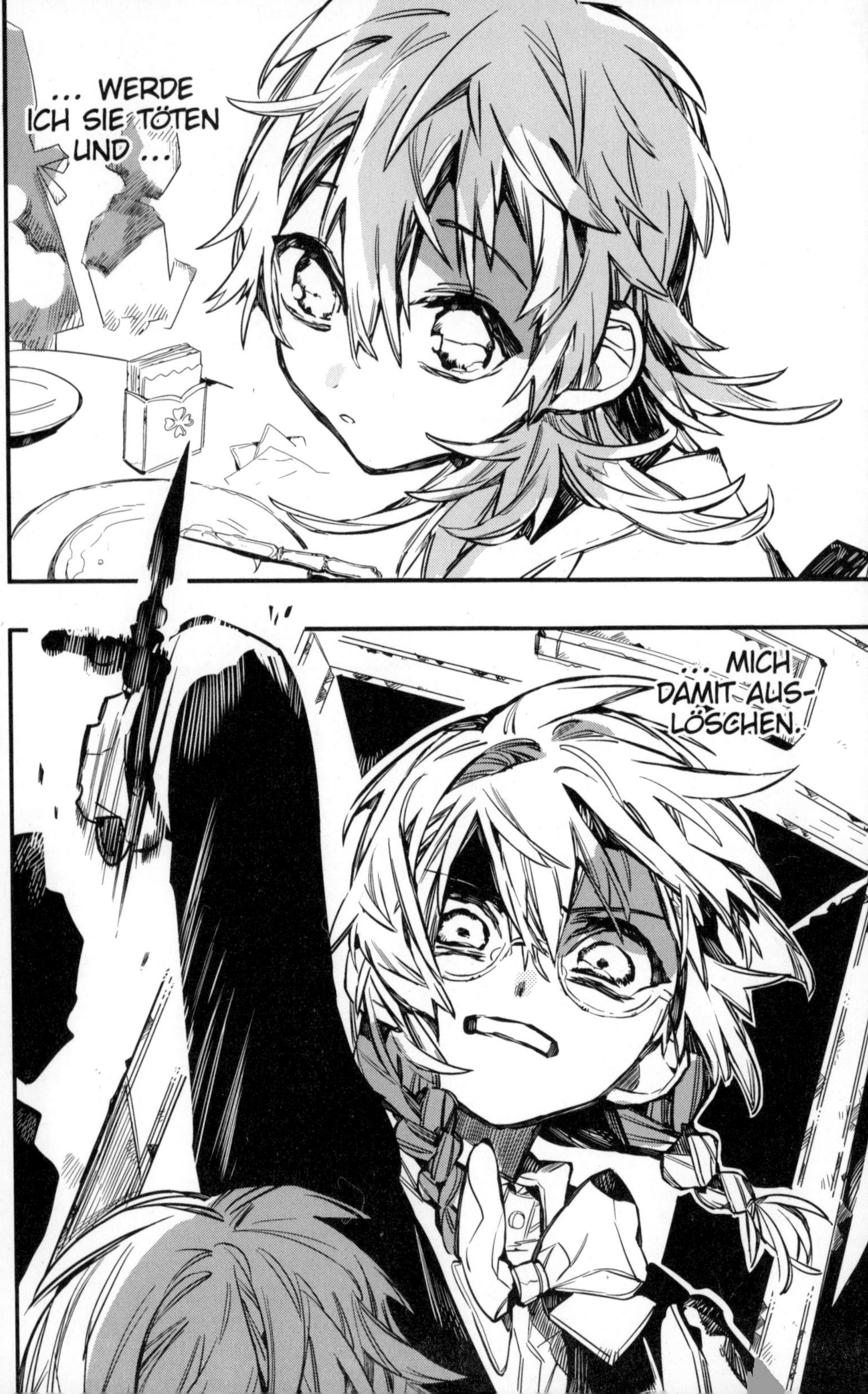
... WERDE ICH SIE TÖTEN UND ...
... MICH DAMIT AUS-LÖSCHEN.

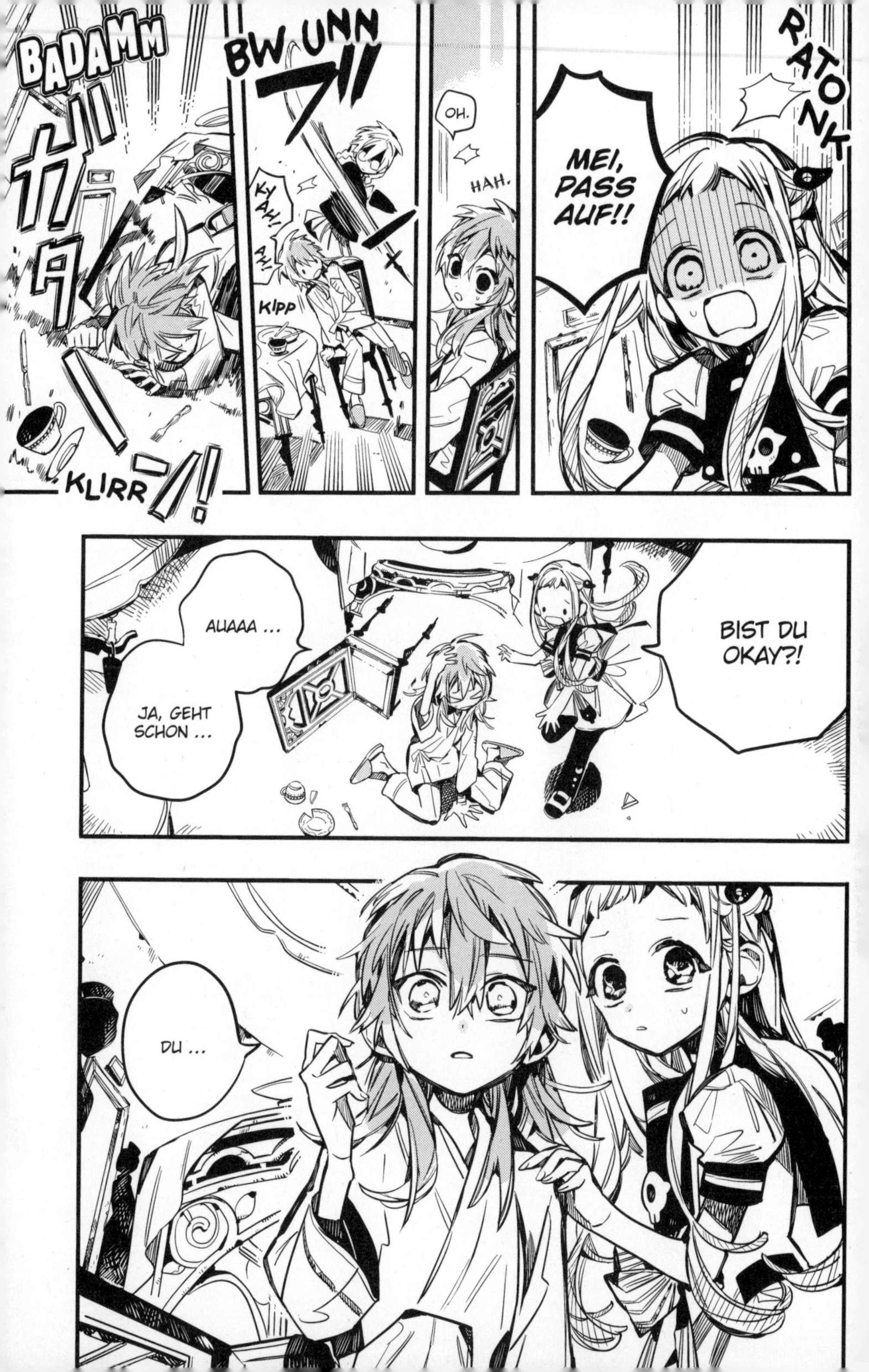
RATONK
MEI, PASS AUF!!
OH.
HAH.
BW UNN
KYAH!
AH!
KIPP
BADAMM
KLIRR
BIST DU OKAY?!
AUAAA …
JA, GEHT SCHON …
DU …

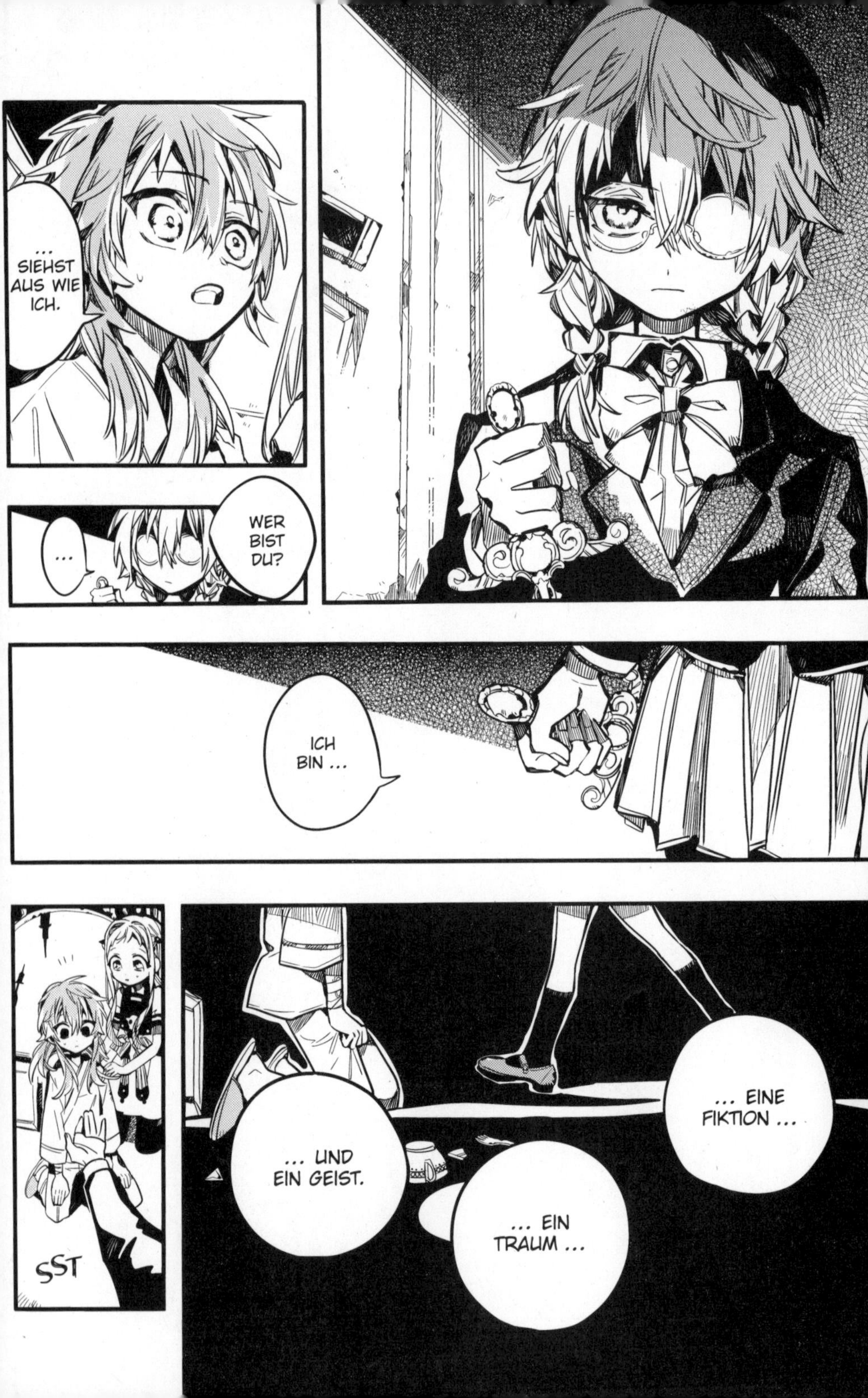
... SIEHST AUS WIE ICH.
WER BIST DU?
...
ICH BIN ...
... EINE FIKTION ...
... EIN TRAUM ...
... UND EIN GEIST.
SST

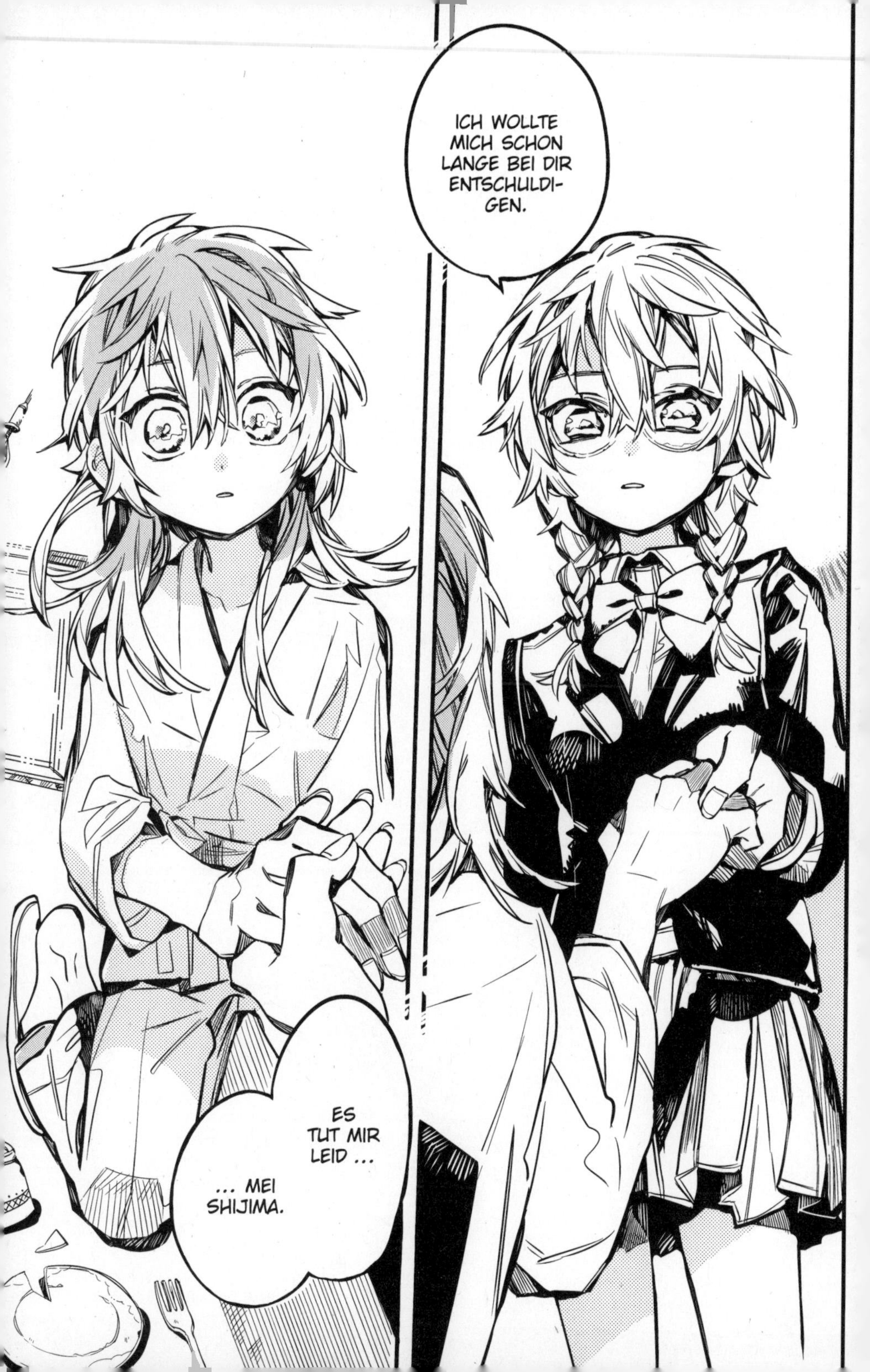
ICH WOLLTE MICH SCHON LANGE BEI DIR ENTSCHULDI-GEN.
ES TUT MIR LEID ...
... MEI SHIJIMA.

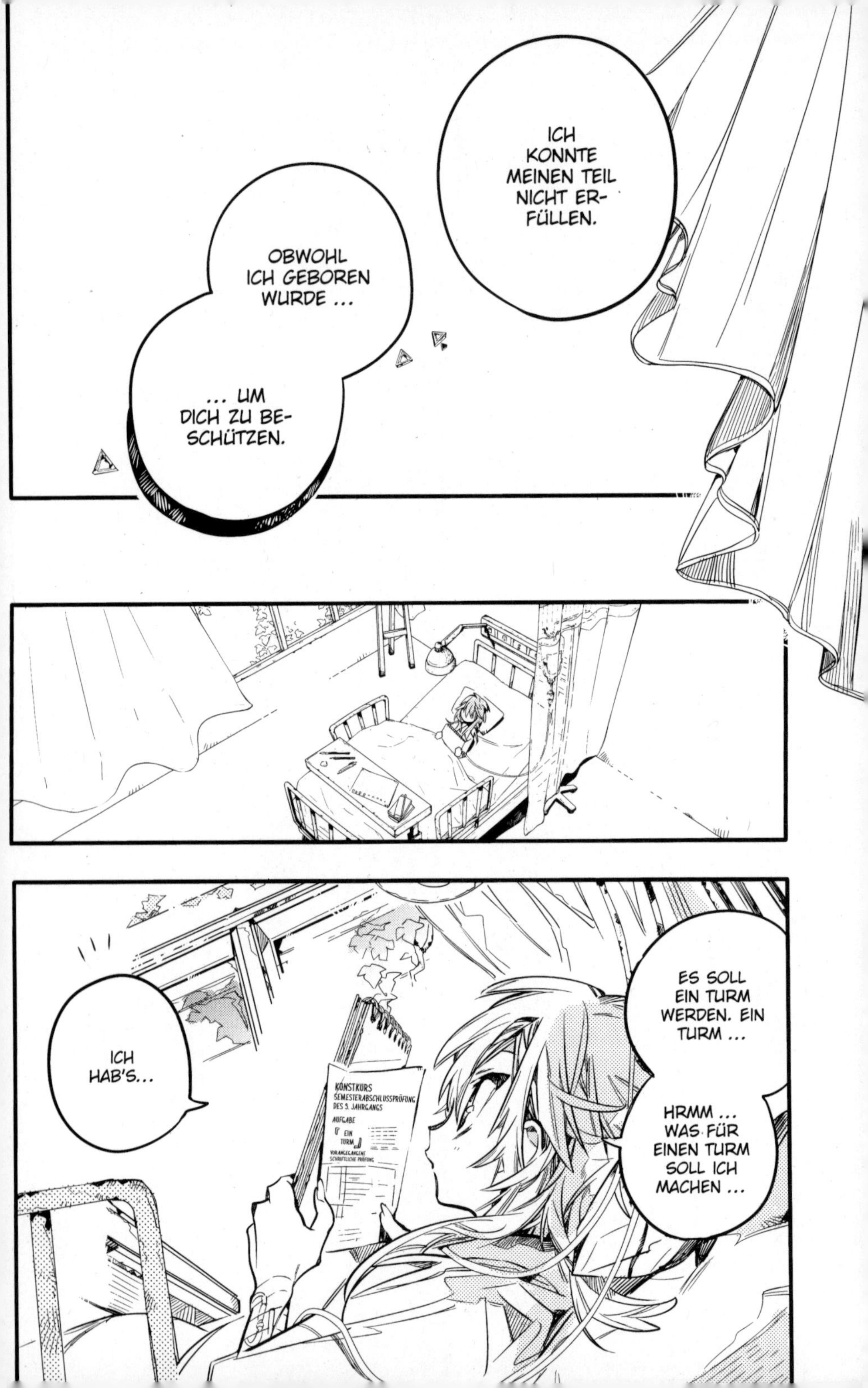
ICH KONNTE MEINEN TEIL NICHT ERFÜLLEN.
OBWOHL ICH GEBOREN WURDE …
… UM DICH ZU BESCHÜTZEN.
ES SOLL EIN TURM WERDEN. EIN TURM …
HRMM … WAS FÜR EINEN TURM SOLL ICH MACHEN …
ICH HAB'S…
KONSTKURS
SEMESTERABSCHLUSSPRÜFUNG
DES 3. JAHRGANGS
AUFGABE
『EIN TURM』
VORANGEGANGENE SCHRIFTLICHE PRÜFUNG

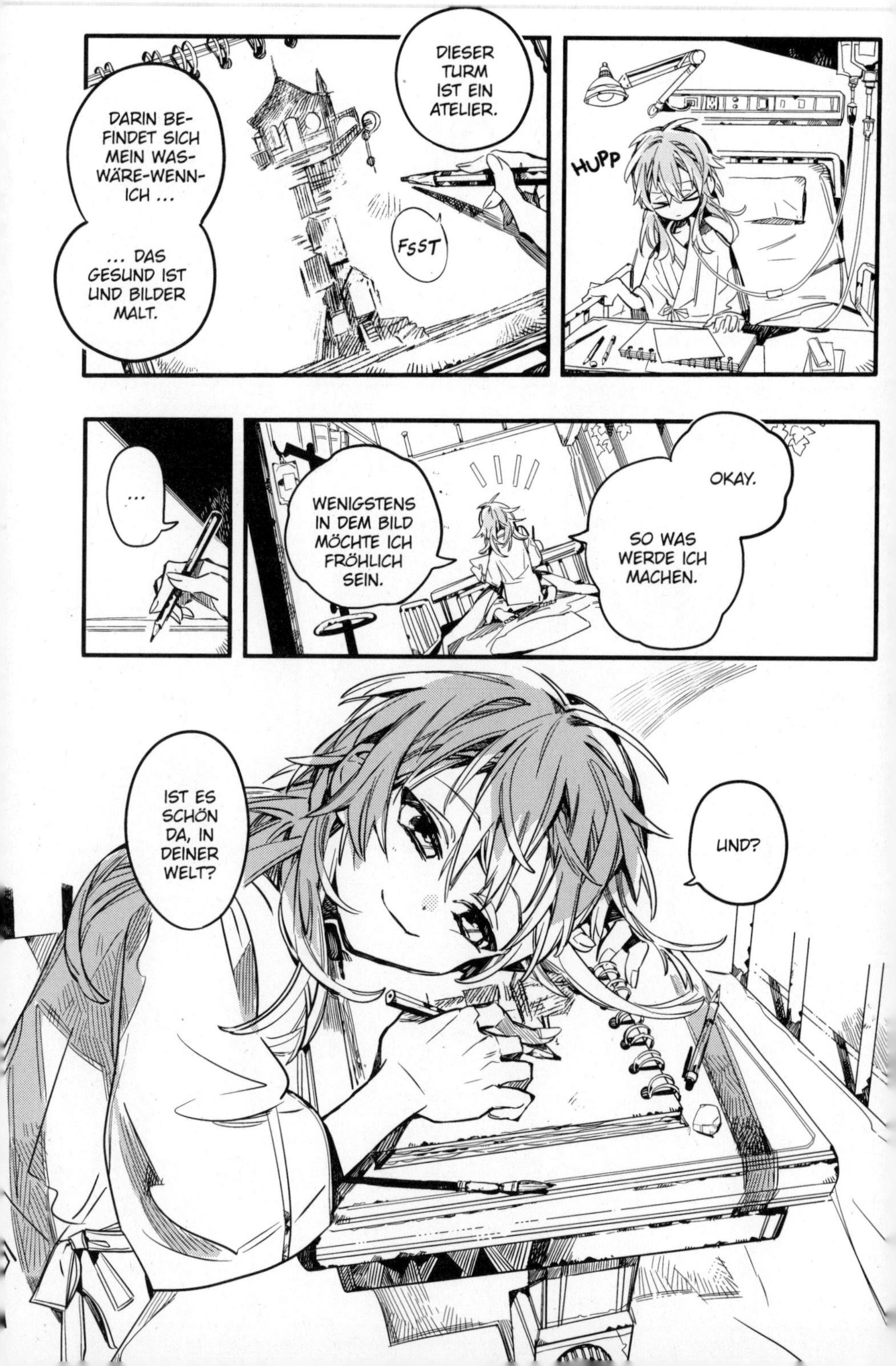
DIESER TURM IST EIN ATELIER.
DARIN BEFINDET SICH MEIN WAS-WÄRE-WENN-ICH …
… DAS GESUND IST UND BILDER MALT.
FSST
HUPP
OKAY.
SO WAS WERDE ICH MACHEN.
WENIGSTENS IN DEM BILD MÖCHTE ICH FRÖHLICH SEIN.
…
UND?
IST ES SCHÖN DA, IN DEINER WELT?

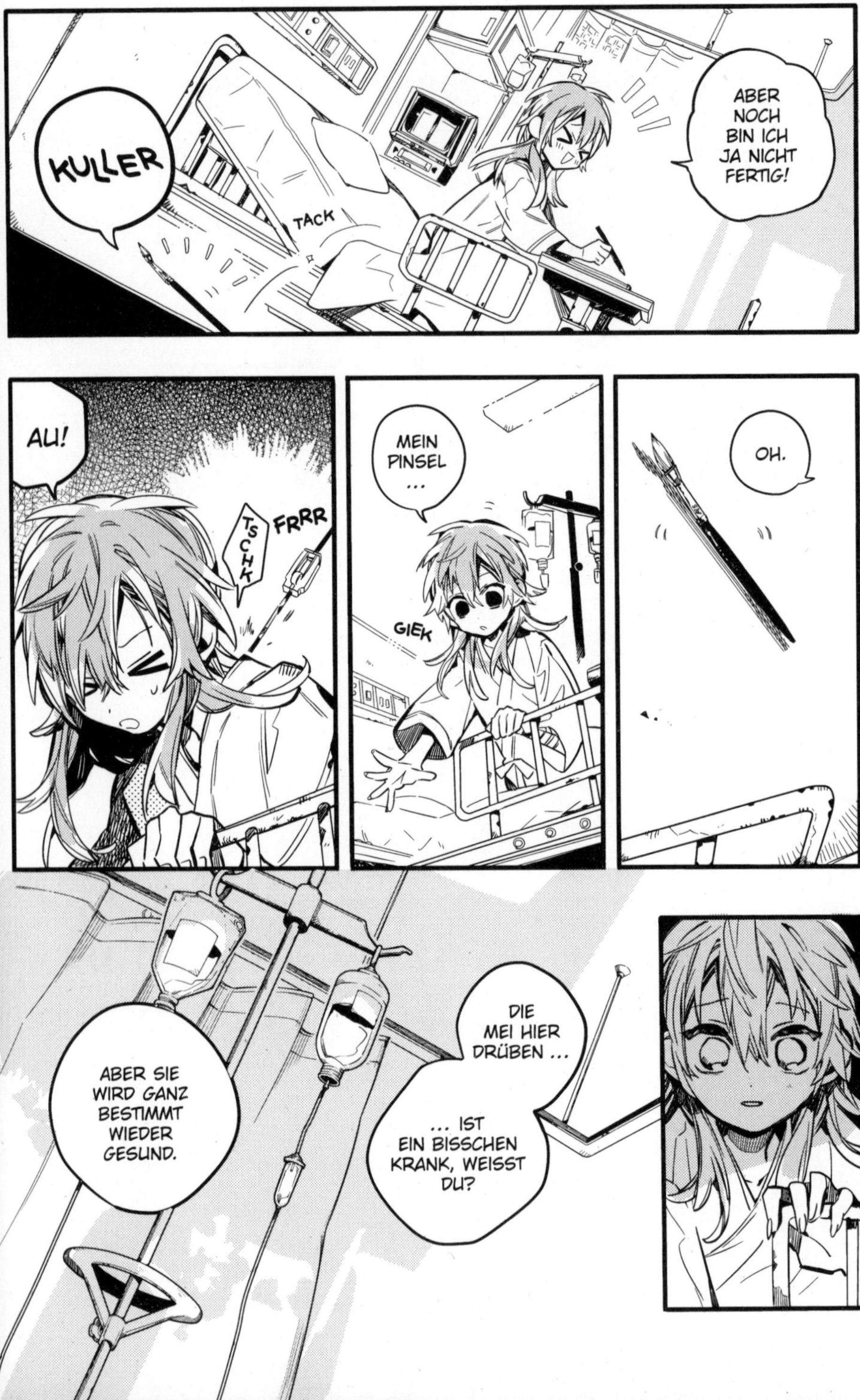
ABER NOCH BIN ICH JA NICHT FERTIG!
TACK
KULLER
OH.
MEIN PINSEL ...
GIEK
AU!
FRRR
TSCHK
DIE MEI HIER DRÜBEN ...
... IST EIN BISSCHEN KRANK, WEISST DU?
ABER SIE WIRD GANZ BESTIMMT WIEDER GESUND.

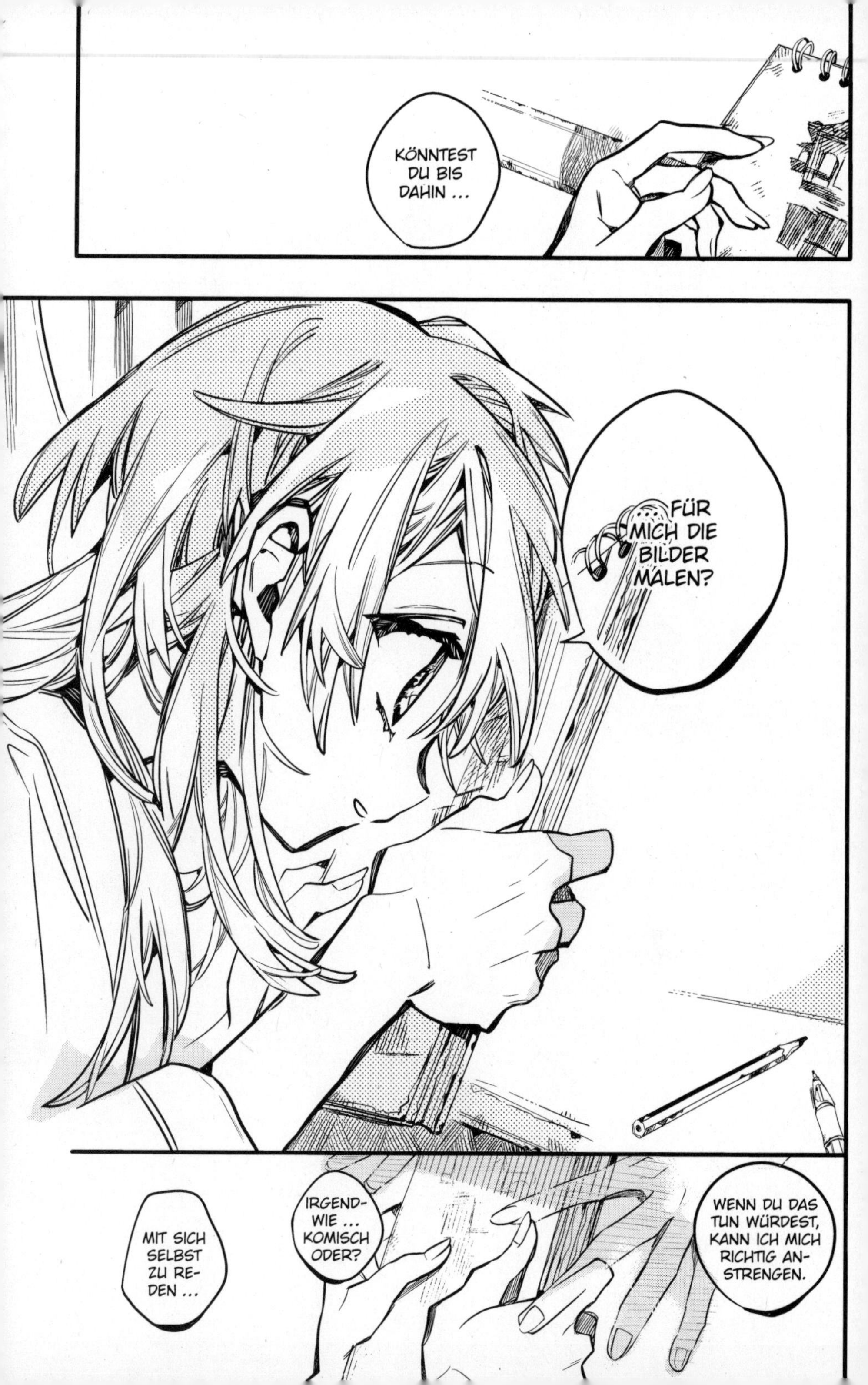
KÖNNTEST DU BIS DAHIN …
… FÜR MICH DIE BILDER MALEN?
WENN DU DAS TUN WÜRDEST, KANN ICH MICH RICHTIG AN-STRENGEN.
IRGEND-WIE … KOMISCH ODER?
MIT SICH SELBST ZU RE-DEN …

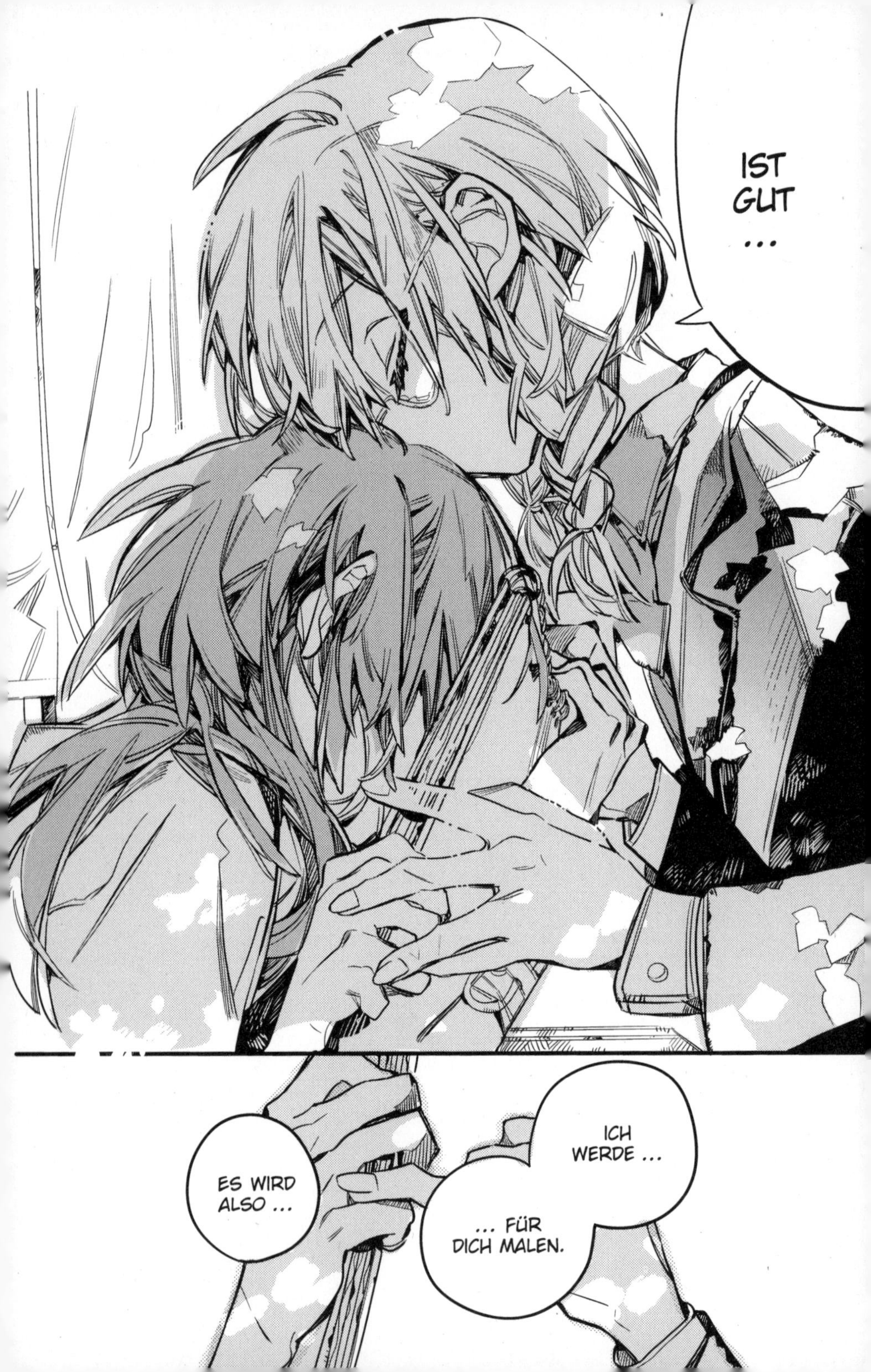
IST GUT ...
ICH WERDE ...
... FÜR DICH MALEN.
ES WIRD ALSO ...

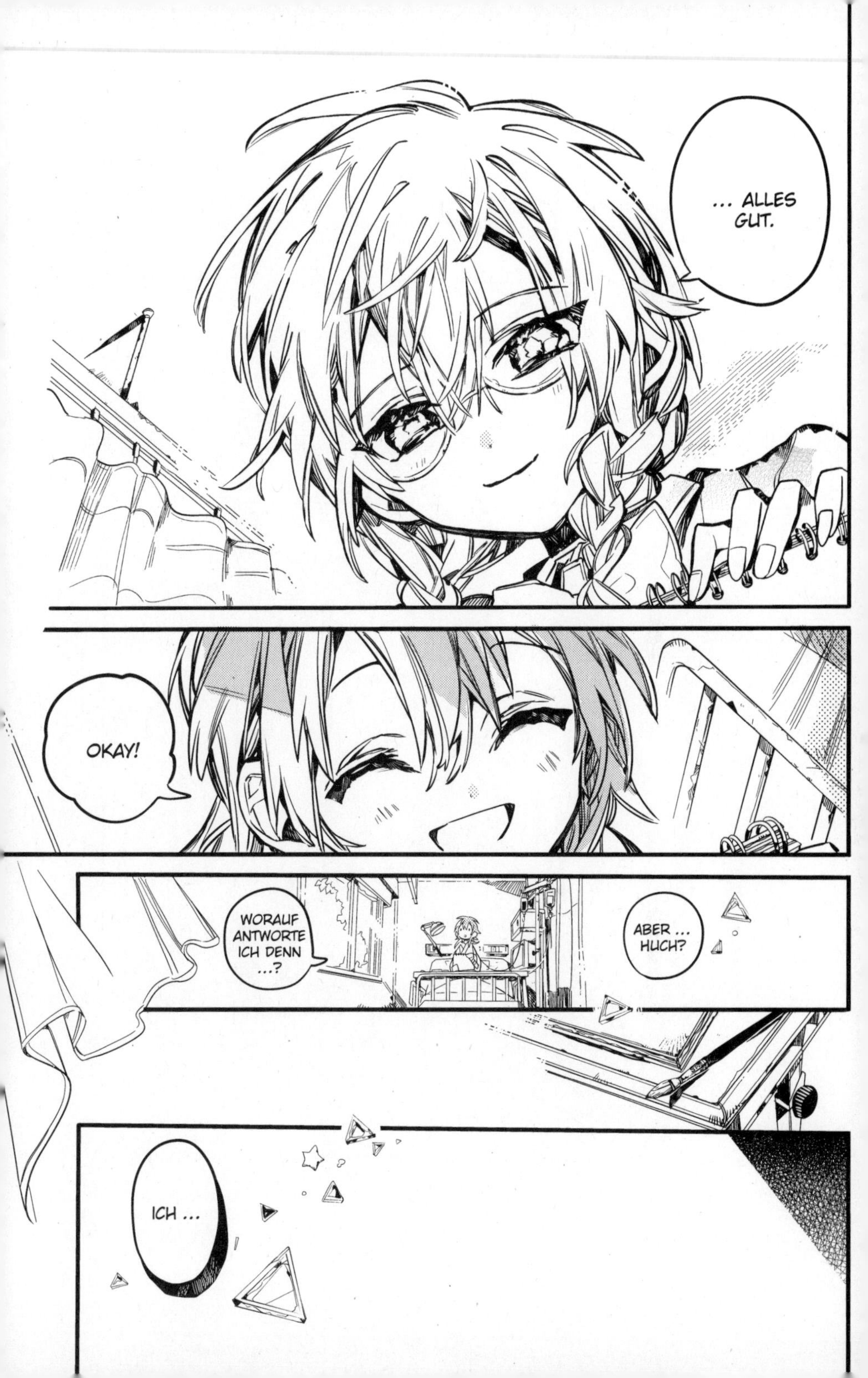
... ALLES GUT.
OKAY!
WORAUF ANTWORTE ICH DENN ...?
ABER ... HUCH?
ICH ...

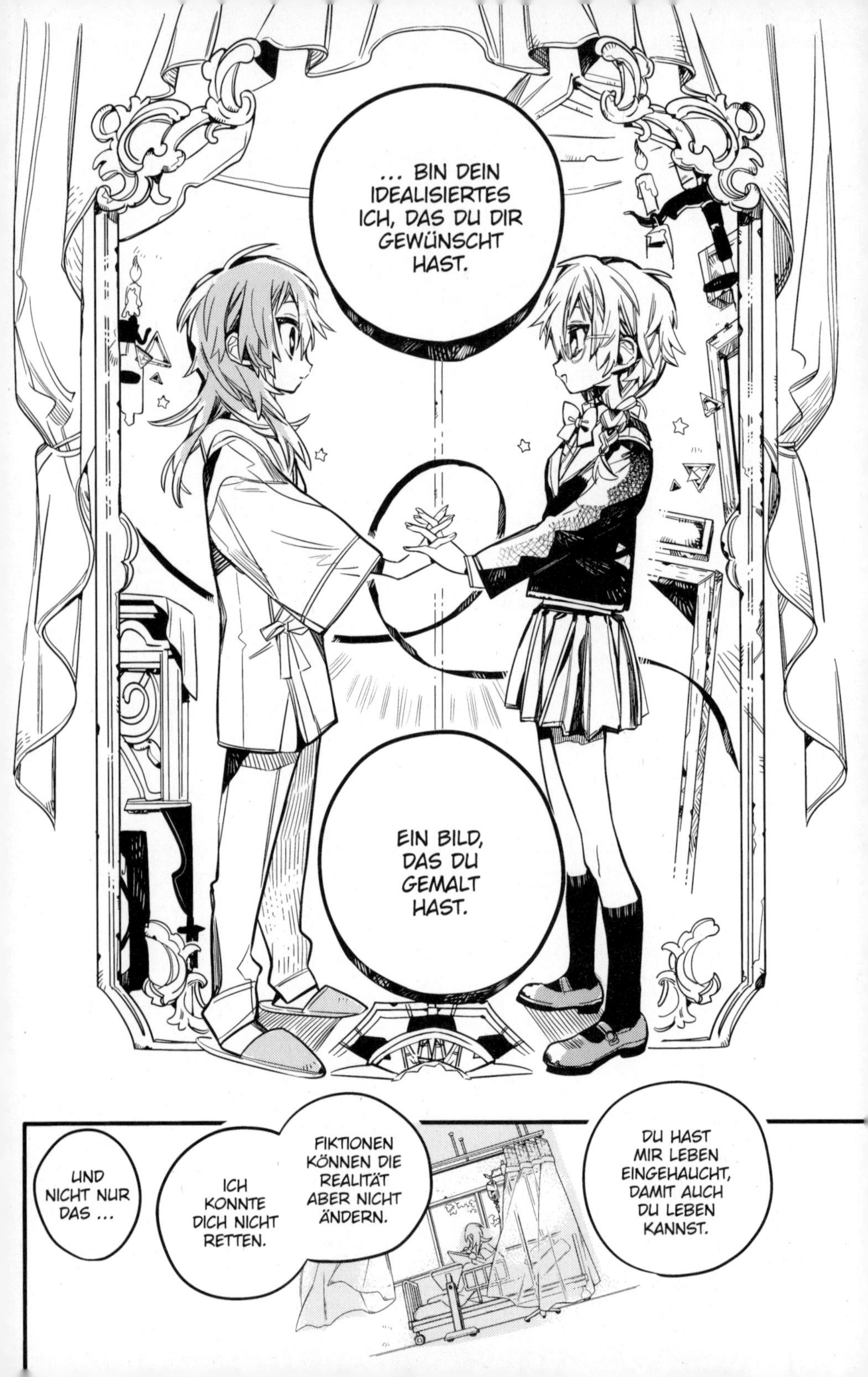
… BIN DEIN IDEALISIERTES ICH, DAS DU DIR GEWÜNSCHT HAST.
EIN BILD, DAS DU GEMALT HAST.
DU HAST MIR LEBEN EINGEHAUCHT, DAMIT AUCH DU LEBEN KANNST.
FIKTIONEN KÖNNEN DIE REALITÄT ABER NICHT ÄNDERN.
ICH KONNTE DICH NICHT RETTEN.
UND NICHT NUR DAS …

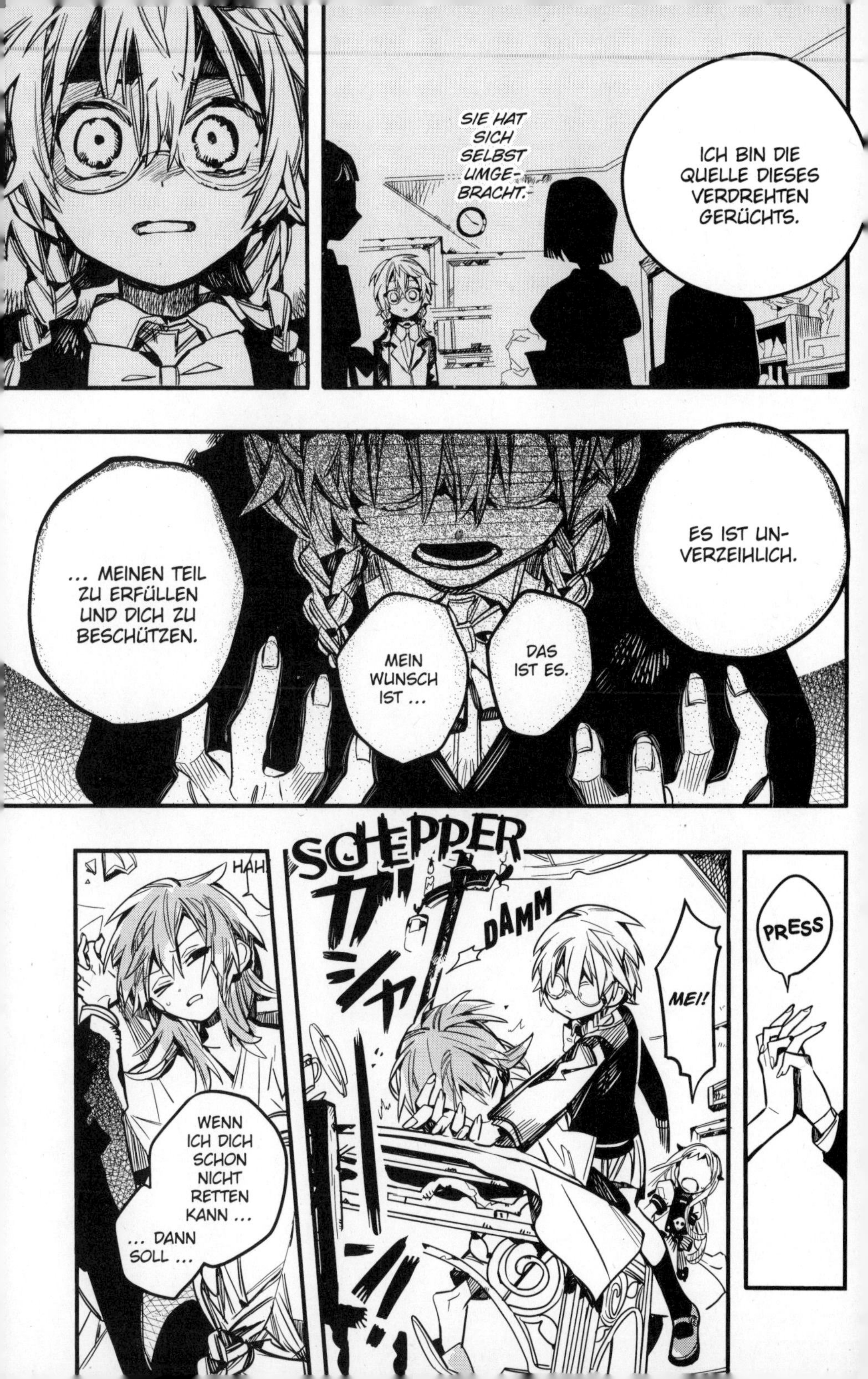

ICH BIN DIE QUELLE DIESES VERDREHTEN GERÜCHTS.
SIE HAT SICH SELBST UMGE-BRACHT.-
ES IST UN-VERZEIHLICH.
DAS IST ES.
MEIN WUNSCH IST …
… MEINEN TEIL ZU ERFÜLLEN UND DICH ZU BESCHÜTZEN.
PRESS
MEI!
DAMM
SCHEPPER
ガシャ
HAH!
WENN ICH DICH SCHON NICHT RETTEN KANN …
… DANN SOLL …

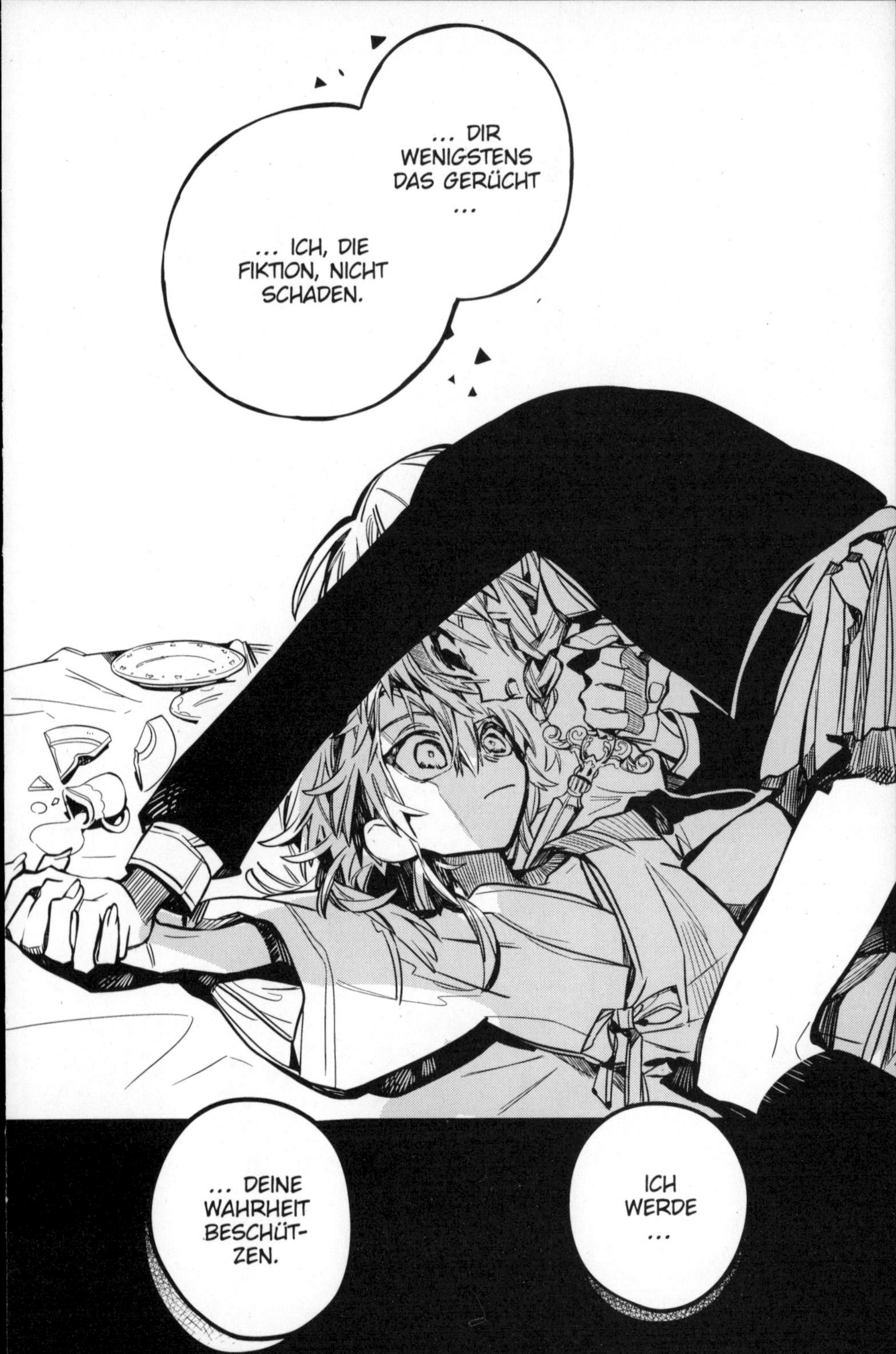
... DIR WENIGSTENS DAS GERÜCHT ...
... ICH, DIE FIKTION, NICHT SCHADEN.
ICH WERDE ...
... DEINE WAHRHEIT BESCHÜT-ZEN.

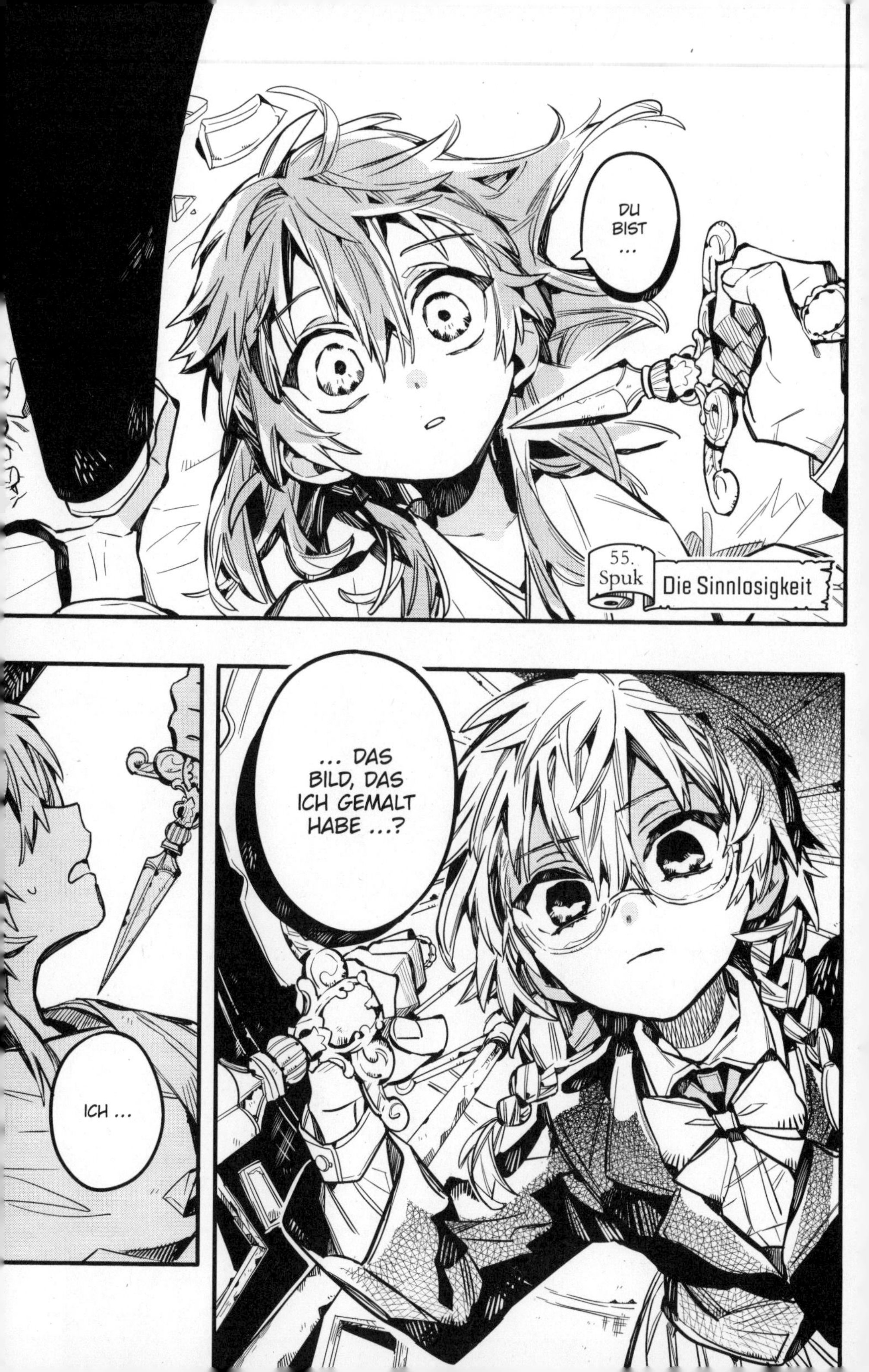
DU BIST …
55. Spuk
Die Sinnlosigkeit
… DAS BILD, DAS ICH GEMALT HABE …?
ICH …

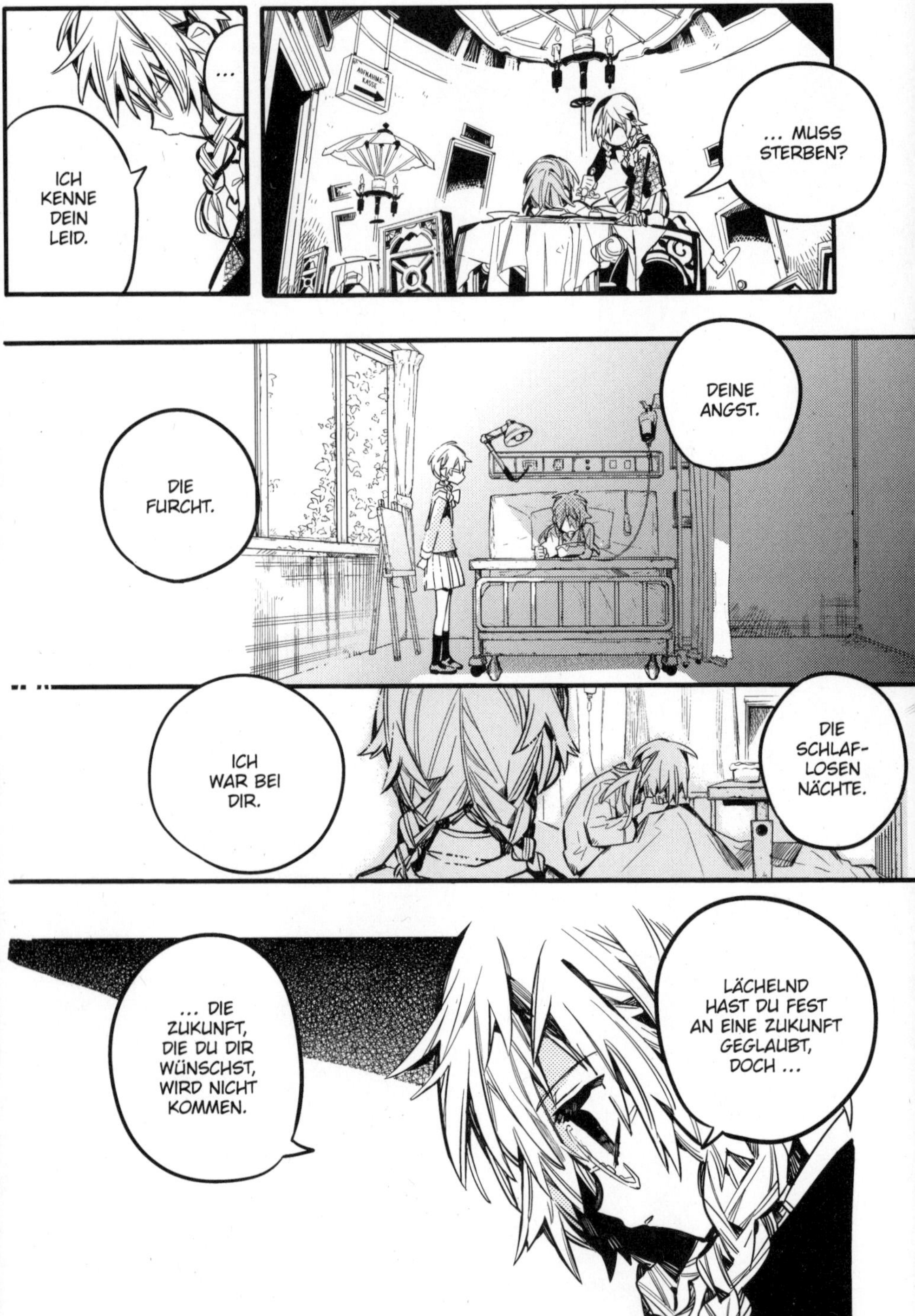
AUFNAHME-KASSE
… MUSS STERBEN?
…
ICH KENNE DEIN LEID.
DEINE ANGST.
DIE FURCHT.
DIE SCHLAF-LOSEN NÄCHTE.
ICH WAR BEI DIR.
LÄCHELND HAST DU FEST AN EINE ZUKUNFT GEGLAUBT, DOCH …
… DIE ZUKUNFT, DIE DU DIR WÜNSCHST, WIRD NICHT KOMMEN.

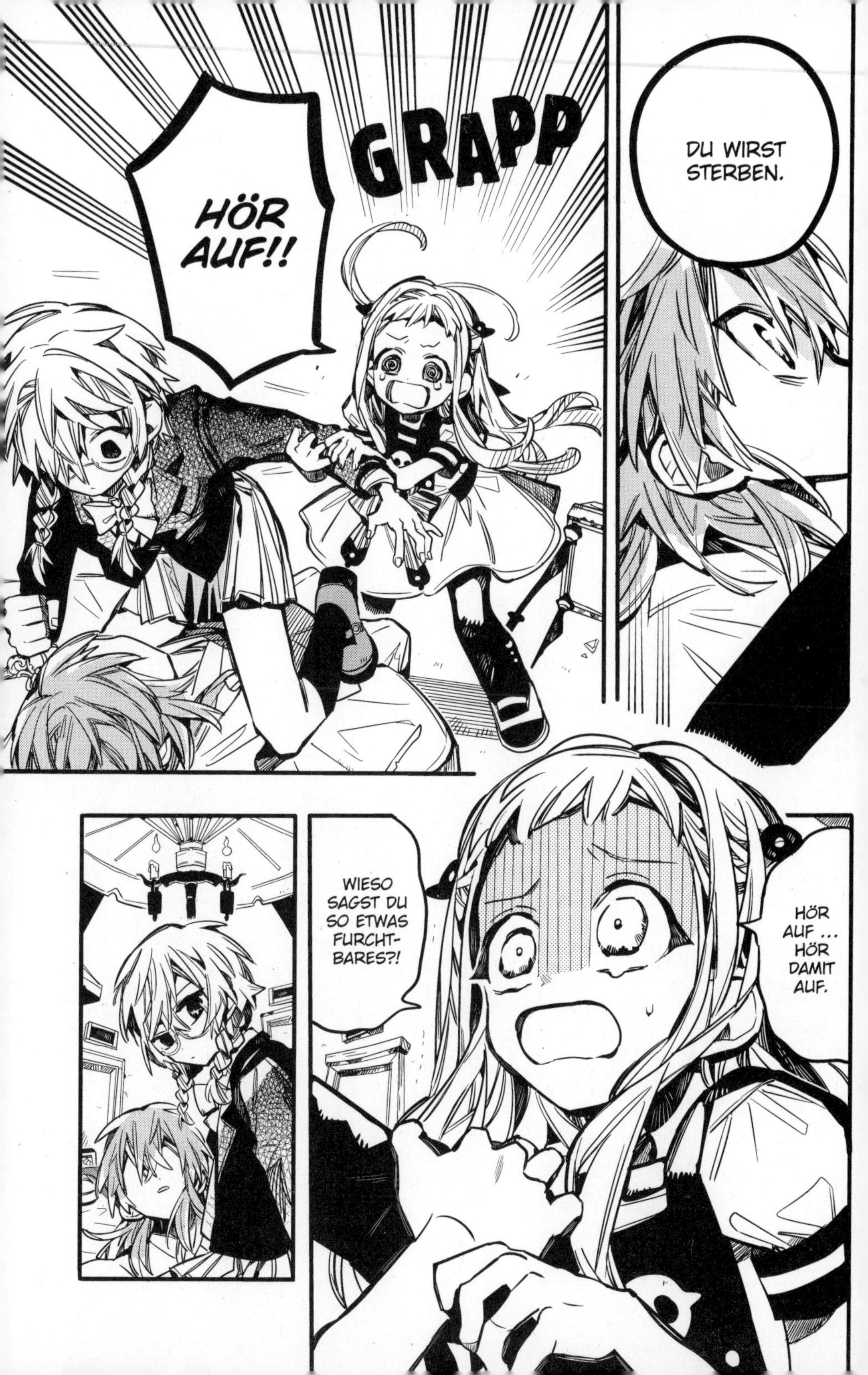
DU WIRST STERBEN.
GRAPP
HÖR AUF!!
HÖR AUF ... HÖR DAMIT AUF.
WIESO SAGST DU SO ETWAS FURCHT-BARES?!

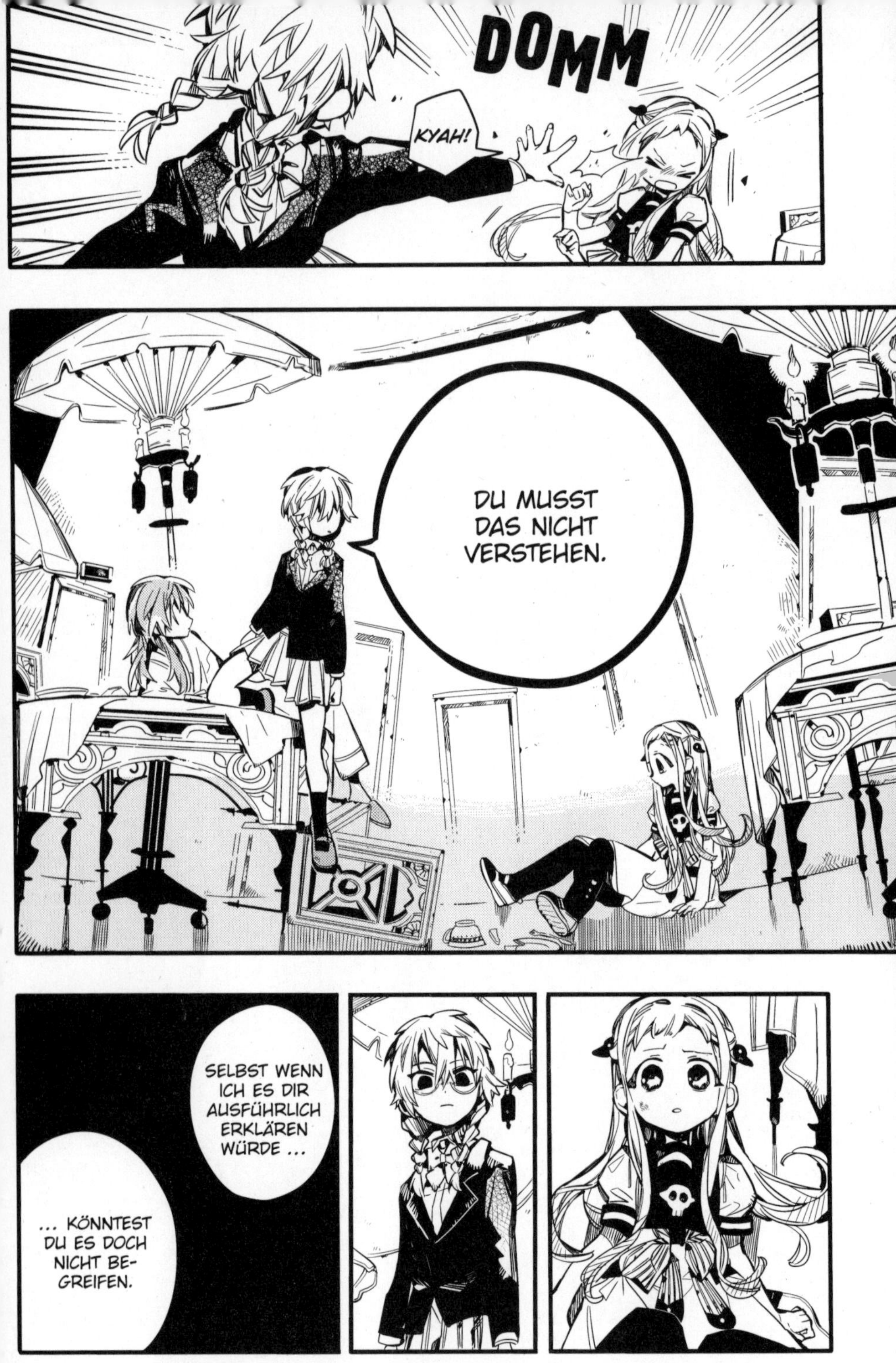
DOMM
KYAH!
DU MUSST DAS NICHT VERSTEHEN.
SELBST WENN ICH ES DIR AUSFÜHRLICH ERKLÄREN WÜRDE …
… KÖNNTEST DU ES DOCH NICHT BE-GREIFEN.

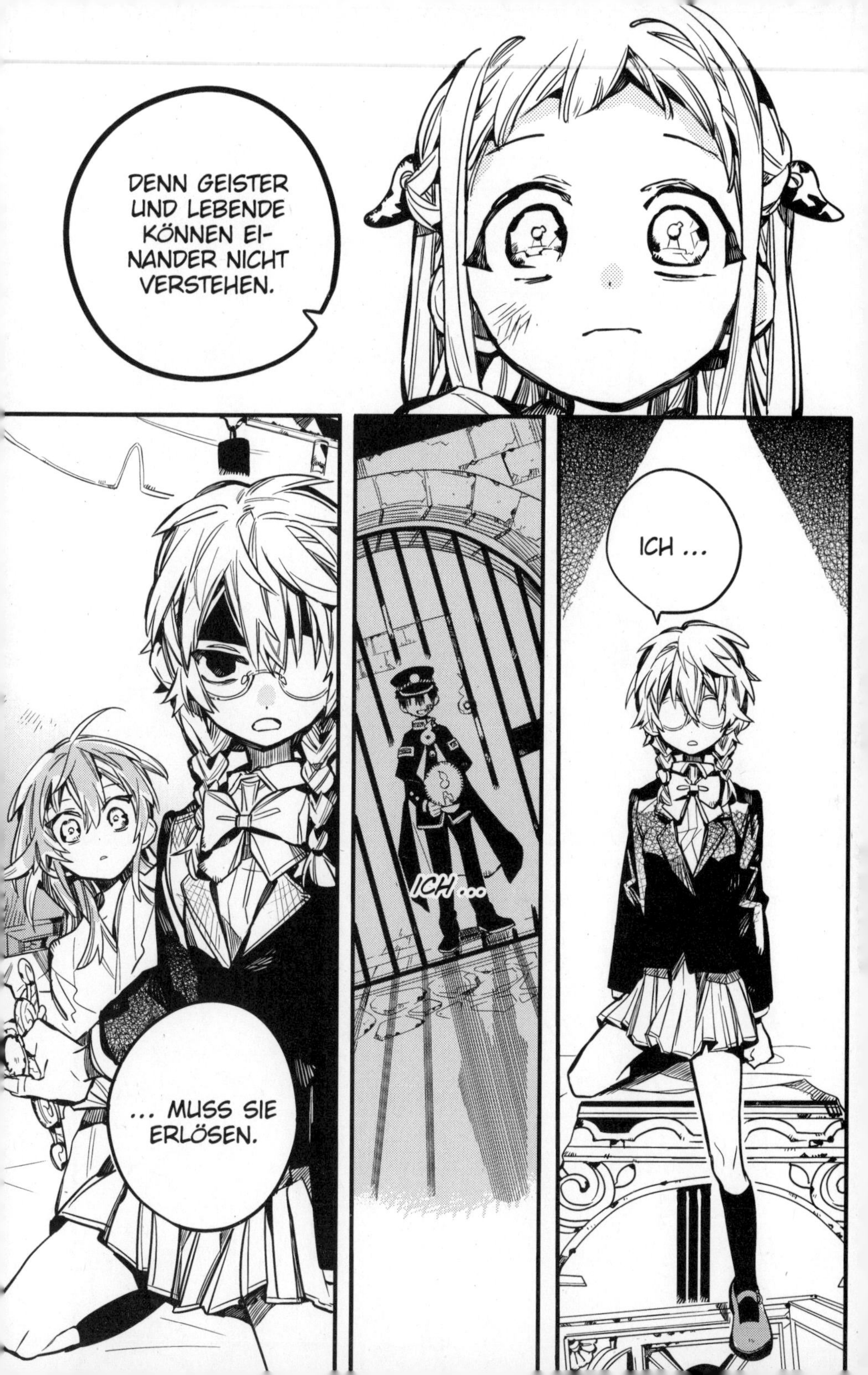
DENN GEISTER UND LEBENDE KÖNNEN EI- NANDER NICHT VERSTEHEN.
ICH …
ICH …
… MUSS SIE ERLÖSEN.

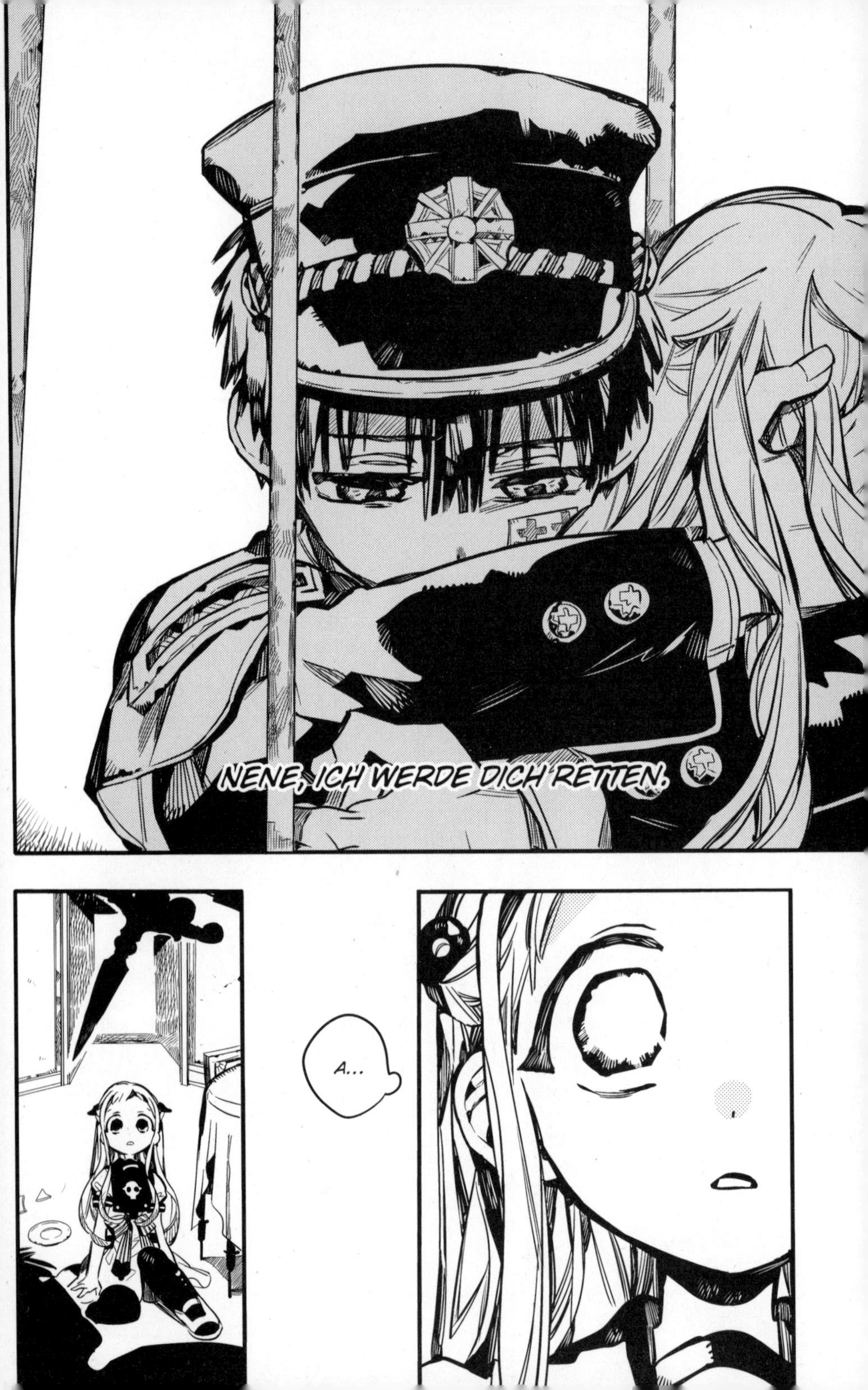
NENE, ICH WERDE DICH RETTEN.
A...

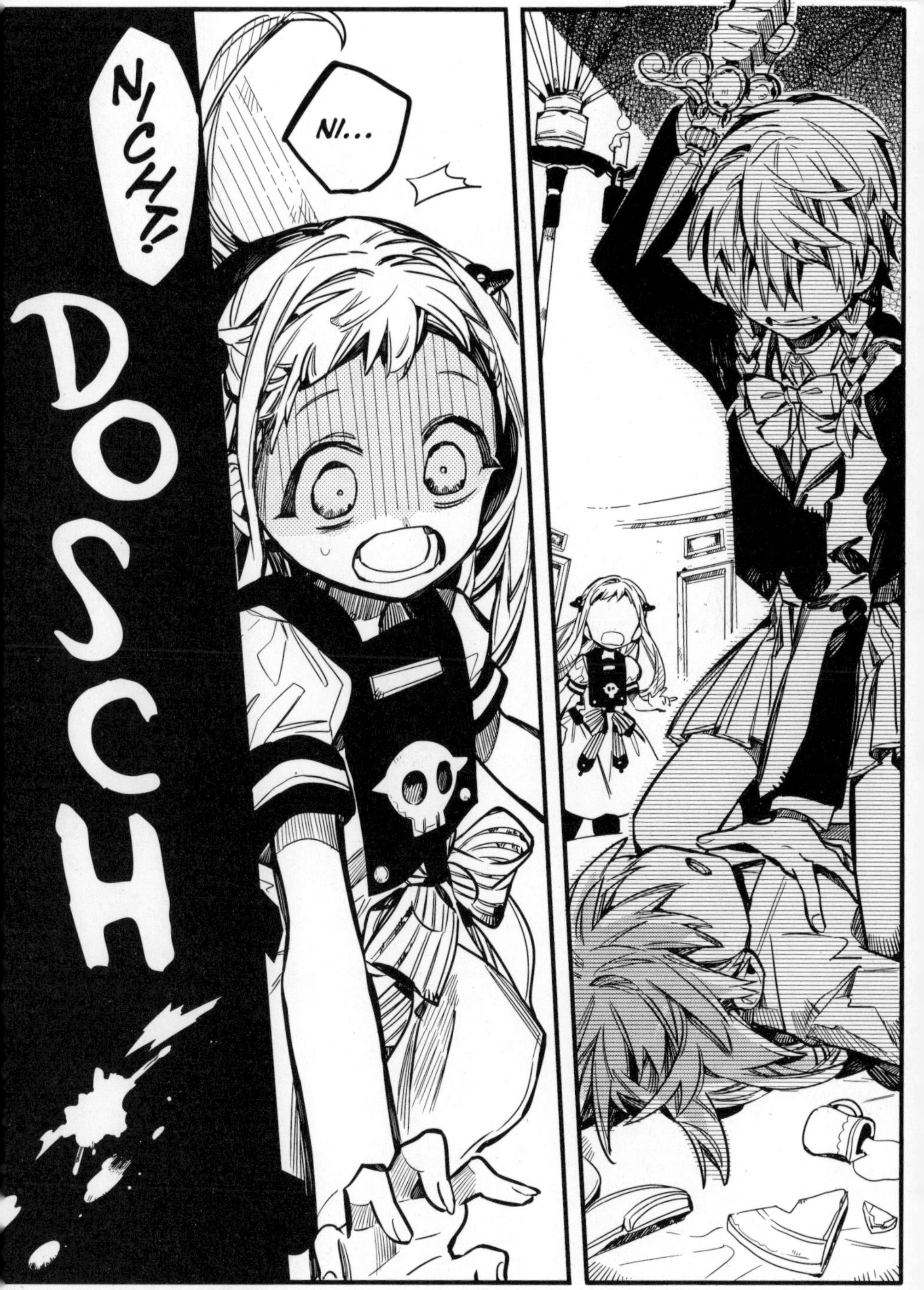
NI...
NICHT!
DOSCH

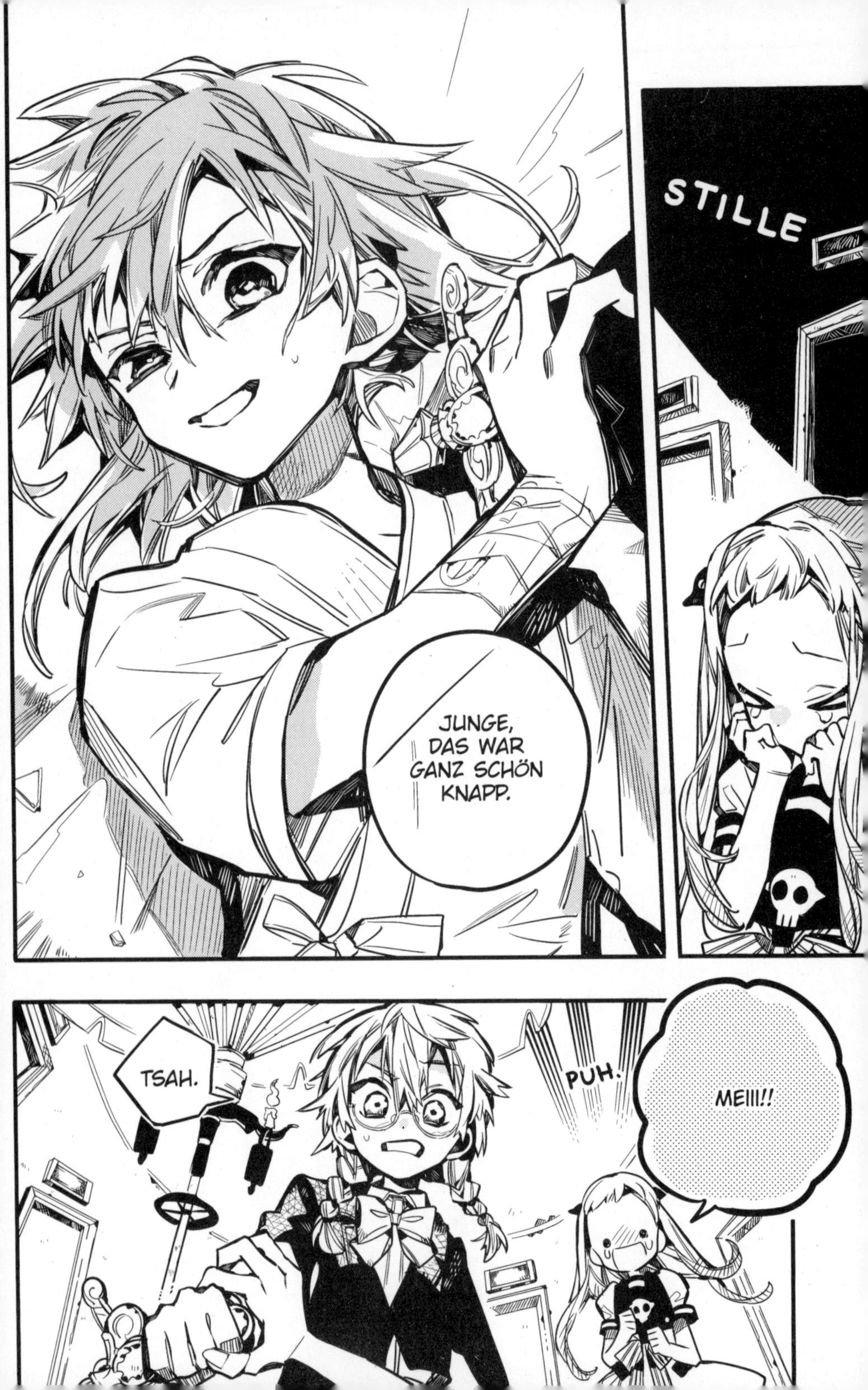
STILLE
JUNGE, DAS WAR GANZ SCHÖN KNAPP.
MEIII!!
PUH.
TSAH.

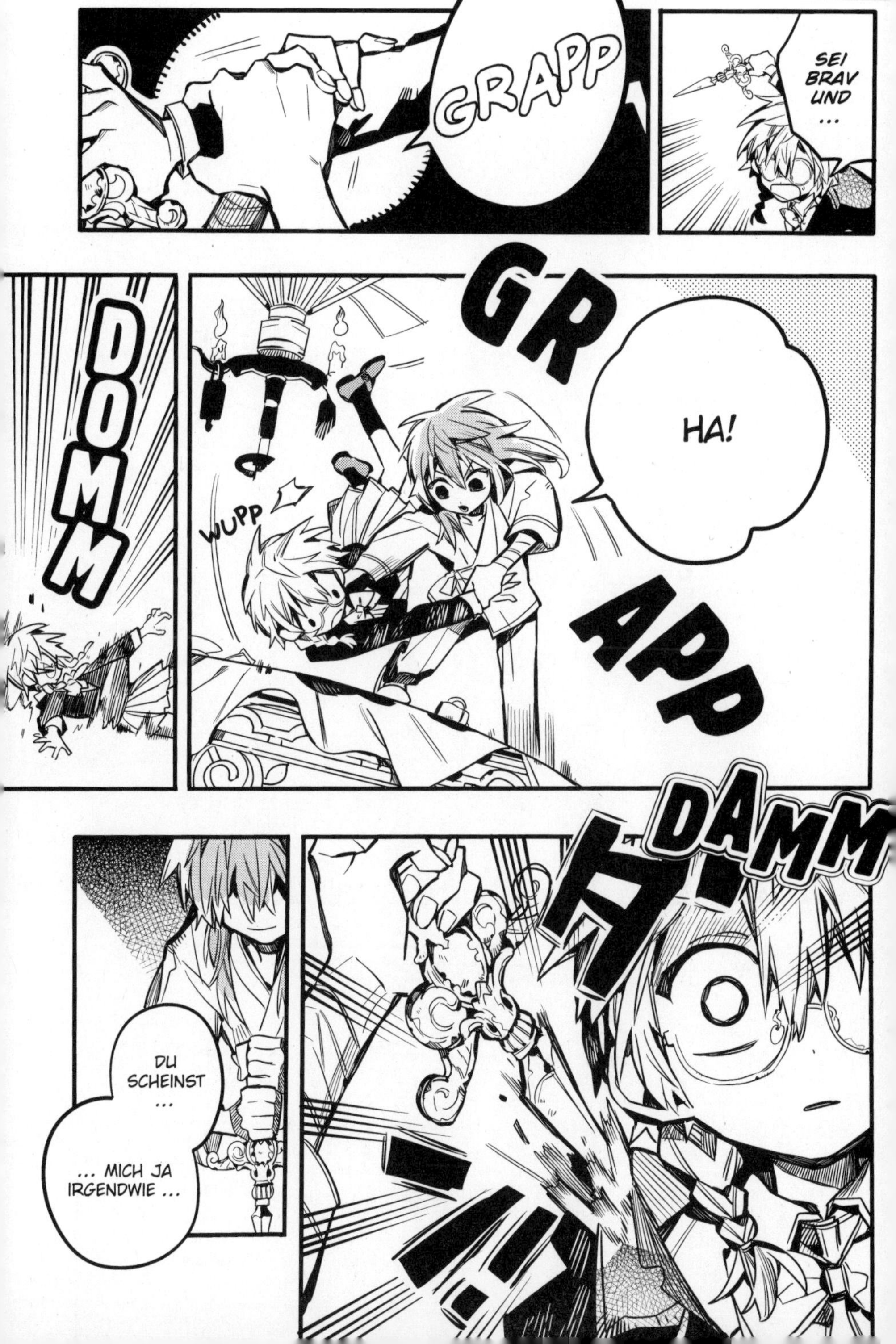
SEI BRAV UND …
GRAPP
GR APP
HA!
WUPP
DOMM
DAMM
DU SCHEINST …
… MICH JA IRGENDWIE …

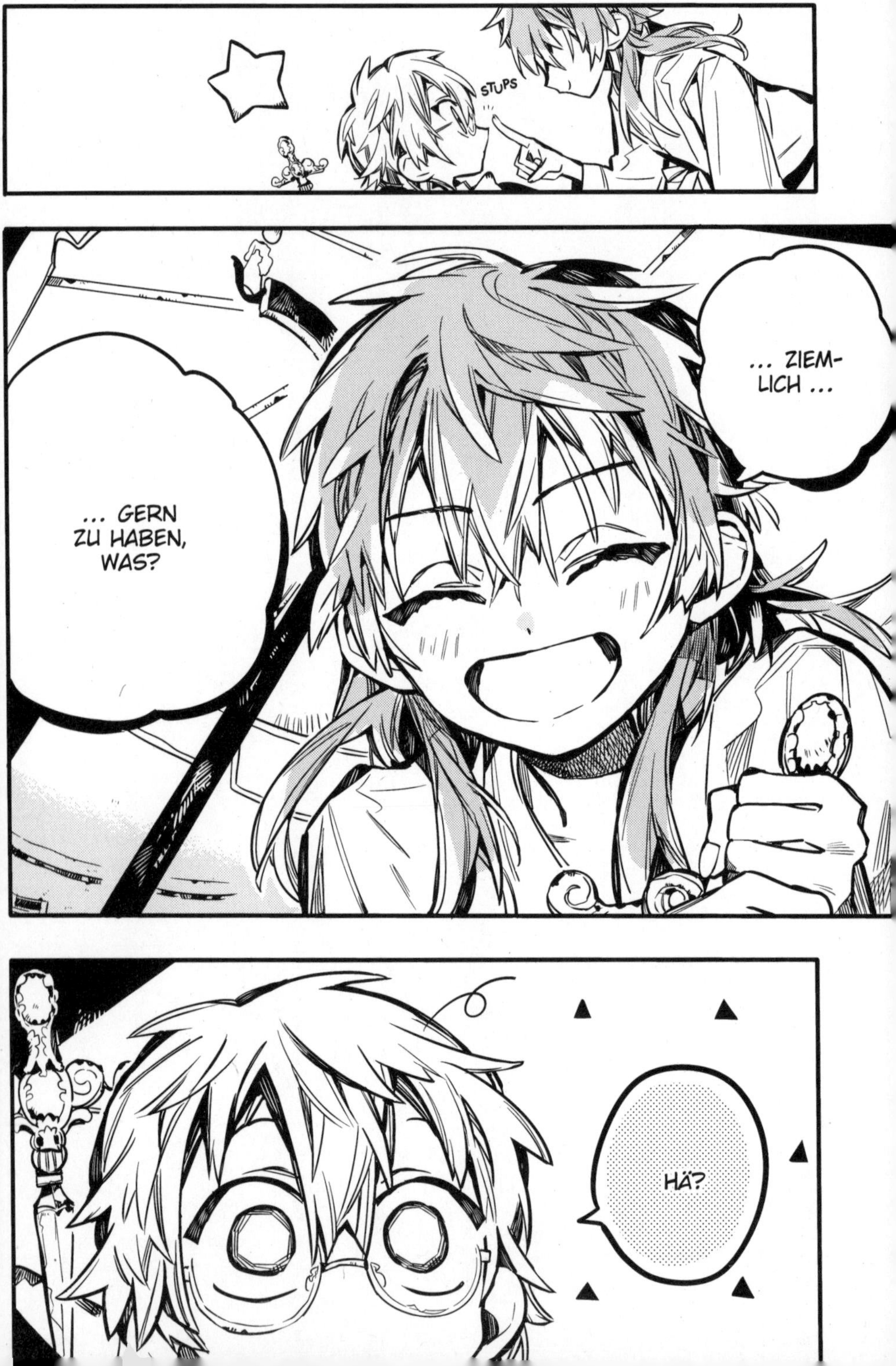
STUPS
... ZIEM-LICH ...
... GERN ZU HABEN, WAS?
HÄ?

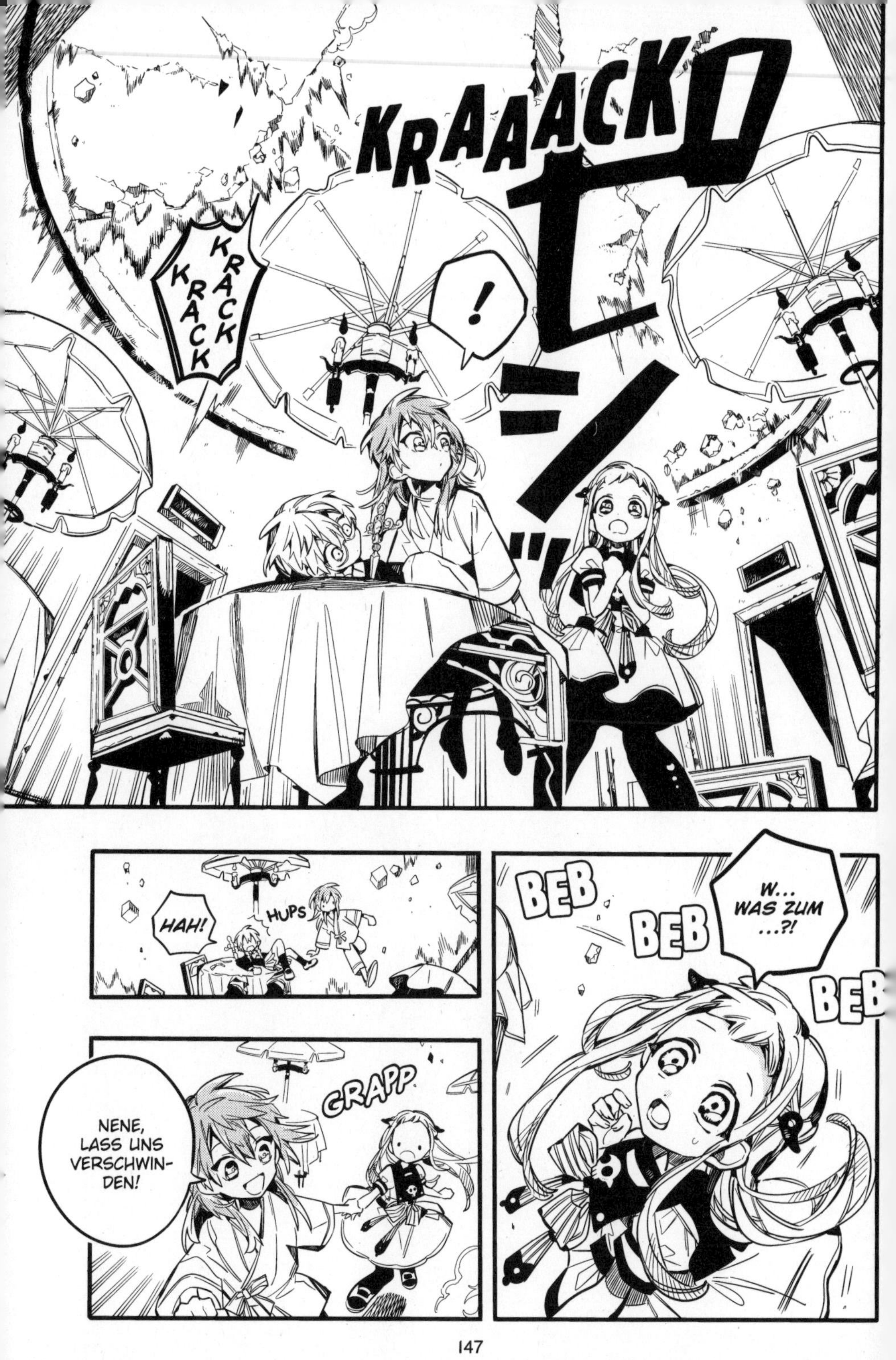
KRAAACK
KRACK KRACK
!
HAH!
HUPS
BEB
BEB
BEB
W... WAS ZUM ...?!
GRAPP
NENE, LASS UNS VERSCHWIN-DEN!

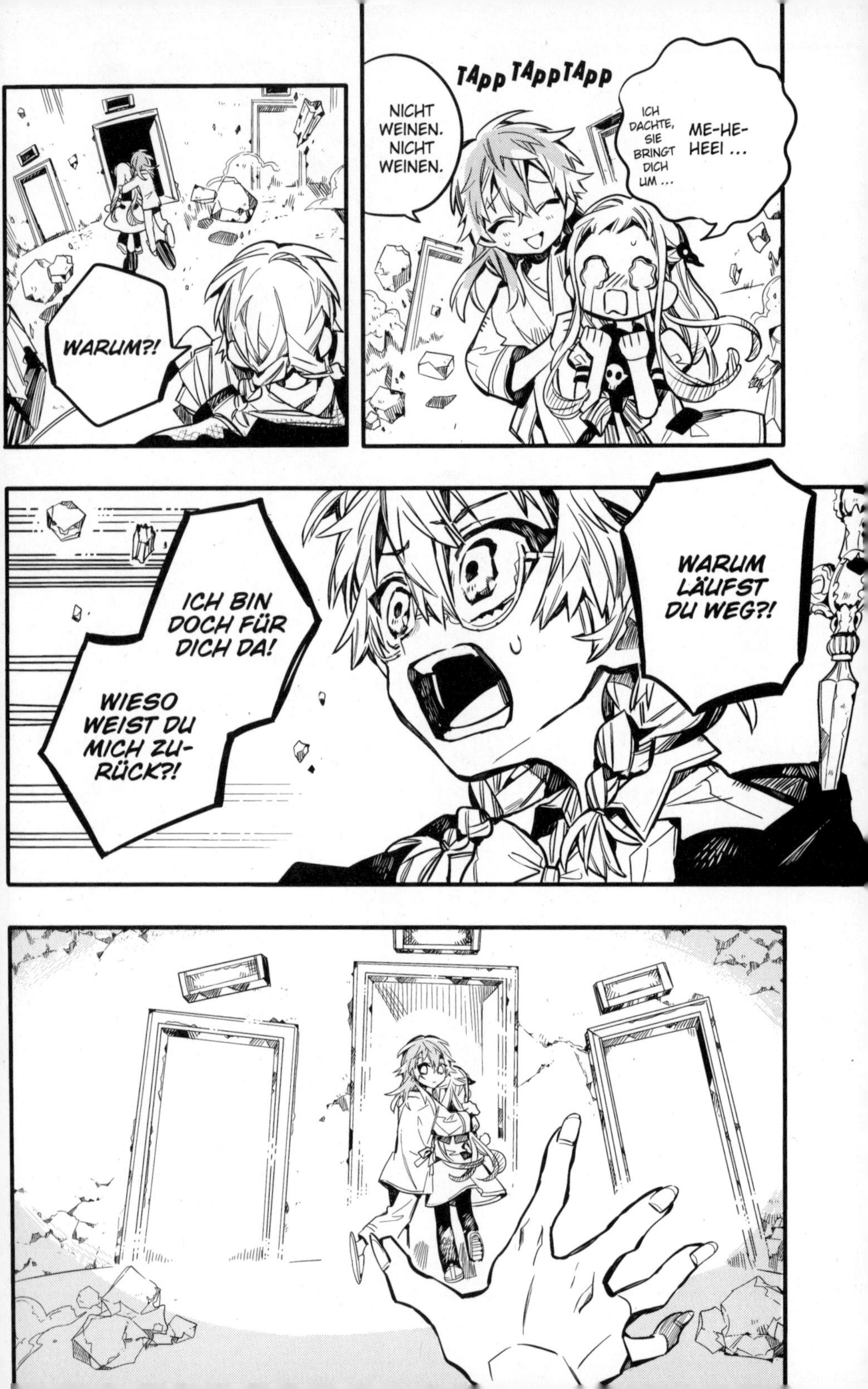
TAPP TAPPTAPP
ME-HE-HEEI …
ICH DACHTE, SIE BRINGT DICH UM …
NICHT WEINEN. NICHT WEINEN.
WARUM?!
WARUM LÄUFST DU WEG?!
ICH BIN DOCH FÜR DICH DA!
WIESO WEIST DU MICH ZURÜCK?!

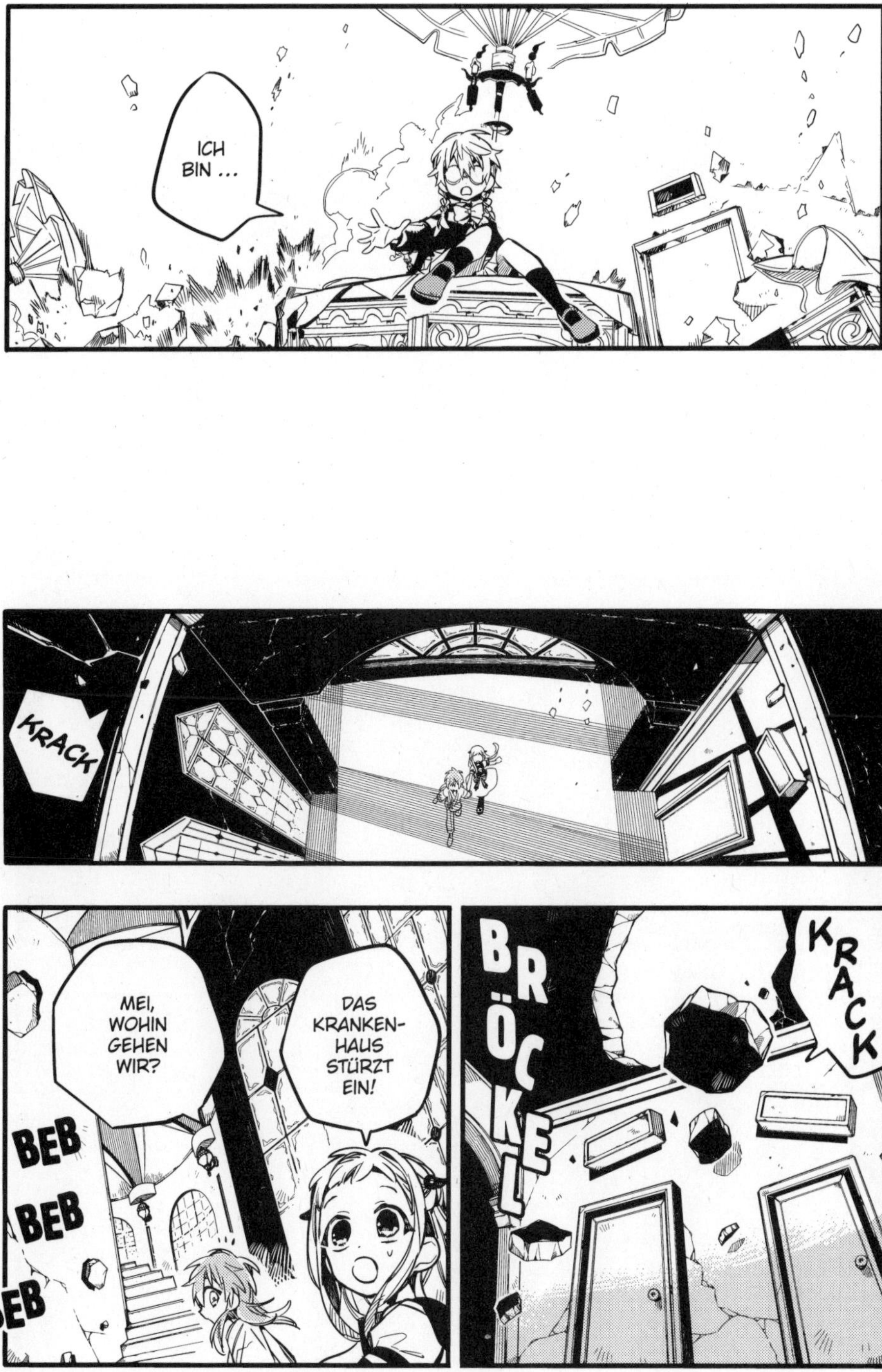
ICH BIN …
KRACK
KRACK
BRÖCKEL
DAS KRANKEN-HAUS STÜRZT EIN!
MEI, WOHIN GEHEN WIR?
BEB
BEB
BEB

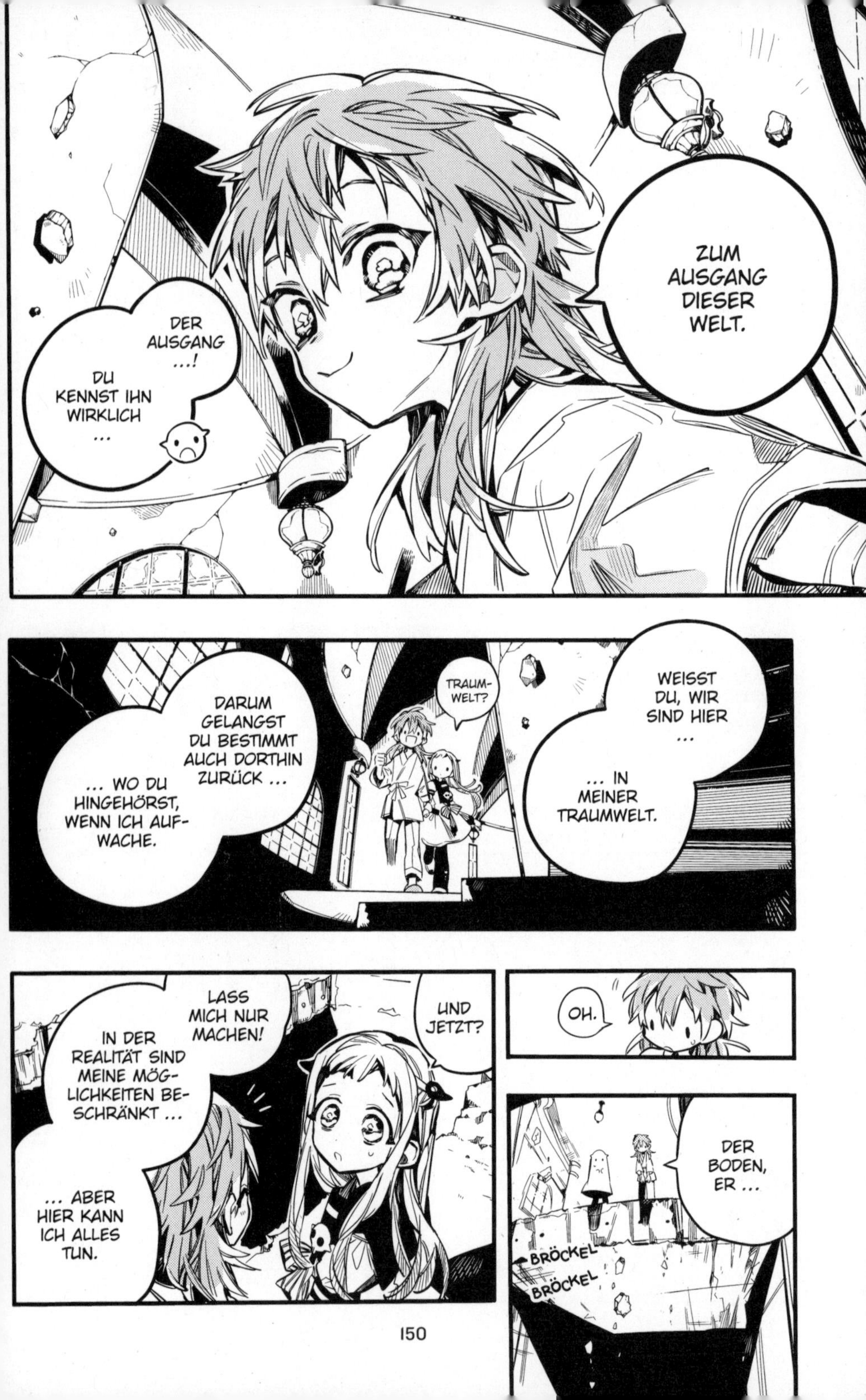
ZUM AUSGANG DIESER WELT.
DER AUSGANG ...!
DU KENNST IHN WIRKLICH ...
WEISST DU, WIR SIND HIER ...
... IN MEINER TRAUMWELT.
TRAUMWELT?
DARUM GELANGST DU BESTIMMT AUCH DORTHIN ZURÜCK ...
... WO DU HINGEHÖRST, WENN ICH AUFWACHE.
UND JETZT?
LASS MICH NUR MACHEN!
IN DER REALITÄT SIND MEINE MÖGLICHKEITEN BESCHRÄNKT ...
... ABER HIER KANN ICH ALLES TUN.
OH.
DER BODEN, ER ...
BRÖCKEL
BRÖCKEL

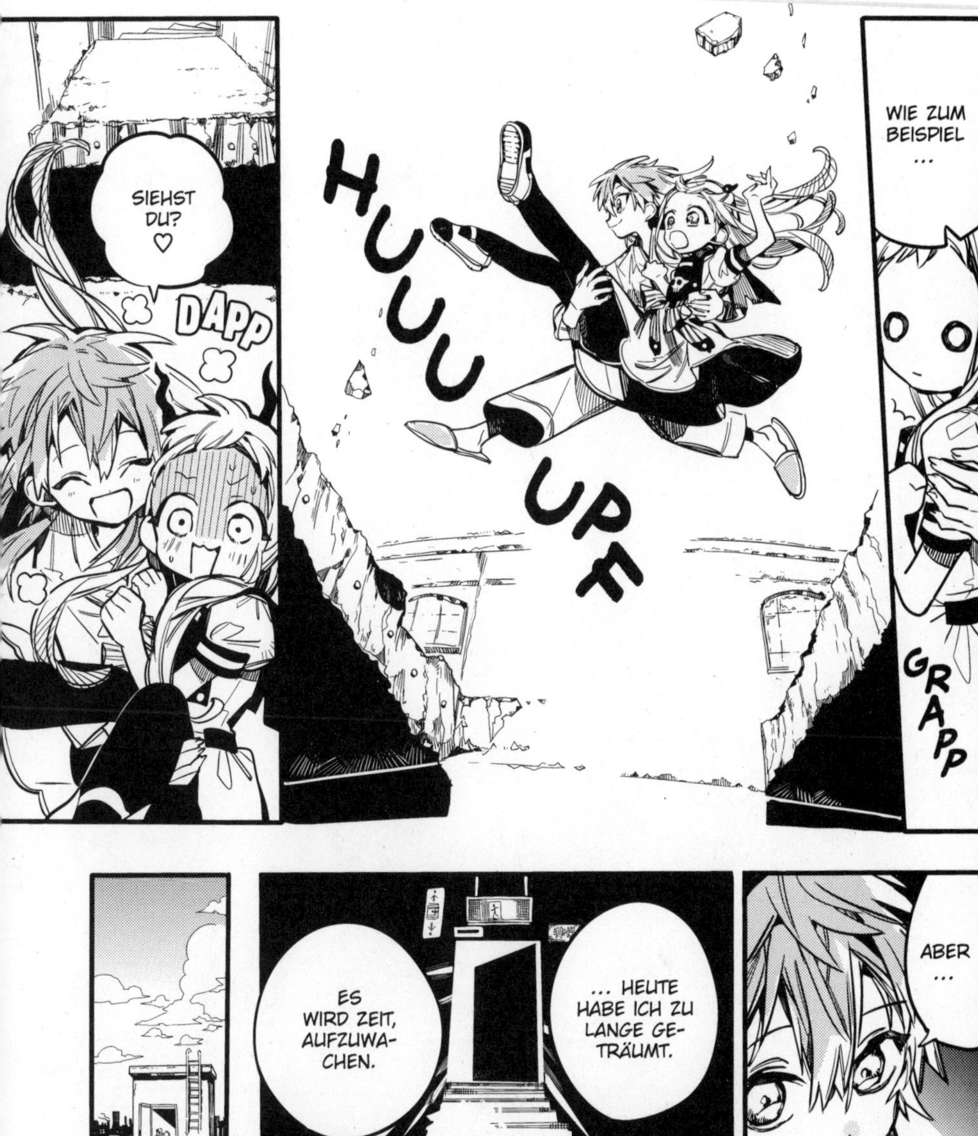
WIE ZUM BEISPIEL ...
GRAPP
HUUUUPF
SIEHST DU? ♡
DAPP
ABER ...
... HEUTE HABE ICH ZU LANGE GE-TRÄUMT.
ES WIRD ZEIT, AUFZUWA-CHEN.

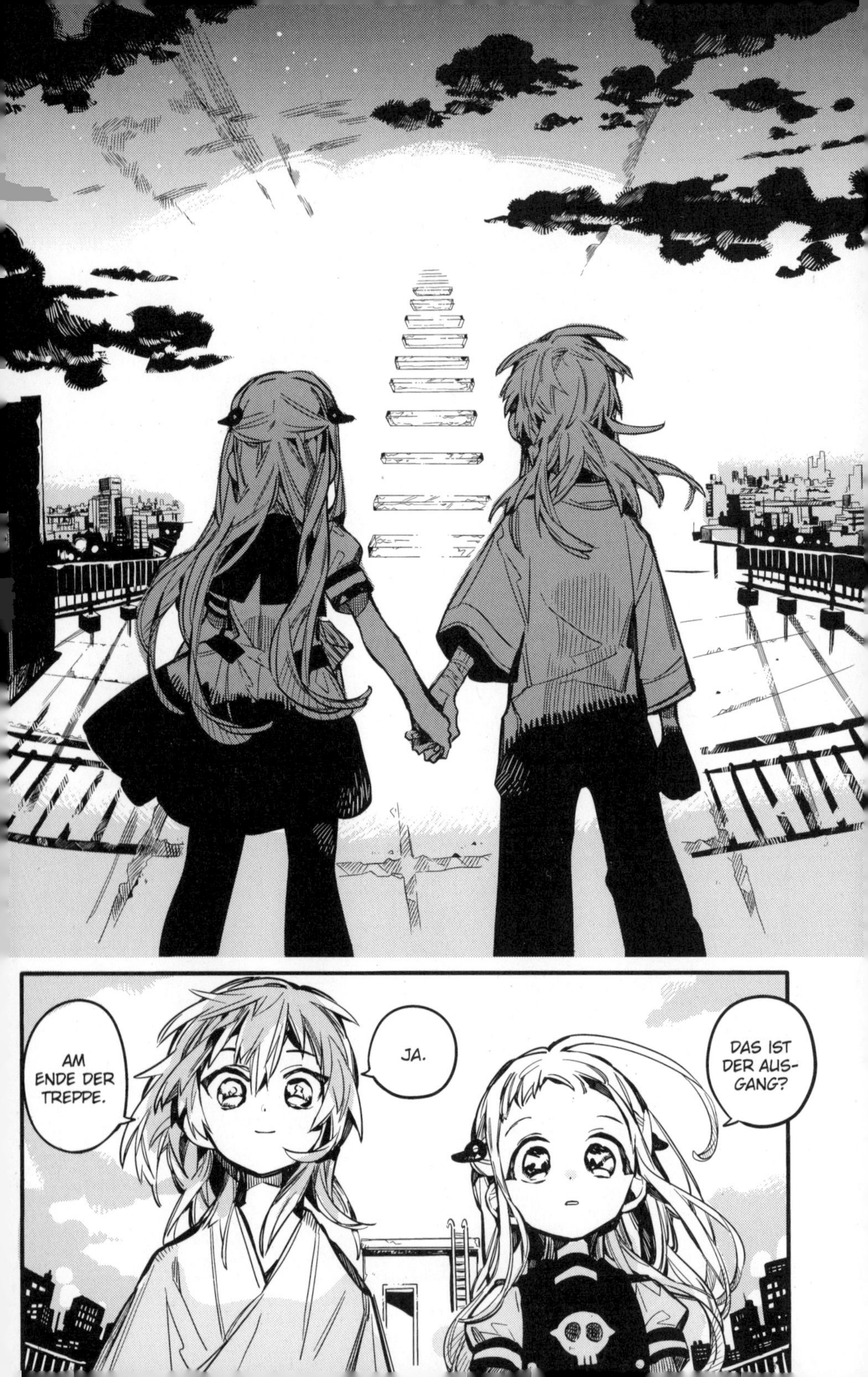
DAS IST DER AUS-GANG?
JA.
AM ENDE DER TREPPE.

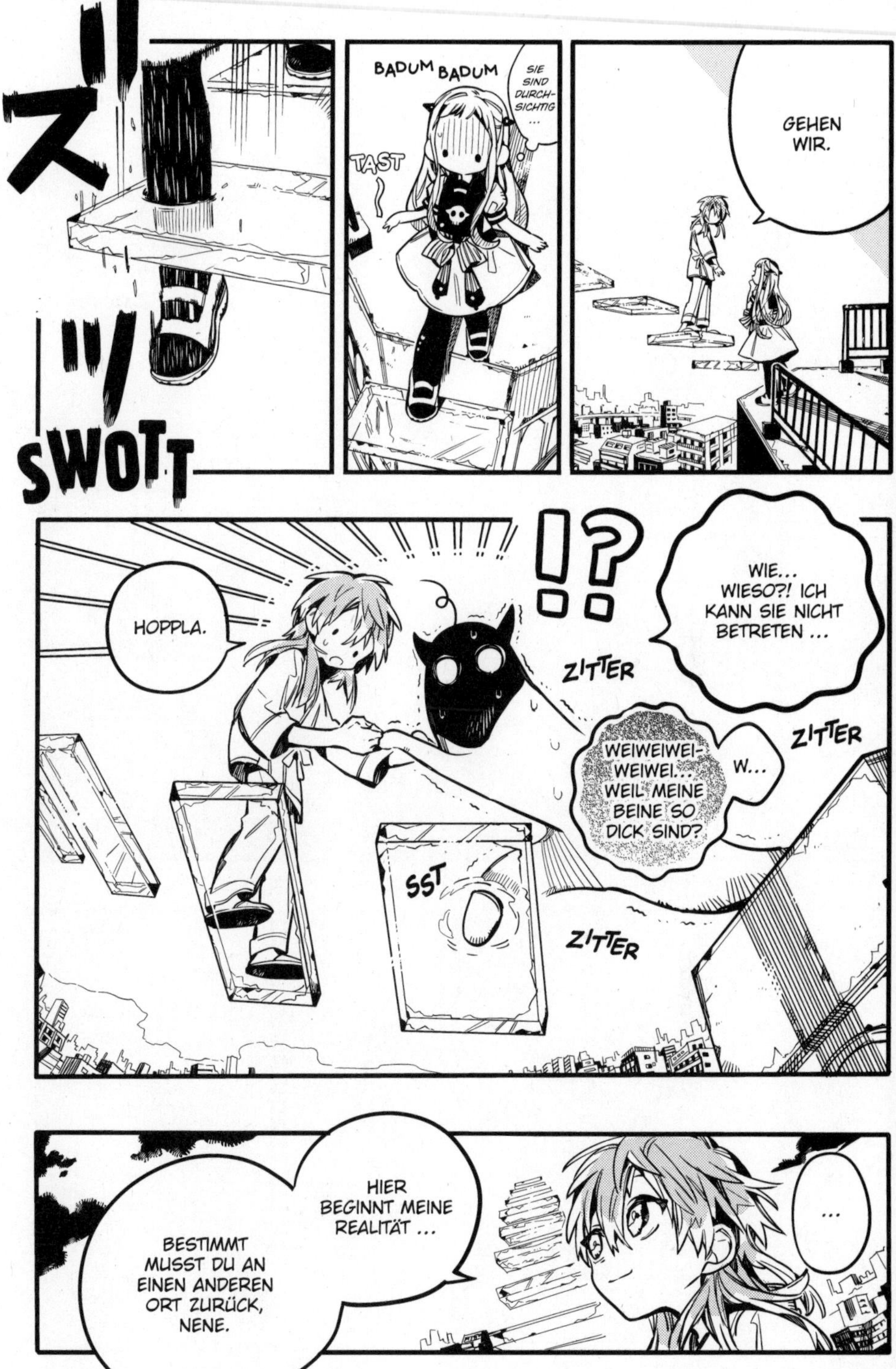
GEHEN WIR.
SIE SIND DURCH-SICHTIG ...
BADUM BADUM
TAST
SWOTT
WIE... WIESO?! ICH KANN SIE NICHT BETRETEN ...
!?
ZITTER
W...
WEIWEIWEI-WEIWEI... WEIL MEINE BEINE SO DICK SIND?
ZITTER
HOPPLA.
SST
ZITTER
...
HIER BEGINNT MEINE REALITÄT ...
BESTIMMT MUSST DU AN EINEN ANDEREN ORT ZURÜCK, NENE.

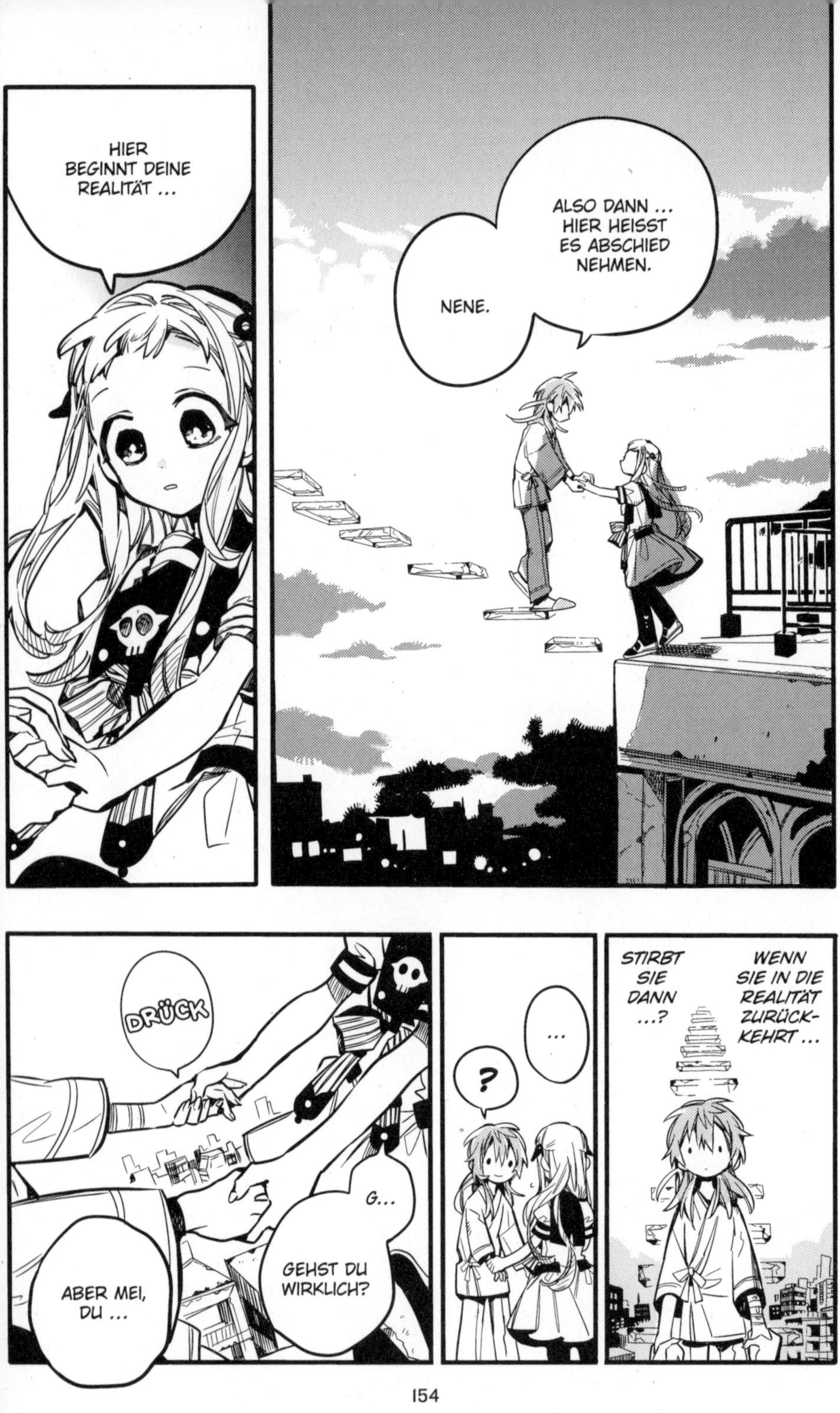
ALSO DANN … HIER HEISST ES ABSCHIED NEHMEN.
NENE.
HIER BEGINNT DEINE REALITÄT …
WENN SIE IN DIE REALITÄT ZURÜCK-KEHRT …
STIRBT SIE DANN …?
…
?
DRÜCK
G…
GEHST DU WIRKLICH?
ABER MEI, DU …

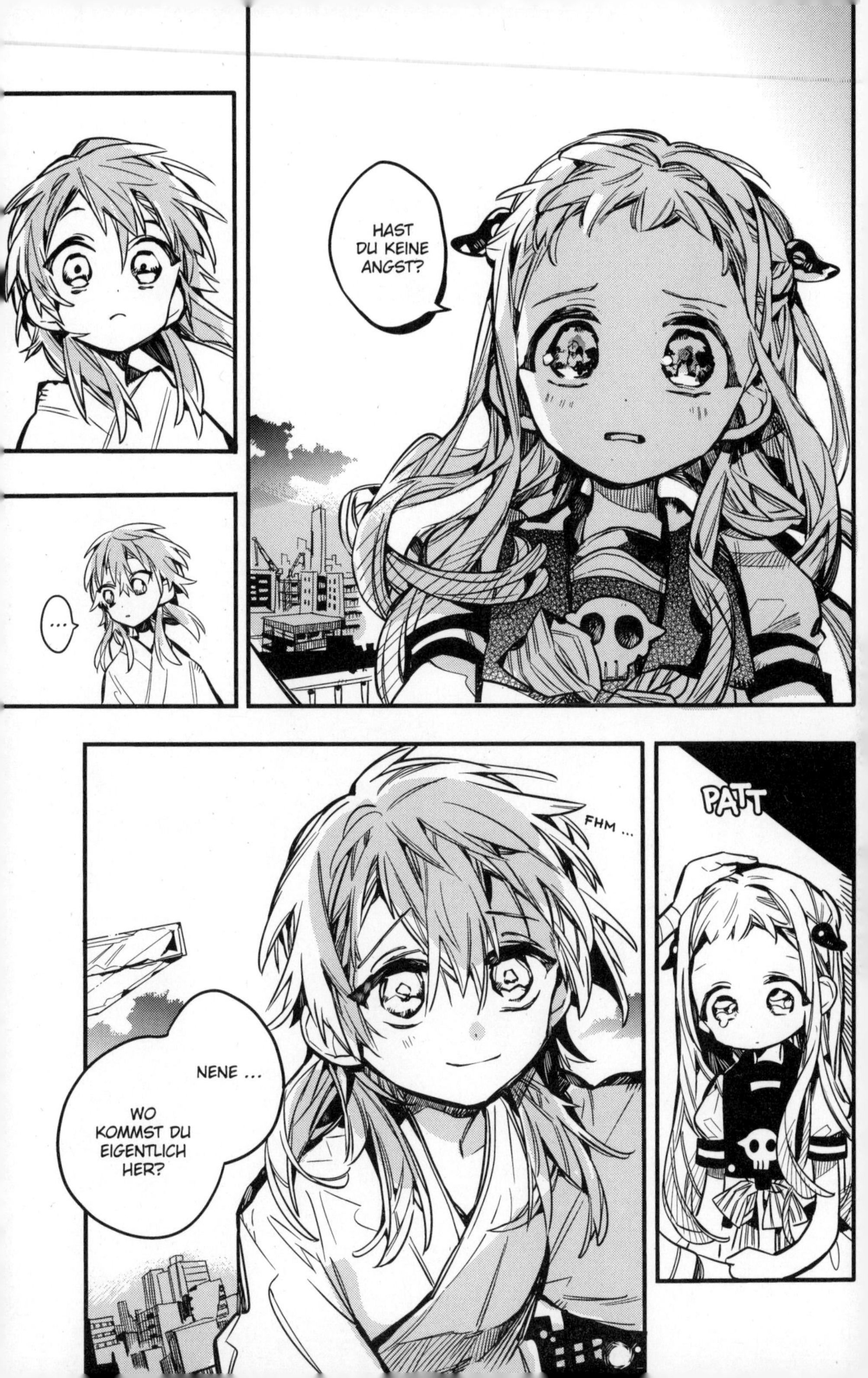
HAST DU KEINE ANGST?
...
PATT
FHM ...
NENE ...
WO KOMMST DU EIGENTLICH HER?

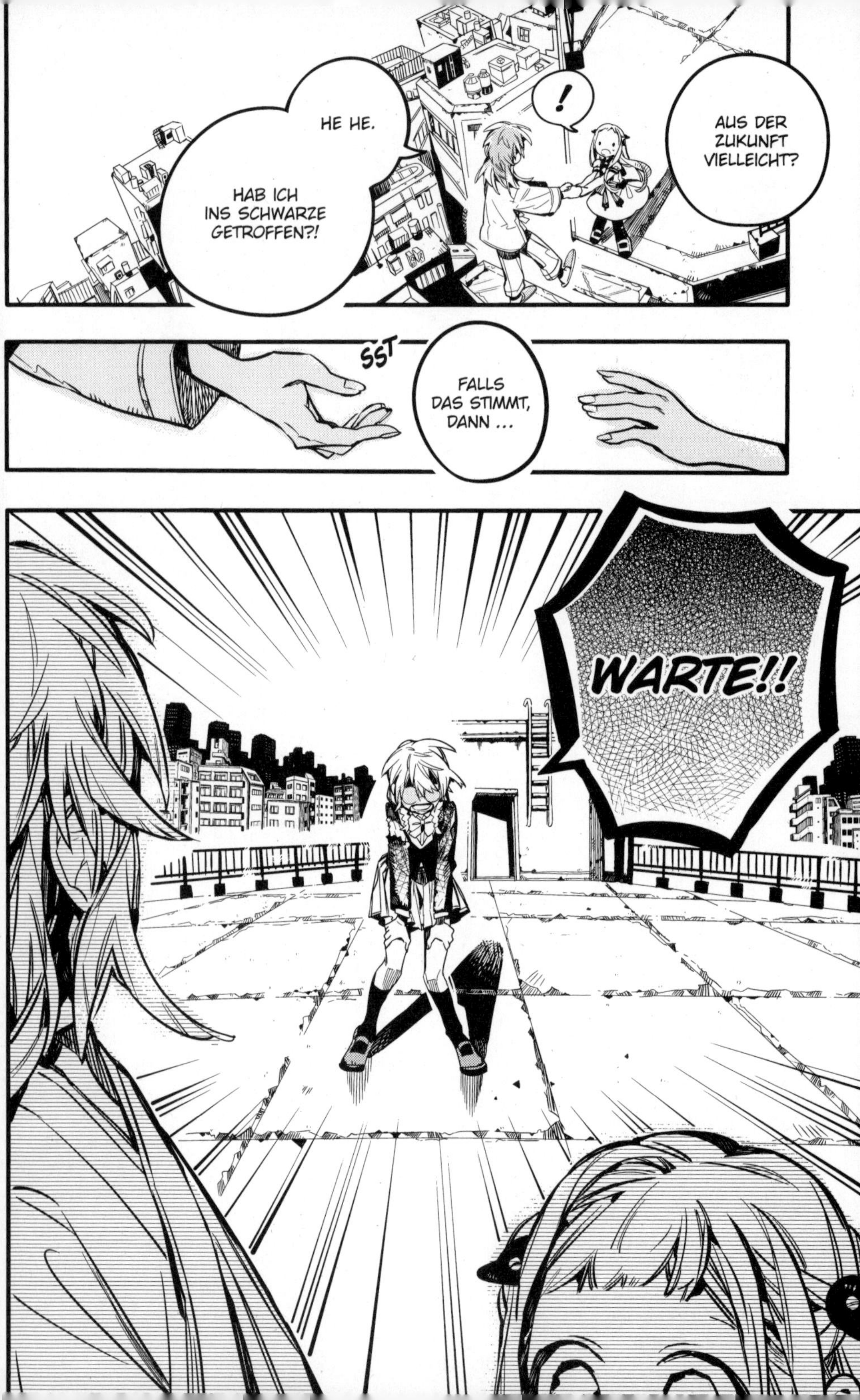
AUS DER ZUKUNFT VIELLEICHT?
!
HE HE.
HAB ICH INS SCHWARZE GETROFFEN?!
FALLS DAS STIMMT, DANN ...
SST
WARTE!!

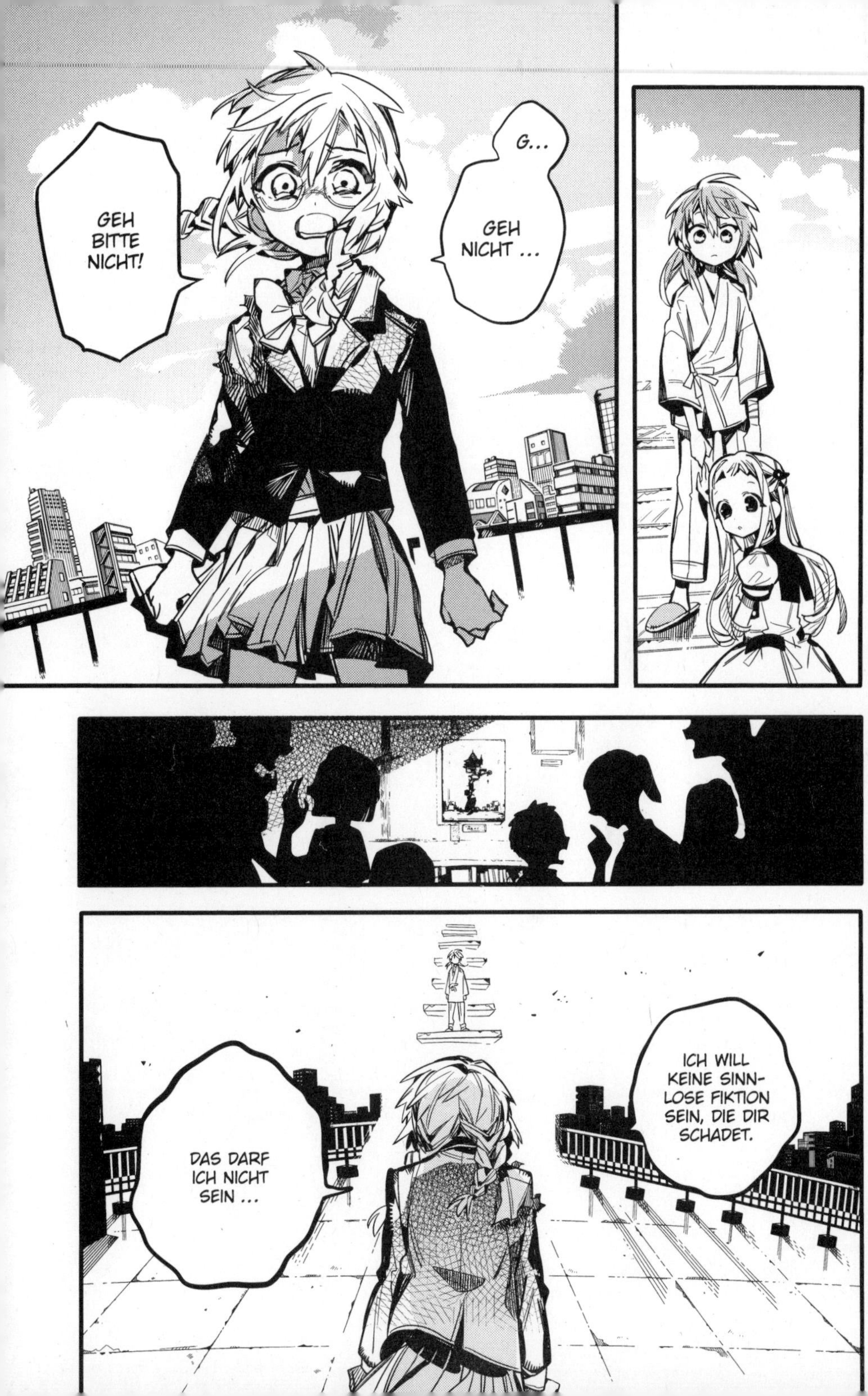
G…
GEH NICHT …
GEH BITTE NICHT!
ICH WILL KEINE SINN-LOSE FIKTION SEIN, DIE DIR SCHADET.
DAS DARF ICH NICHT SEIN …

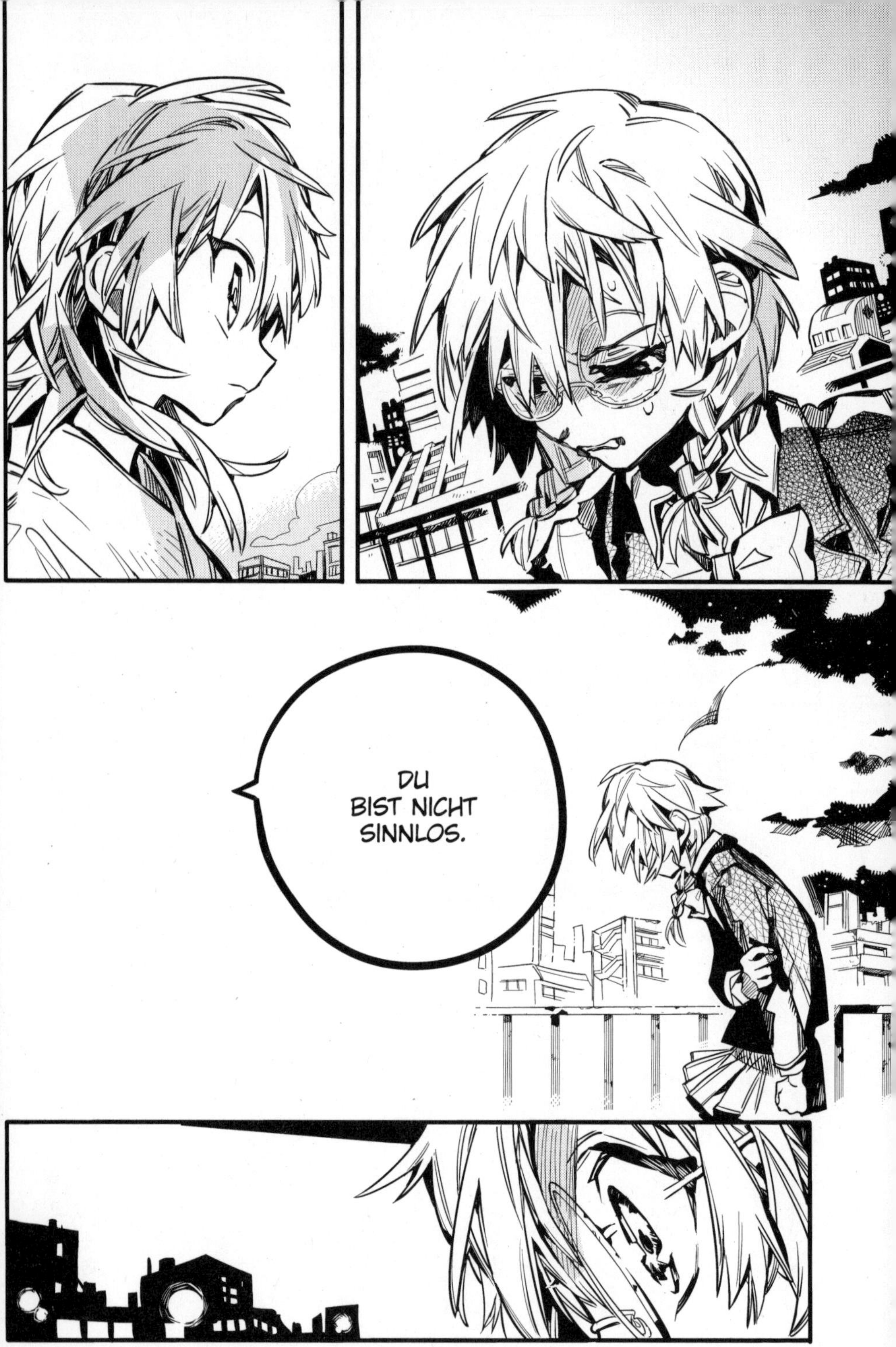
DU BIST NICHT SINNLOS.

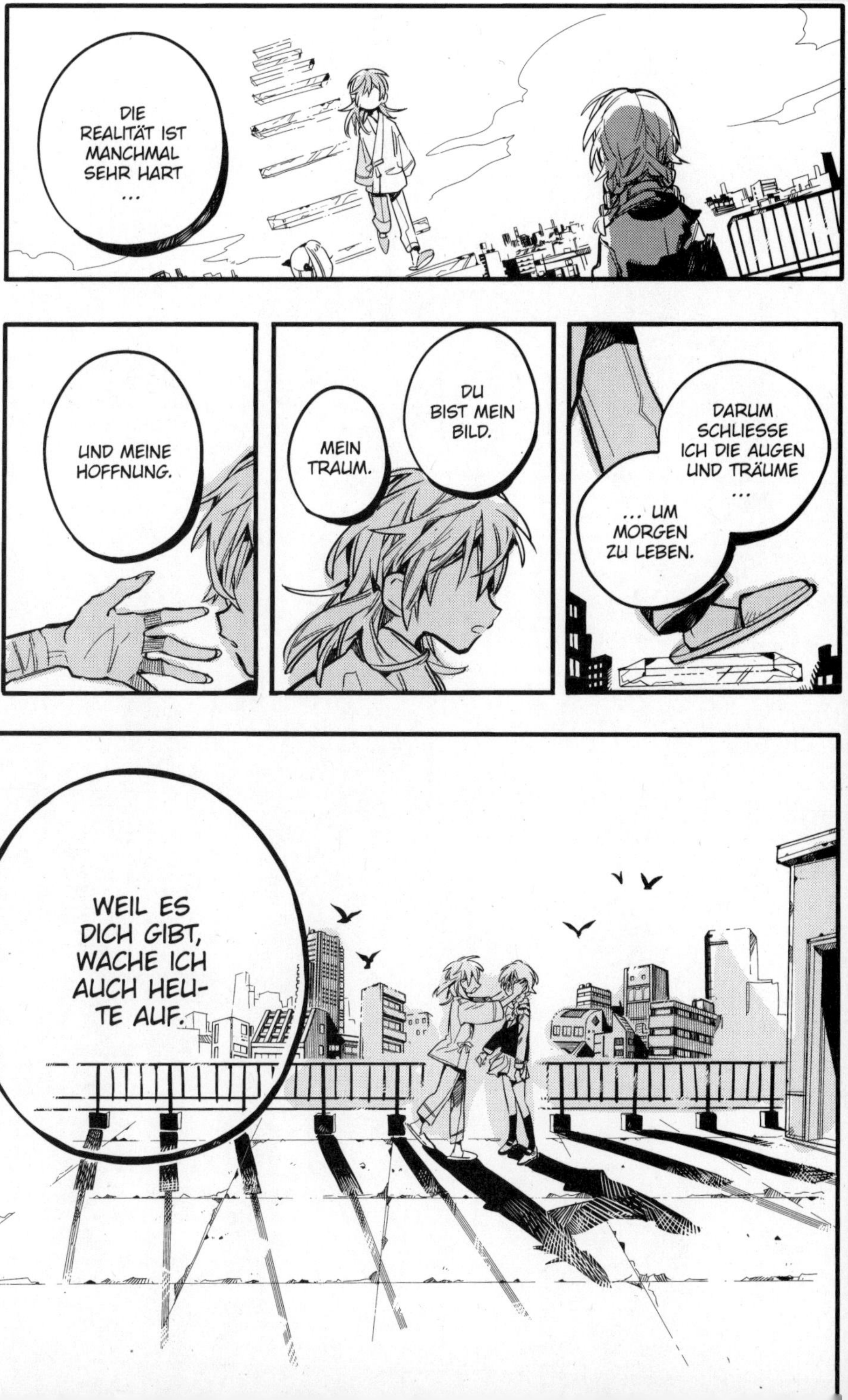
DIE REALITÄT IST MANCHMAL SEHR HART …
DARUM SCHLIESSE ICH DIE AUGEN UND TRÄUME …
… UM MORGEN ZU LEBEN.
DU BIST MEIN BILD.
MEIN TRAUM.
UND MEINE HOFFNUNG.
WEIL ES DICH GIBT, WACHE ICH AUCH HEU-TE AUF.

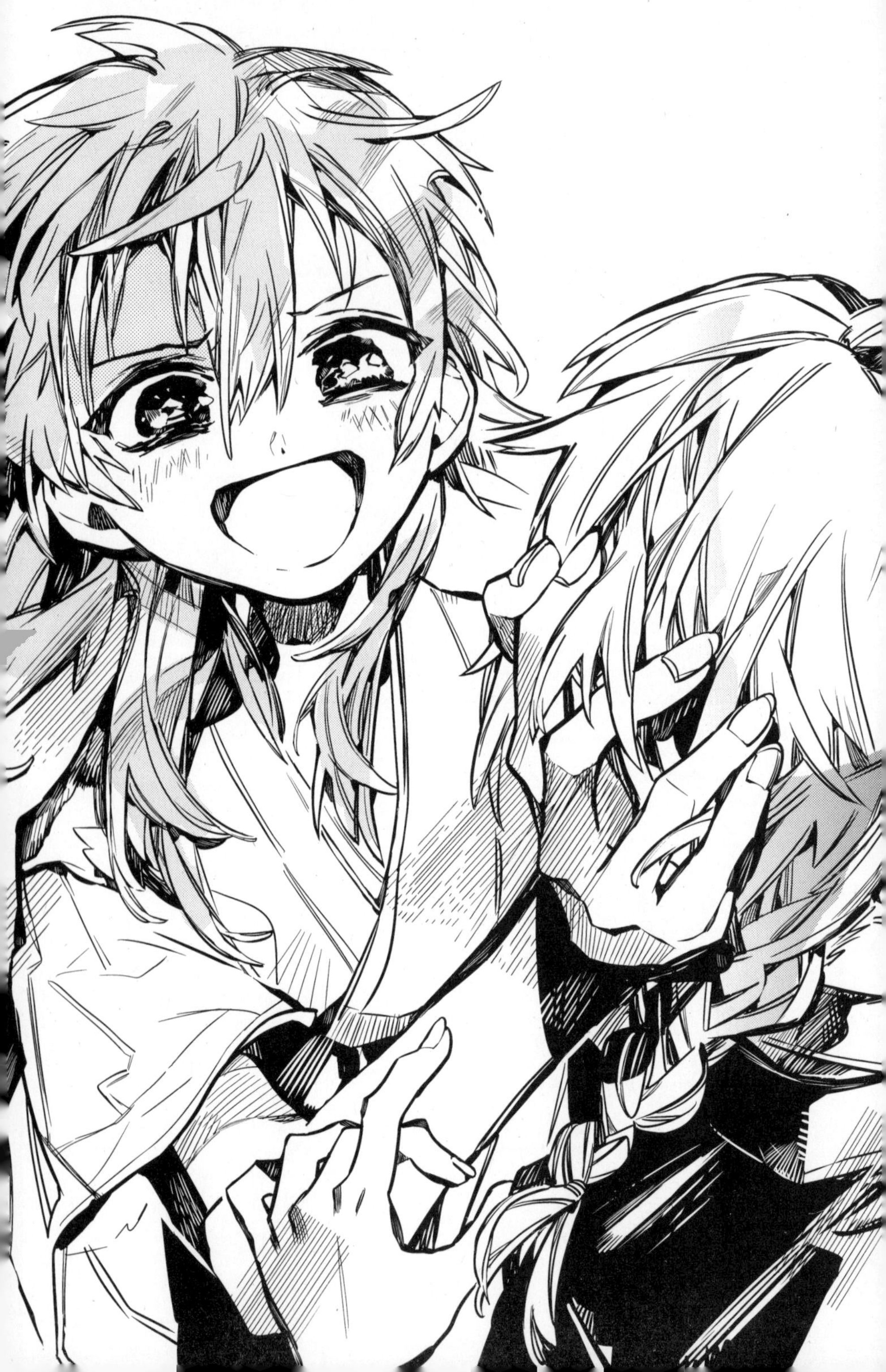

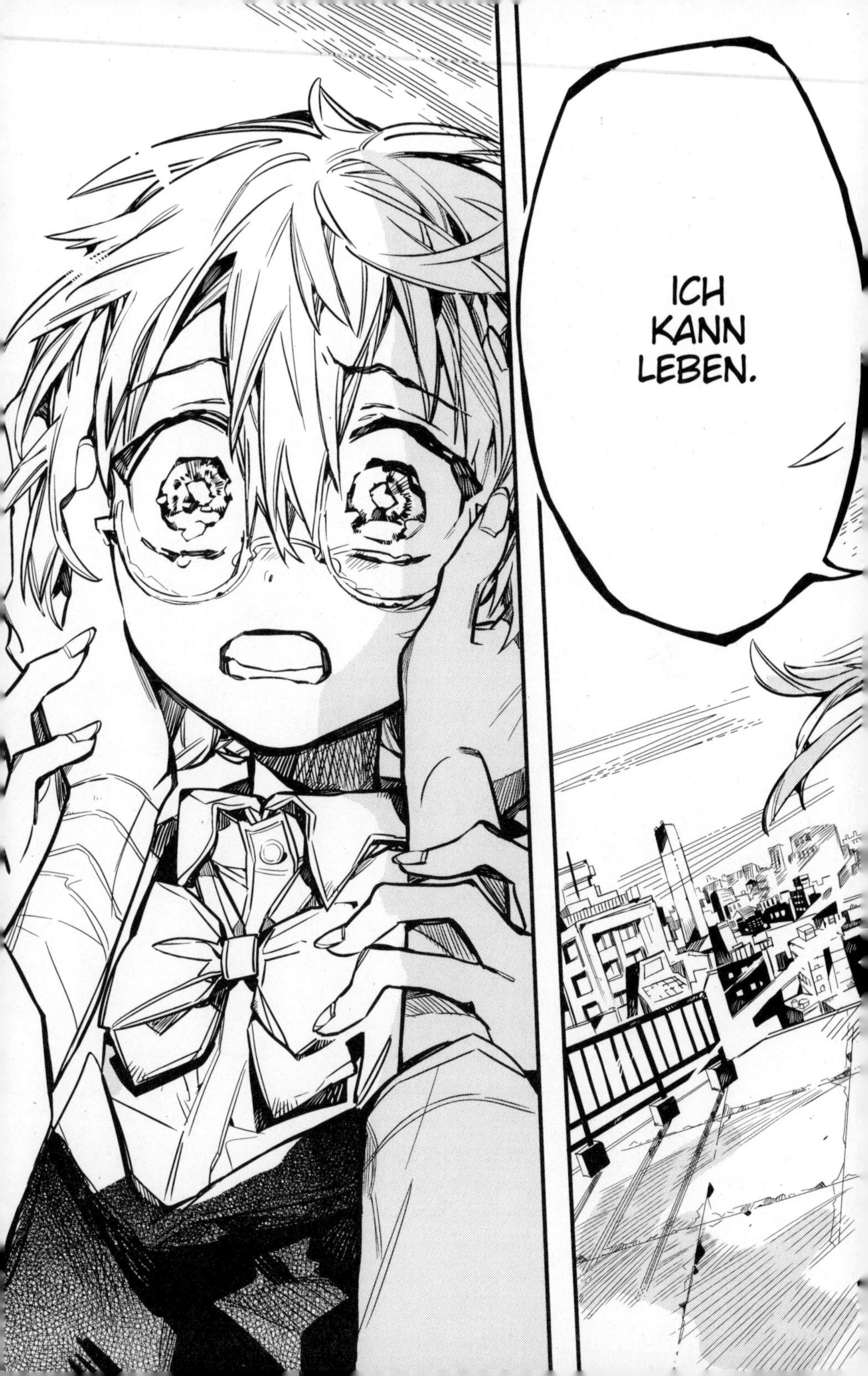
ICH KANN LEBEN.

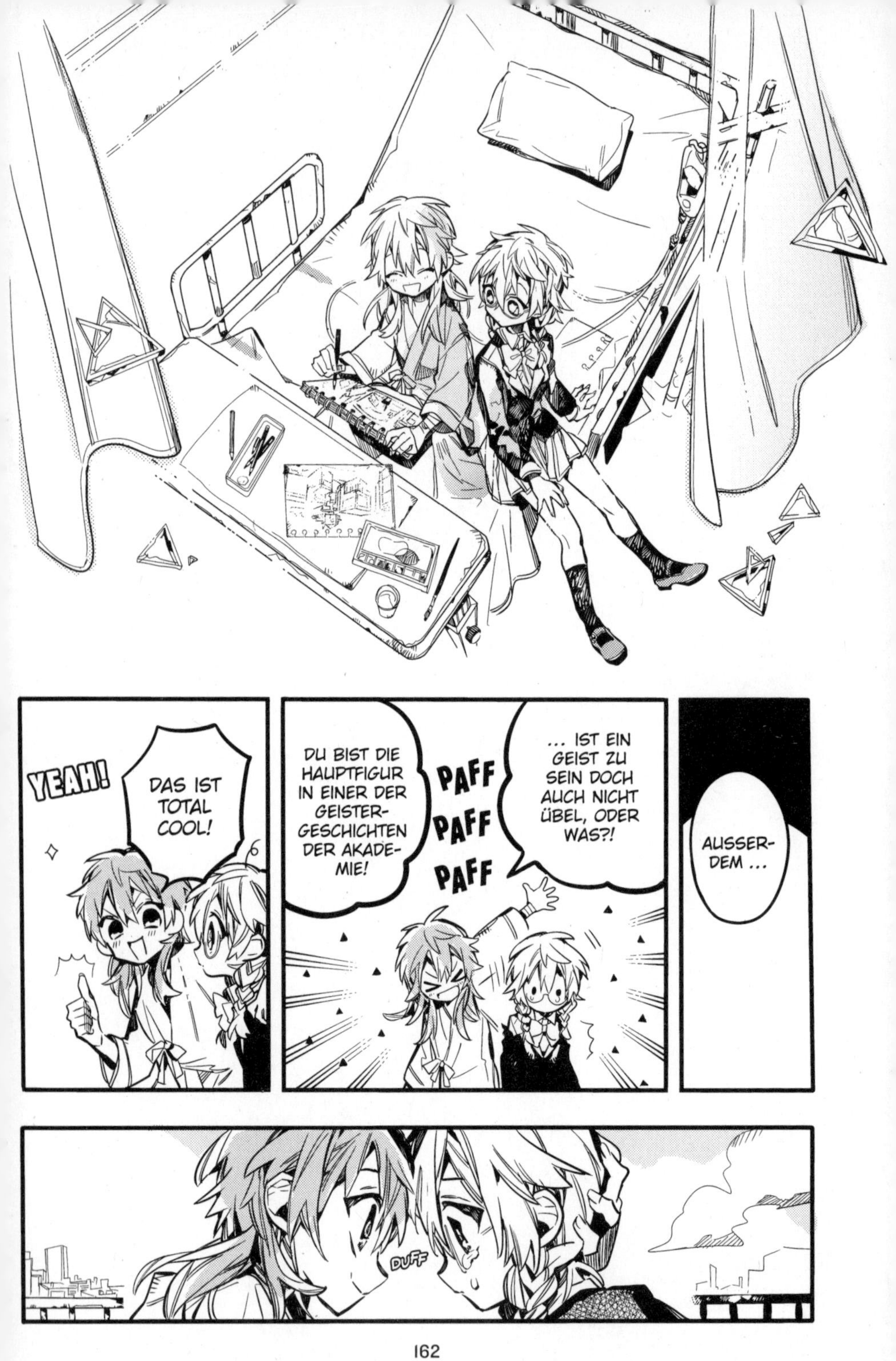
AUSSERDEM …
… IST EIN GEIST ZU SEIN DOCH AUCH NICHT ÜBEL, ODER WAS?!
PAFF PAFF PAFF
DU BIST DIE HAUPTFIGUR IN EINER DER GEISTERGESCHICHTEN DER AKADEMIE!
DAS IST TOTAL COOL!
YEAH!
DUFF

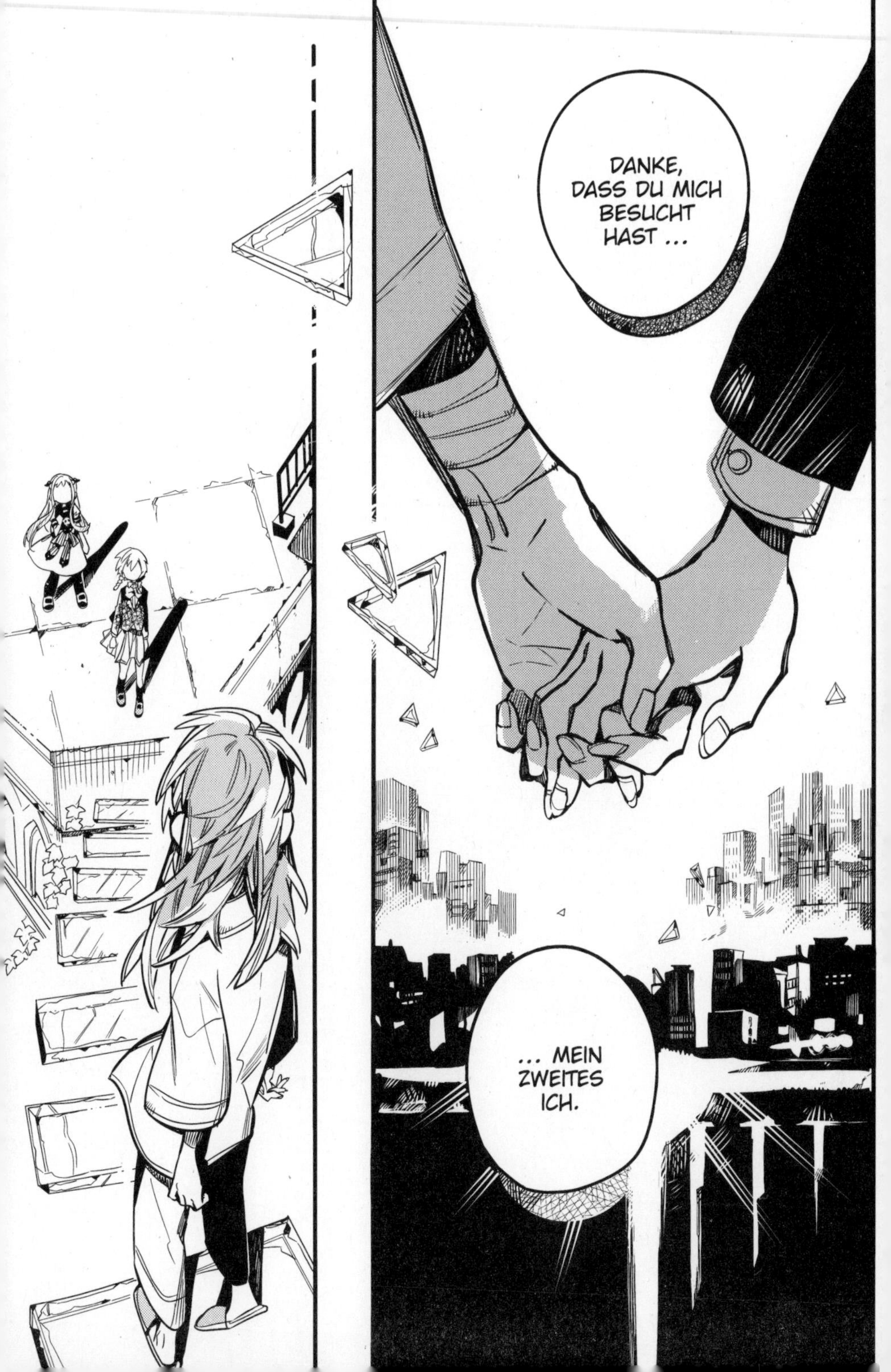
DANKE, DASS DU MICH BESUCHT HAST …
… MEIN ZWEITES ICH.

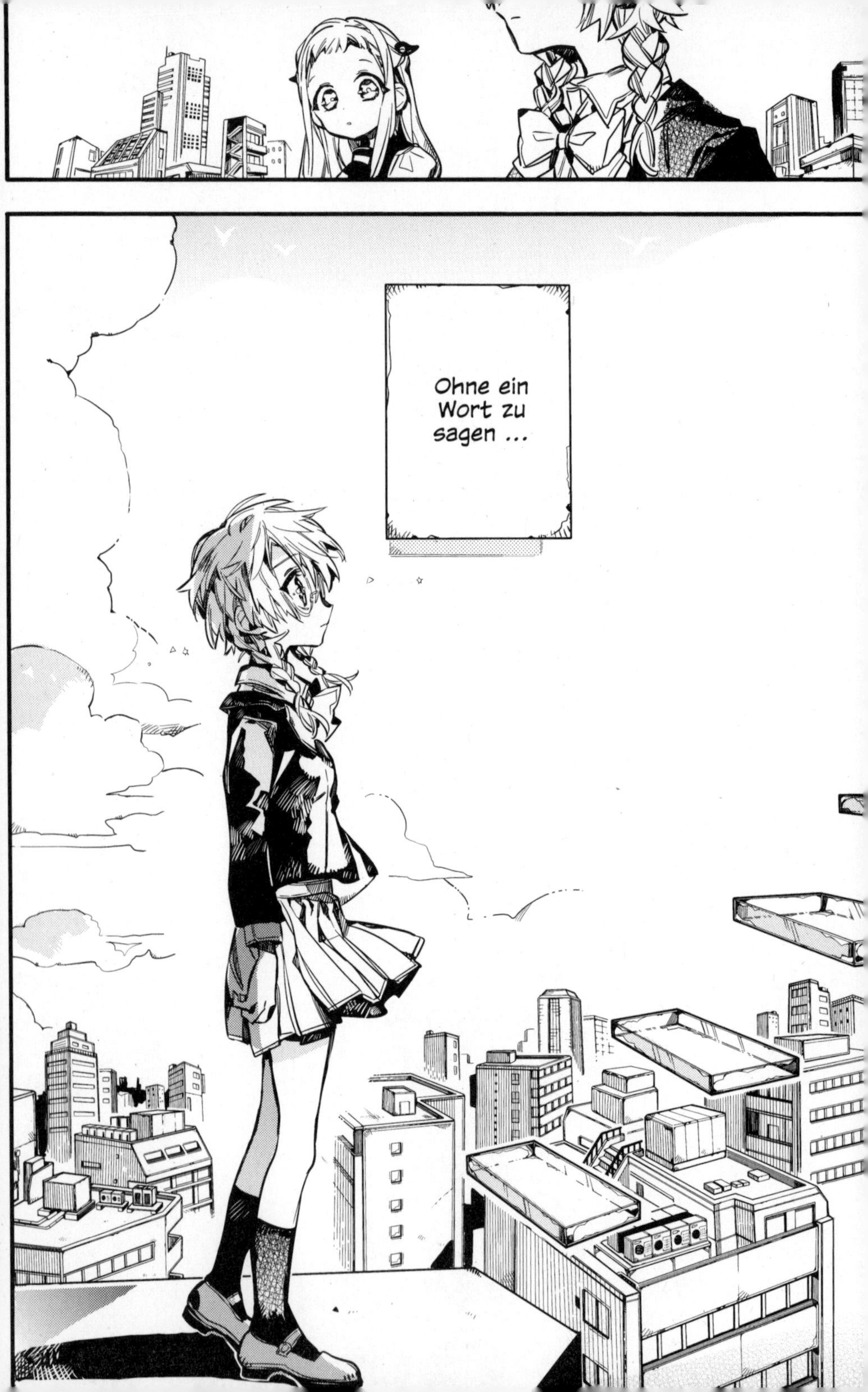
Ohne ein
Wort zu
sagen ...

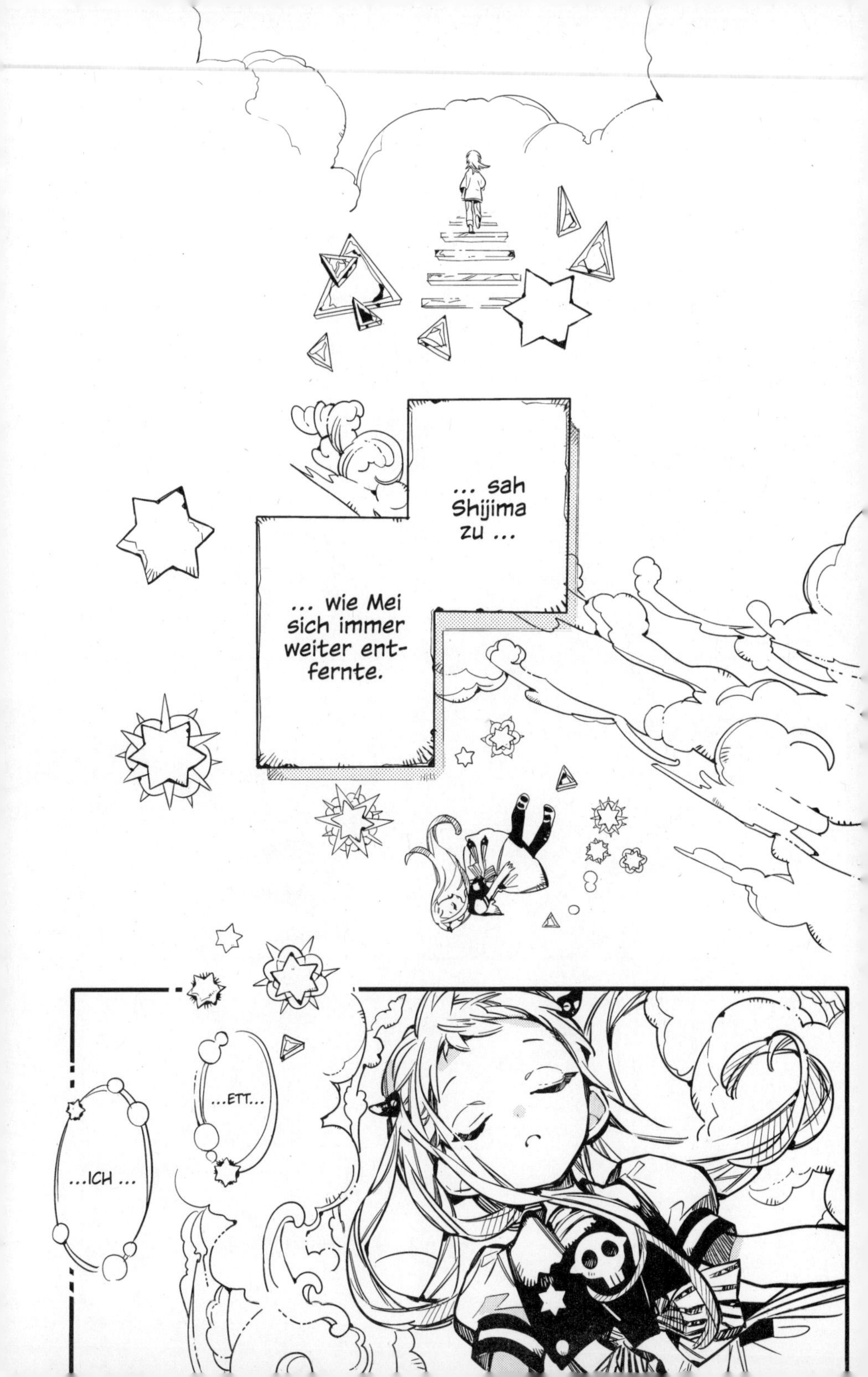
... sah Shijima zu ...
... wie Mei sich immer weiter entfernte.
...ETT...
...ICH ...

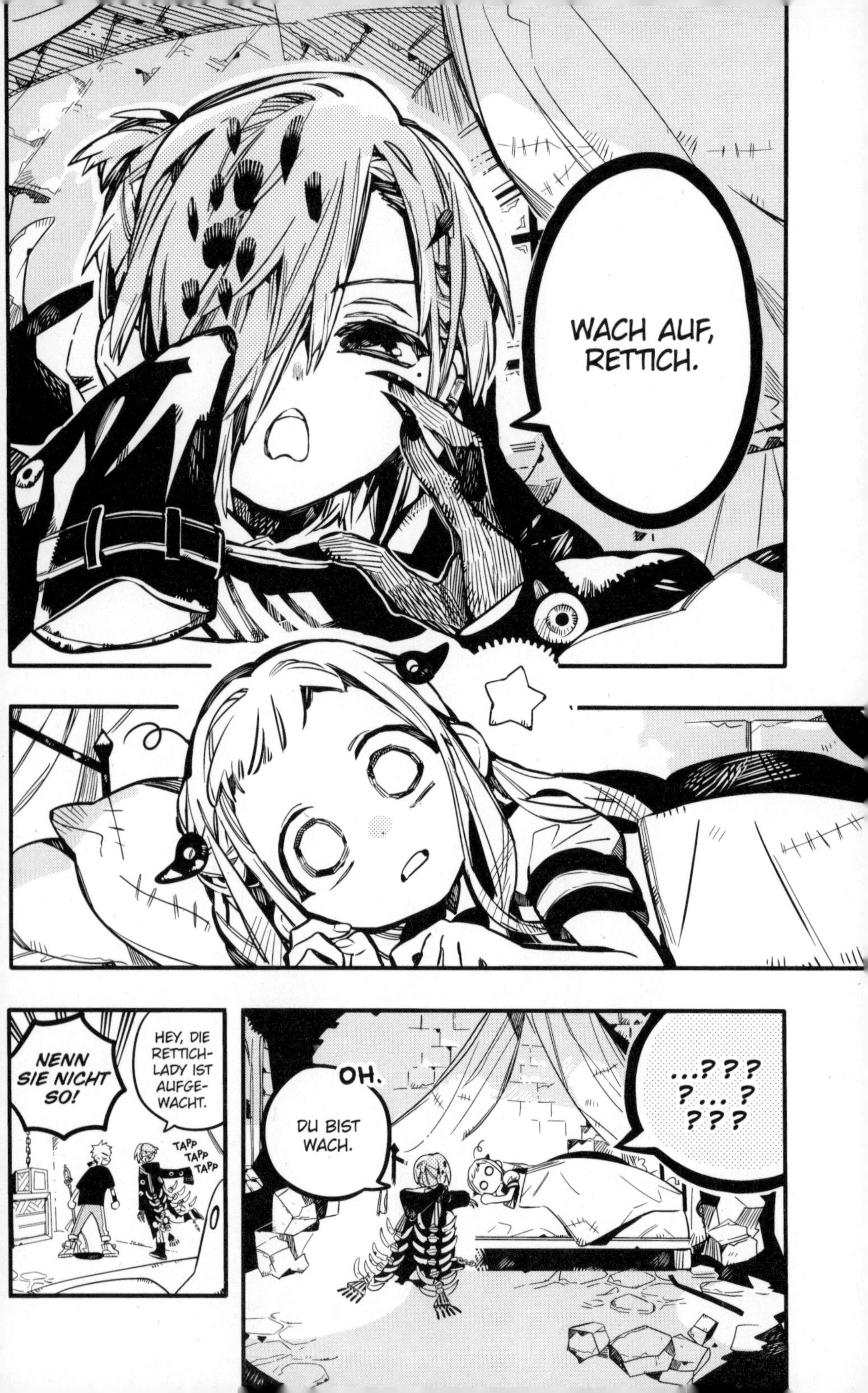
WACH AUF, RETTICH.
...???
?...?
???
OH.
DU BIST WACH.
HEY, DIE RETTICH-LADY IST AUFGE-WACHT.
TAPP TAPP TAPP
NENN SIE NICHT SO!

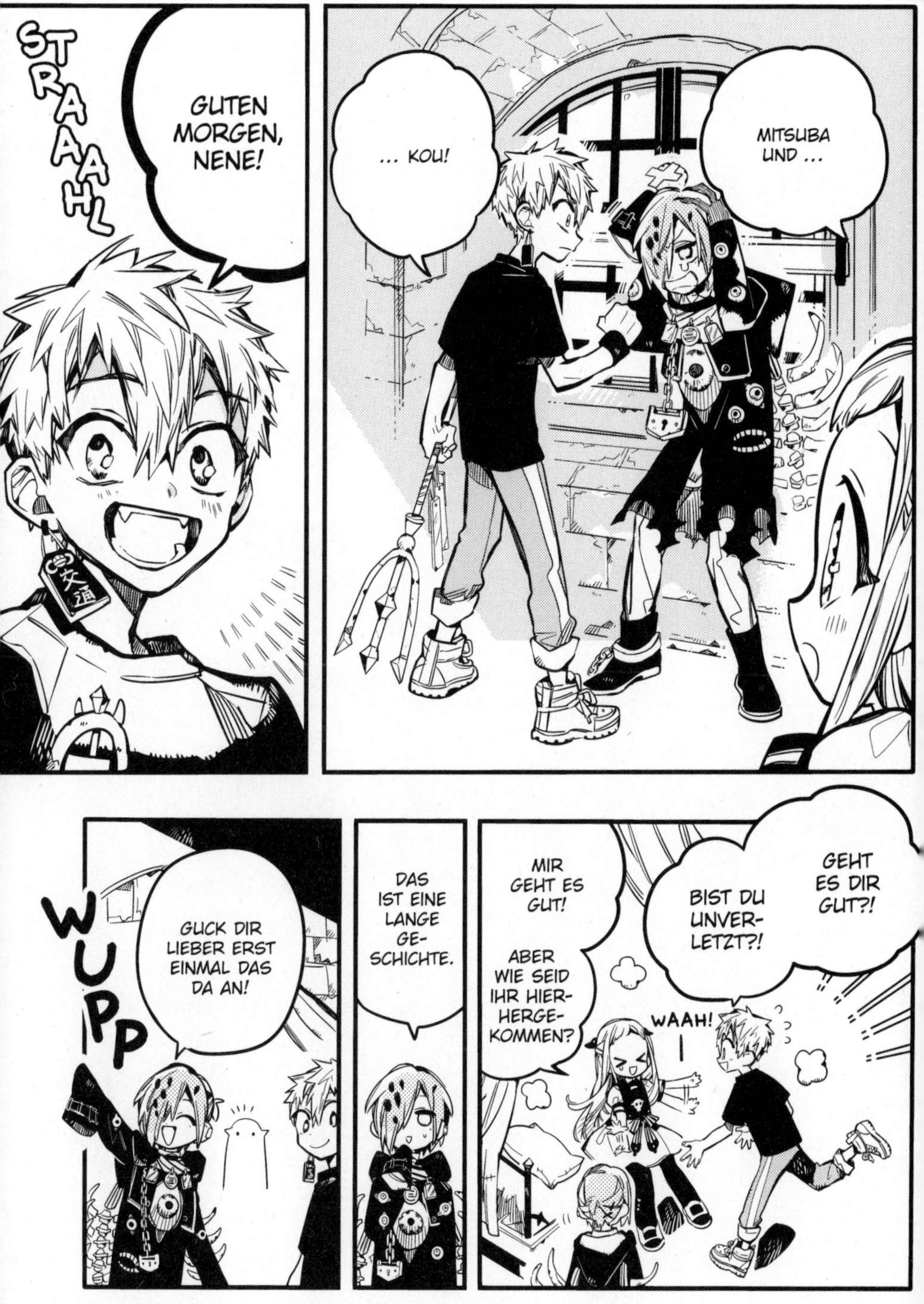
MITSUBA UND …
… KOU!
STRAAAAHL
GUTEN MORGEN, NENE!
GEHT ES DIR GUT?!
BIST DU UNVERLETZT?!
WAAH!
MIR GEHT ES GUT!
ABER WIE SEID IHR HIERHERGEKOMMEN?
DAS IST EINE LANGE GESCHICHTE.
GUCK DIR LIEBER ERST EINMAL DAS DA AN!
WUPP

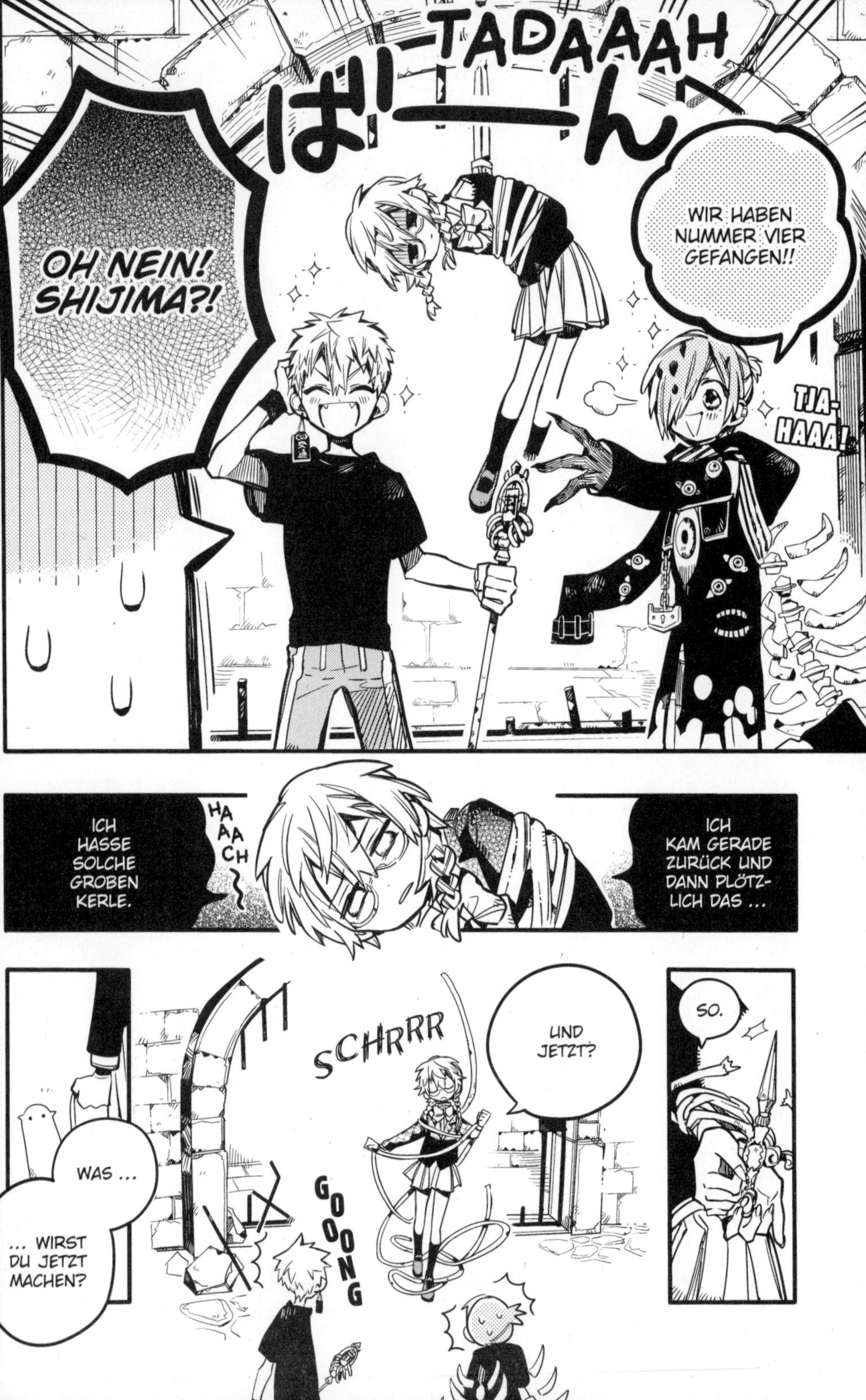

TADAAAH
ぱーーん
WIR HABEN NUMMER VIER GEFANGEN!!
TJA-HAAA!
OH NEIN! SHIJIMA?!
ICH KAM GERADE ZURÜCK UND DANN PLÖTZ-LICH DAS …
HAAACH
ICH HASSE SOLCHE GROBEN KERLE.
SO.
UND JETZT?
SCHRRR
GOOOONG
WAS …
… WIRST DU JETZT MACHEN?

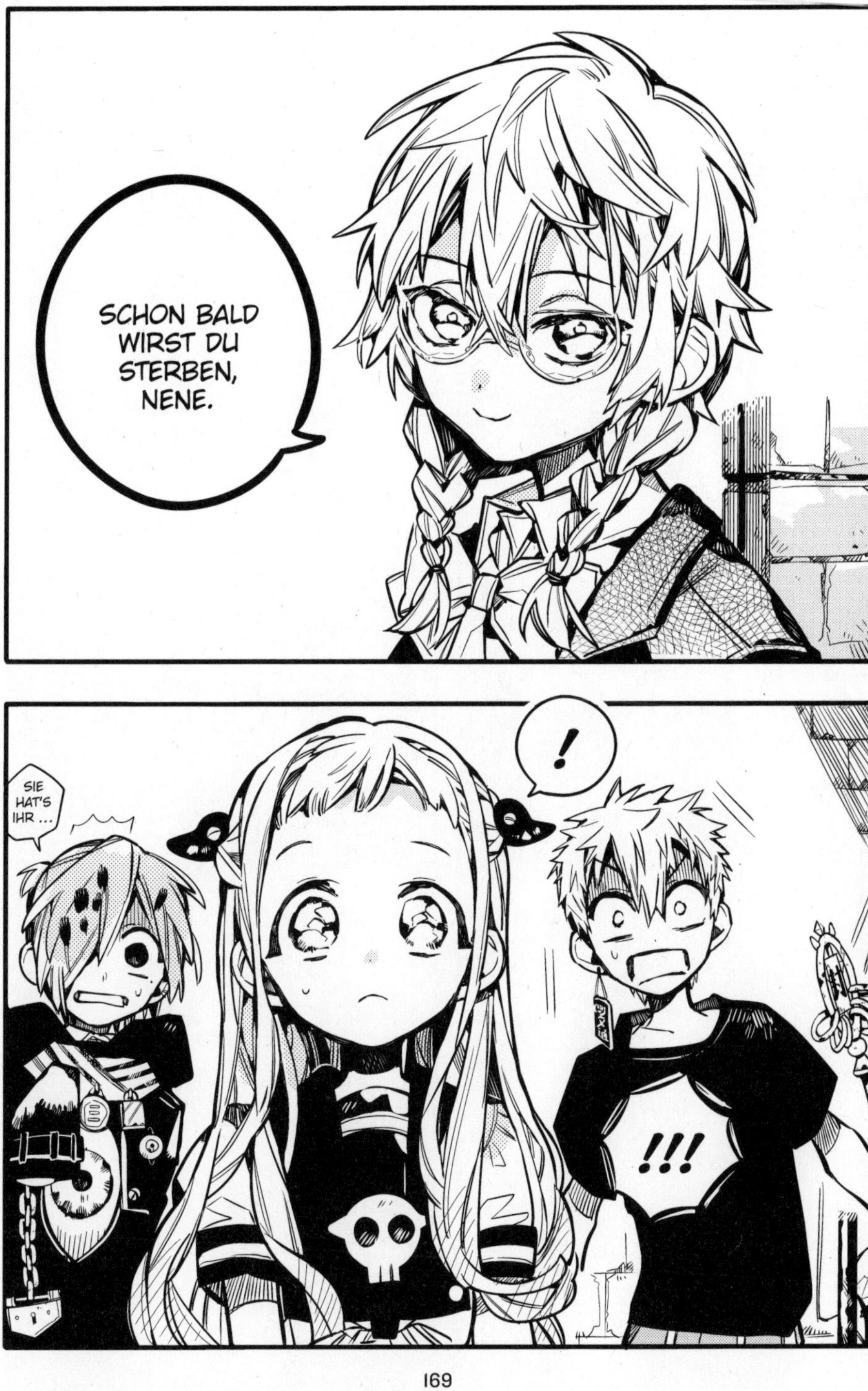
SCHON BALD WIRST DU STERBEN, NENE.
!
!!!
SIE HAT'S IHR ...

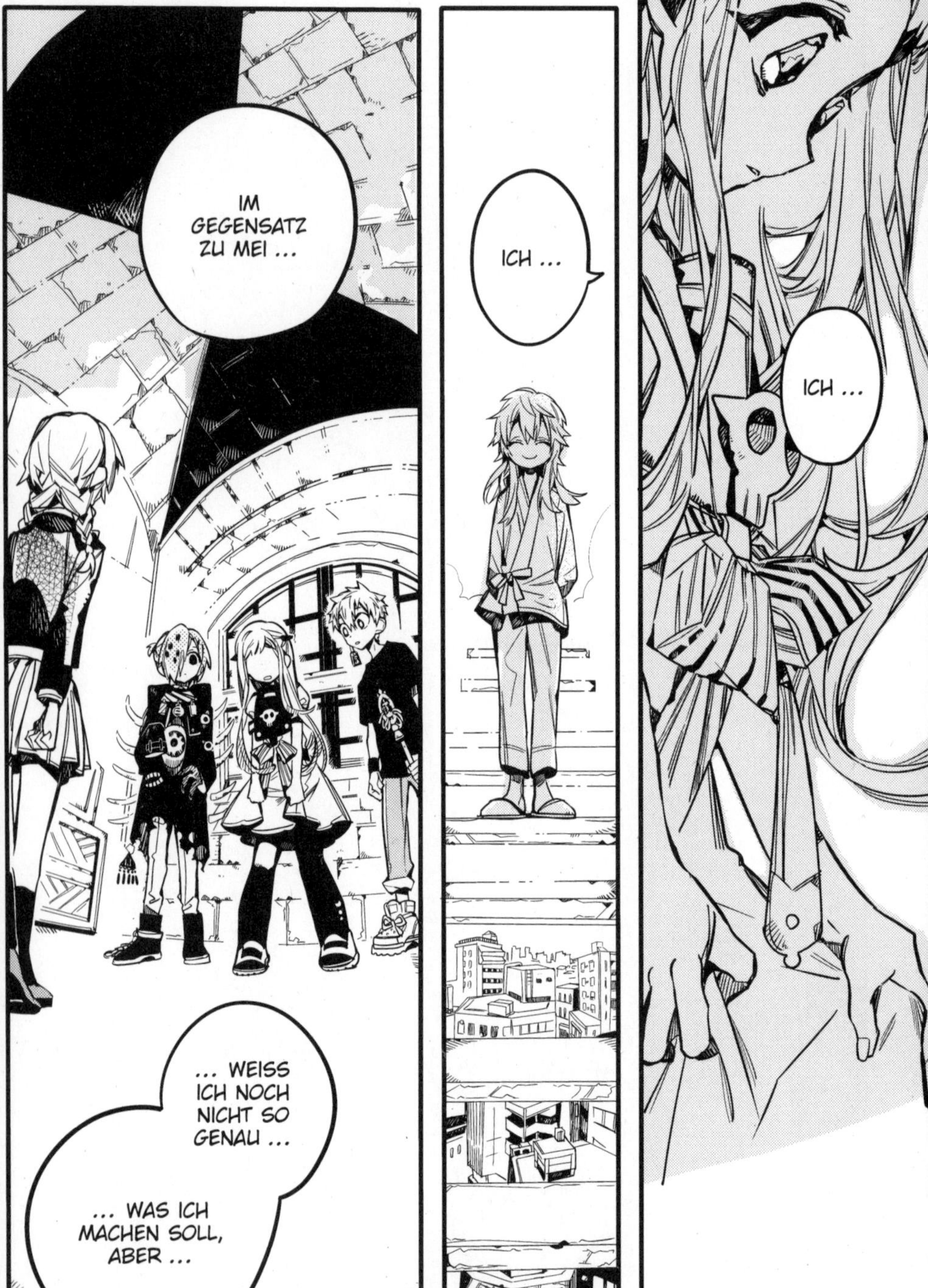
IM GEGENSATZ ZU MEI ...
... WEISS ICH NOCH NICHT SO GENAU ...
... WAS ICH MACHEN SOLL, ABER ...
ICH ...
ICH ...

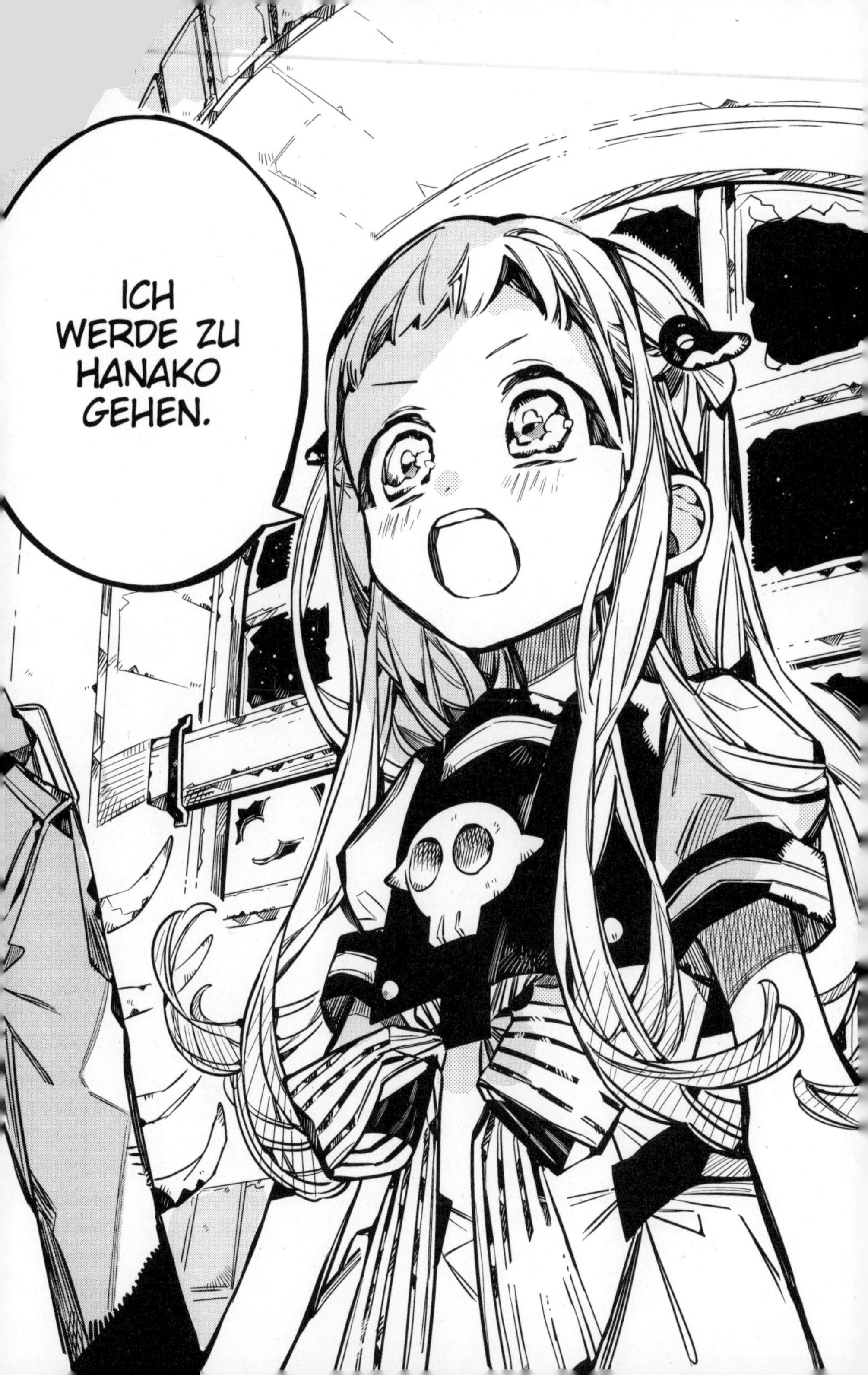
ICH WERDE ZU HANAKO GEHEN.

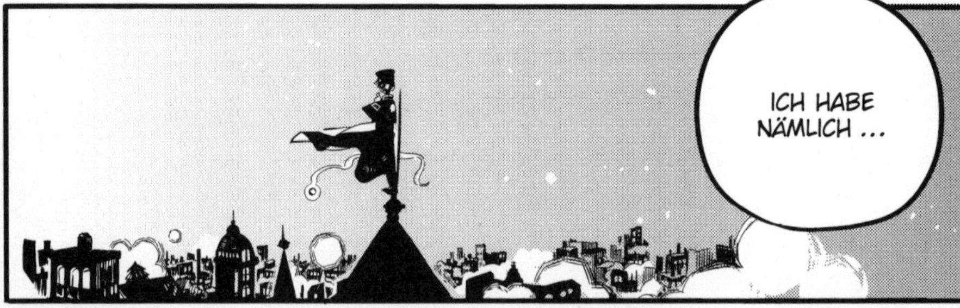

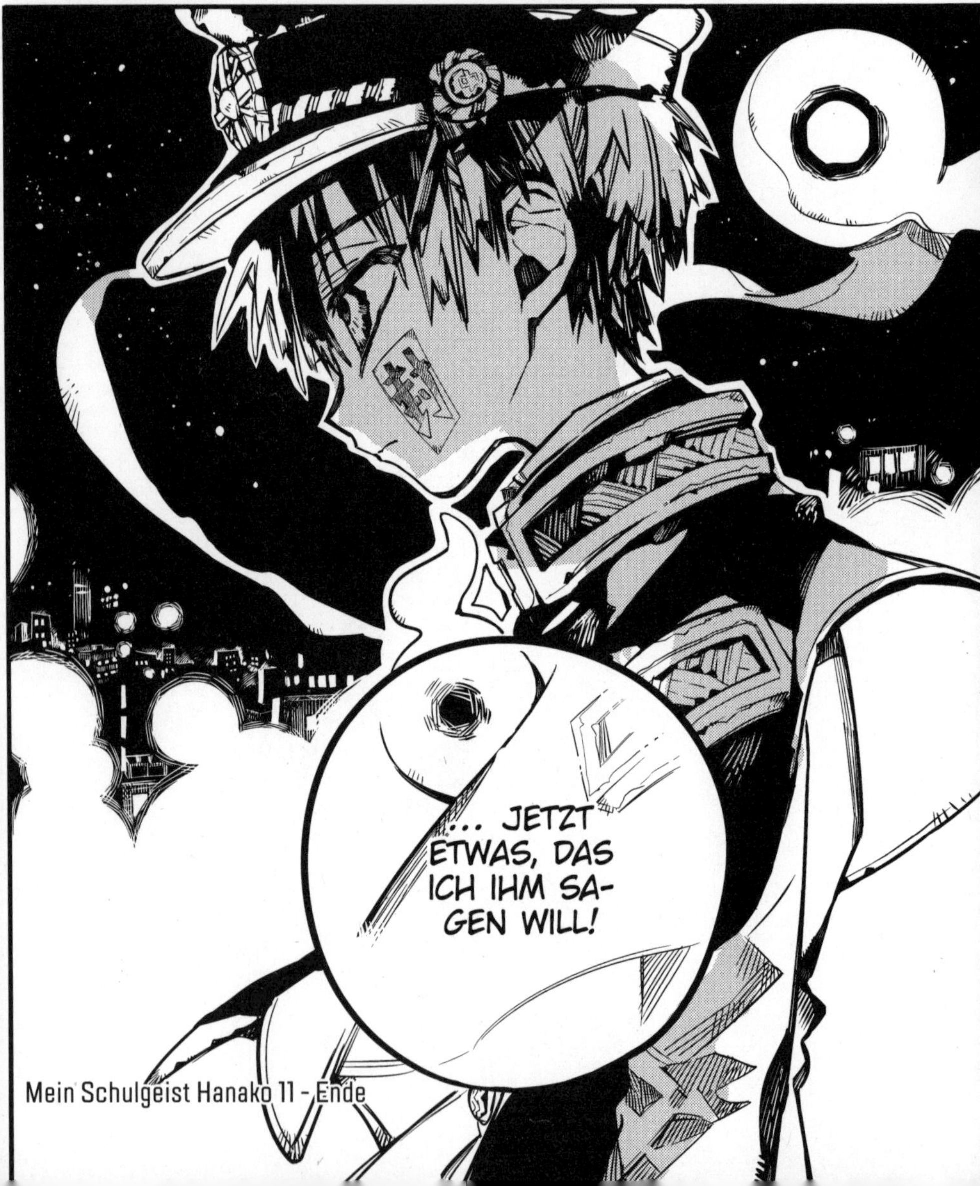

Mein Schulgeist Hanako 11 - Ende

Fanpost an: Manga Cult
„Aidairo"
Teinacher Str. 72
71634 Ludwigsburg

ANEKDOTE ZUM 55. SPUK

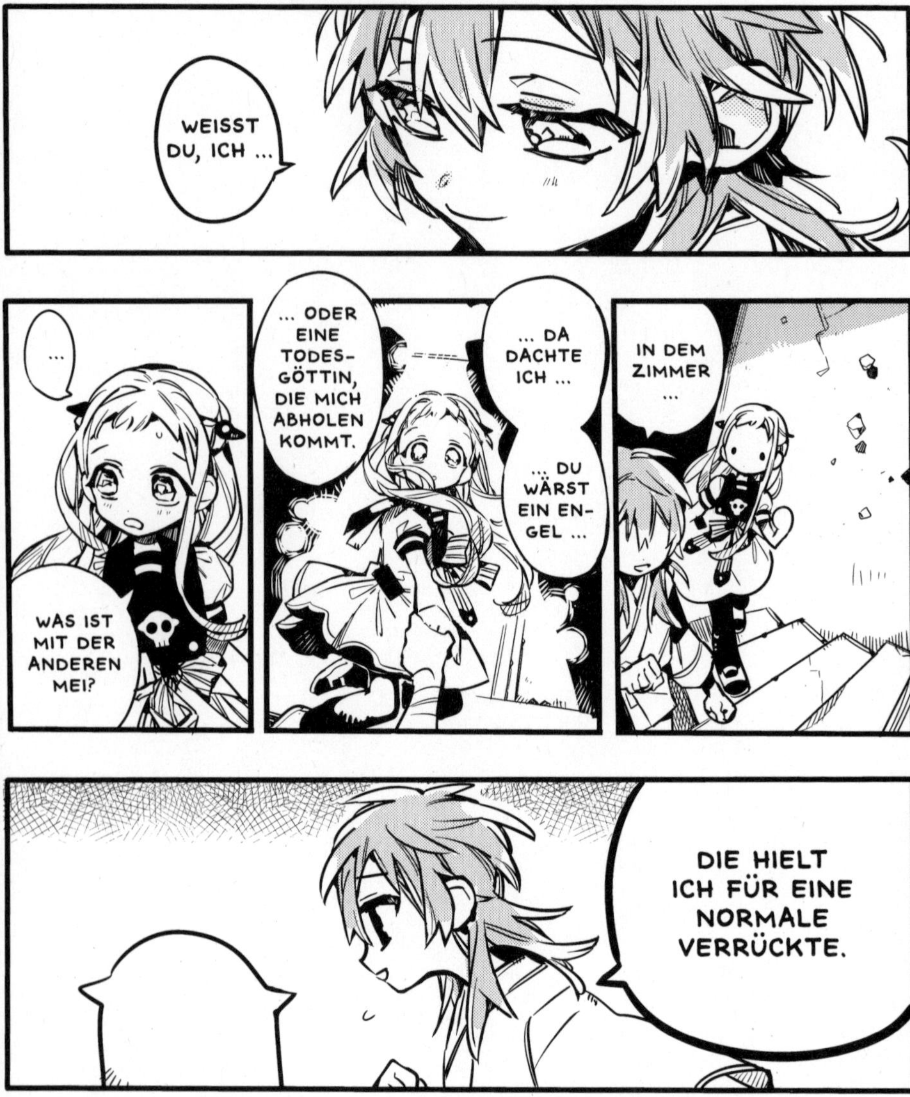

SPECIAL THANKS

EKE-CHAN OMAYU-TAN YUUJI-CHAN

RUI-CHAN REYU-CHAN ANNU-CHAN KURUMI-CHAN

REDAKTION: IMANITI

COVERDESIGN: NAKAMURA-SAMA

AND YOU

manga
漫画
cult

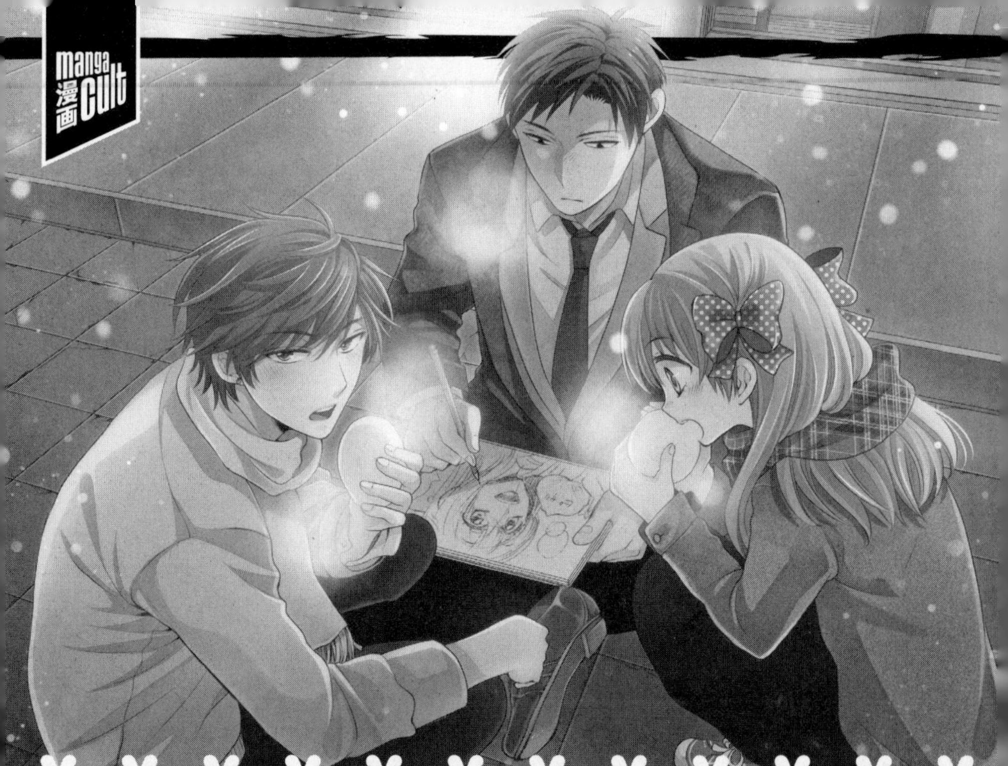

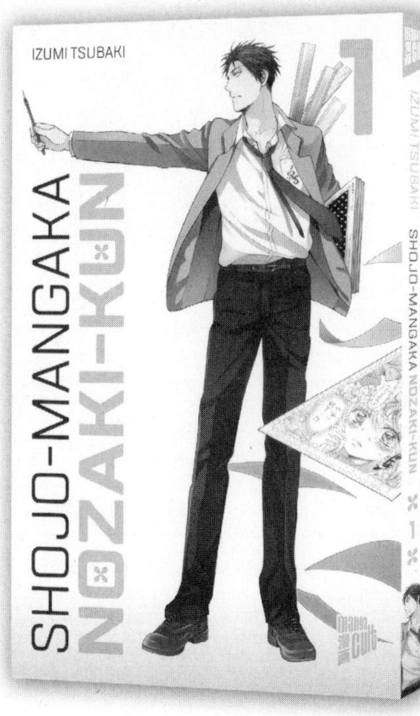

SHOJO-MANGAKA NOZAKI-KUN

IZUMI TSUBAKI

Autogramme statt Liebesbriefe

Chiyo Sakura ist hoffnungslos in ihren Klassenkameraden Nozaki verliebt. Doch als sie ihm ihre Liebe gestehen will, gibt Nozaki ihr ein Autogramm, lädt sie zu sich nach Hause ein … und drückt ihr einen Pinsel in die Hand.

Zu ihrer Überraschung entpuppt sich Chiyos Schwarm als berühmter Mangazeichner, der romantische Liebesgeschichten für Mädchen zeichnet! Um ihm näherzukommen, beginnt Chiyo, als seine Assistentin zu arbeiten. Und eh sie sich versieht, steht ihr Alltag auf dem Kopf …

14x21 | SC | sw
146 Seiten | **€ 7,99 (D)**

STOPP!
DIES IST DIE LETZTE SEITE!

Dies ist ein Manga, und einen japanischen Comic liest man von hinten nach vorne. Auch die Lesereihenfolge der Bilder und Sprechblasen auf den Seiten ist anders als gewohnt: von rechts oben nach links unten.

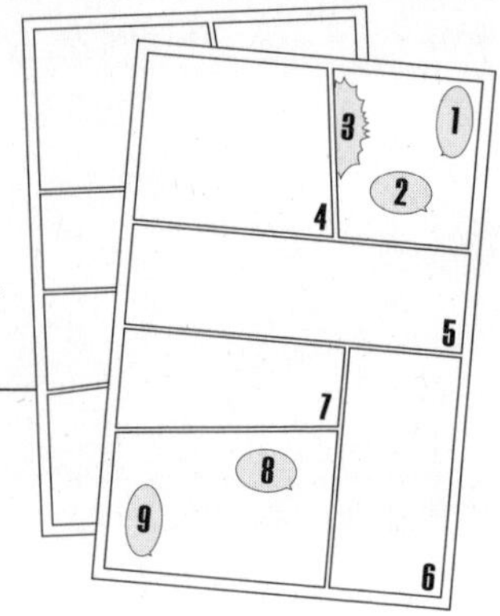

MEIN SCHULGEIST HANAKO 11
von Aidalro

3. Auflage, März 2026
Deutsche Ausgabe/German Edition

CCE ist ein Unternehmen der Penguin Random House Verlagsgruppe
CCE-Verlagsleitung: Andreas Mergenthaler

Aus dem Japanischen von Etsuko Tabuchi & Florian Weitschies

Redaktion: Denise Hedrich
Lektorat: Anna Franziska Horne
Grafik/Produktionsleitung: Elke Epple
Layout und Lettering: Manga Cult
Herstellung: Gerald Schmitt
Druck: GGP Media GmbH, Pößneck, Deutschland

FSC www.fsc.org
MIX
Papier | Fördert gute Waldnutzung
FSC® C014496

produktsicherheit@cross-cult.de
(Vorstehende Angaben sind zugleich Pflichtinformationen nach GPSR)

Print-ISBN: 978-3-96433-614-9

www.manga-cult.de